Dagmar Hoffmann-Axthelm (Hrsg.)

Verführung in Kindheit und Psychotherapie

W0339417

Körper und Seele
Band 3

Verführung in Kindheit und Psychotherapie

Dagmar Hoffmann-Axthelm (Hrsg.)

Schwabe & Co. AG · Verlag · Basel
1996

Körper und Seele
Eine Schriftenreihe der Schweizerischen Gesellschaft für Bioenergetische Analyse und Therapie (SGBAT)

Beirat:
Thomas Ehrensperger, Peter Schindler, Robert Ware, Matthias Zingg

2., unveränderte Auflage 1996
© 1996 by Schwabe & Co. AG, Basel
Printed in Switzerland by Schwabe & Co. AG, Basel/Muttenz

1. Auflage – Oldenburg: Transform-Verlag, 1994

Titelbild:
Unter Verwendung des Holzdruckes von Edvard Munch: «The girl and the heart». Munch-Museet, Oslo. Mit freundlicher Genehmigung des Munch-Museet.

ISBN 3-7965-1018-3

Inhalt

Vorwort

Gelegentlich lassen sich auf ganz unterschiedlichen Gebieten Entwicklungen beobachten, die in ihrer Parallelität verblüffen und die die Frage aufwerfen, ob diese Parallelität auf Zufall beruht oder ob hier gemeinsame Kräfte im Spiel sind.

So präsentierte sich einer staunenden Weltöffentlichkeit seit den späten 80er Jahren die Demontage diktatorischer Systeme kommunistischer Prägung. Ohne nennenswerte Gewaltanwendung fielen Diktaturen in Nichts zusammen, deren Machtstrukturen nahezu Ewigkeitsdauer zugesprochen worden war. Und nun verarbeiten die Menschen, zwischen Hoffnung, Wut, Depression, Aktionismus und Tatkraft hin- und herpendelnd, die generationenlange Entmündigung, den Mißbrauch, dem sie ausgeliefert waren, und erproben sich im schwierigen Geschäft des verantwortungsvollen Umgangs mit der Macht.

Eine ähnliche Dynamik ließ und läßt sich bei der Frauenbewegung beobachten, und - Zufall oder nicht - seit einigen Jahren hat auch in der psychotherapeutischen Diskussion das Thema „Machtmißbrauch" Hochkonjunktur. Das Problem, von Freud mit seiner „Verführungstheorie" zunächst aufge- und dann verworfen,[1] schwelte seither im Rahmen eines kollektiven Verdrängungsprozesses im Untergrund. Die Psychotherapieforschung befaßte sich vorrangig mit den Pathologien der Patienten und beließ es im Blick auf das Beziehungsgeflecht zwischen TherapeutIn und KlientIn im wesentlichen bei der Entwicklung der Konzepte von Übertragung und Gegenübertragung. Wenig Aufmerksamkeit wurde dem enormen Machtpotential gewidmet, das in dieser Heilmethode den TherapeutInnen in die Hand gelegt ist und dem sie nicht immer gewachsen sind.

Das durch dieses Machtgefälle geprägte Modell der psychotherapeutischen Beziehung stellt - wie sollte es auch anders sein? - einen recht getreuen Spiegel unseres altgedienten und doch noch lange nicht überwundenen patriarchalischen Gesellschaftssystems dar, das sich an männlichen Wertvorstellungen orientiert und in dem, will man es überspitzt ausdrücken, die einen die Macht, das Wissen und einen eingebauten unfehlbaren ethischen Maßstab für ihr Tun haben, während den anderen aus ihrer Position von Unwissenheit, Machtlosigkeit und innerem Chaos die Rolle zukommt, sich an den Vätern (und den gleichfalls mit diesem System identifizierten Müttern) zu orientieren und so zu werden, wie diese es für richtig befinden.

[1] Vgl. hierzu den Beitrag von Gisela Worm in diesem Band.

Jetzt, in der Zeit demokratieorientierten Umlernens, vollzieht sich ein weiteres Spiegelphänomen: Auch im psychotherapeutischen Diskurs läßt sich das Problem von Macht und Machtmißbrauch nicht länger verdrängen, und damit rückt die Person der Therapeutin und des Therapeuten, der Bereich von (pathologischer) Gegenübertragung und projektiver Gegenidentifikation ins Zentrum. Gleichzeitig fassen vermehrt Einsichten wie die in die „Kompetenz des Patienten/der Patientin“[2] oder das Konstrukt des „Piloten“[3] Fuß, Konzepte, die eine Verlagerung der Machtstrukturen in der therapeutischen Dyade bzw. der therapeutischen Gruppe signalisieren: Nicht der Therapeut ist der allwissende Magier, nicht die Therapeutin die omnipotente Zauberin; vielmehr ruht in jeder Klientin, in jedem Klienten ein tiefes, wenn auch nicht leicht zugängliches Wissen um das, was sie oder er sucht und braucht. Erste Aufgabe der TherapeutInnen ist es demgemäß weniger, kluge und zutreffende Deutungen und ebensolche Körperinterventionen zu liefern, sondern primär, dies Körper und Seele betreffende Wissen im Klienten aufspüren zu helfen - eine Herausforderung für jeden therapeutischen Narzißmus, der geneigt ist, sich an eigenen Überlegenheitsphantasien zu nähren.

Derartige Maximen betreffen uns als BioenergetikerInnen und KörpertherapeutInnen in besonderem Maße. Denn mit dem körperorientierten Vorgehen sind wir imstande, gegebenenfalls sehr viel schneller eine emotional dichte Atmosphäre zu schaffen, als dies in rein verbal ausgerichteten Therapieformen möglich ist. Und dementsprechend können wir mit unserem emotional so wirkungsvollen Instrumentarium auch schneller großen, möglicherweise irreversiblen Schaden stiften. Wir tun also gut daran, uns jeweils gründlich zu fragen, was wir bezwecken, wenn wir Patientinnen oder Patienten berühren oder ihnen Interventionen vorschlagen, die erfahrungsgemäß starke emotionale Wirkungen zeitigen. (Es ist kein Zufall, daß sich vier der Autoren dieses Bandes[4] mit den Übertragungsaspekten des „body-reading“ beschäftigen.) Sind wir im Kontakt mit dem Prozeß unseres Gegenübers, haben wir unserer Gegenübertragungsreaktionen unter Kontrolle, können wir zwischen „Ich“ und „Du“ trennen und dadurch unseren Klienten auf ihrem Weg zu sich ein Stück weiterhelfen? Oder produzieren wir starke emotionale Erlebnisse in erster Linie darum,

[2] Niklaus Roth: „Nachwort“, in: Tilmann Moser, *Das erste Jahr*. Frankfurt 1986, 160f.

[3] Albert Pesso: „Körper, Seele, Ego und ‚Pilot‘“, in: *Der Körper in der Psychotherapie*. Oldenburg 1991 (Körper & Seele 2).

[4] R. Dreyfus , H. Haug, E. Muller und G. Worm.

weil wir uns damit unserer therapeutischen Kompetenz versichern wollen?

Freilich stellt sich das Problem des narzißtischen und sexuellen Mißbrauchs, trotz seiner besonderen Brisanz im Körpertherapie-Setting, allen Therapierichtungen. Die ganze Zunft ist davon betroffen, und so kann die Antwort nicht in gegenseitigen Schuldzuweisungen bestehen, die eine oder die andere Schule begünstige diesen oder jenen Mißbrauch - so zeigen Körpertherapeuten einem *on dit* zufolge die Neigung, sexuelle Beziehungen zu ihren Patientinnen anzuknüpfen, und dies darum, weil sie mit Berührungen arbeiten - sondern in der Chance, einander zuzuhören und voneinander zu lernen. In diesem Sinne kommen im dritten Band der Reihe KÖRPER & SEELE neben BioenergetikerInnen auch TherpeutInnen zu Worte, die ihre Prioritäten im psychoanalytischen Umfeld haben, die aber freundliche Beziehungen zur Körpertherapie unterhalten und damit über den notwendigen Ein- und Überblick verfügen.

Ursula Wirtz - Analytikerin - betrachtet das Problem des Machtmißbrauchs aus einer der Ebene therapeutischer Schulen übergeordneten Position. Für sie ist Machtmißbrauch - hier in seiner wohl verheerndsten Form, als sexueller Mißbrauch angesprochen - ein Verrat am therapeutische Eros, das sie zornige Worte finden läßt für die latent immernoch vorhandene Laxheit therapeutischer Gesellschaften, die in ihrer im wesentlichen „männlich" geprägten Struktur geneigt sind, therapeutischen Inzest als „Kavaliersdelikt" durchgehen zu lassen und der „Verführungskunst" der betroffenen Patientin anzulasten.

Einen nicht weniger zornigen Kontrapunkt hierzu setzt Tilmann Moser - Analytiker und Körpertherapeut -, der den kürzlich erschienenen Bericht einer Patientin über ihre „Analyse" nachzeichnet, eine bedrückende Talfahrt in die Niederungen einer sado-masochistischen Liaison, den Mord an einer Kinderseele, die heilendes Vertrauen bei einem väterlichen Therapeuten suchte und die einen pubertierenden Halbwüchsigen fand, der sie benutzte, um sein brüchiges männliches Selbstbild zu flicken.

Sexueller Mißbrauch ist freilich nur eine, wenn auch die traumatisierendste Variante im Spektrum möglicher Ausbeutungen Abhängiger im Bereich der Psychotherapie. Edward Muller - Bioenergetiker - beschreibt das Syndrom des „Guru"-Therapeuten, der seine Klienten und Klientinnen auf Grund eigener narzißtischer Defizite mit viel Begabung, Geschick und Einfühlung dahingehend manipuliert, daß sie nicht zu sich selber kommen, sondern *ihn* als das Maß aller Dinge betrachten; daß sie *ihm* folgen und damit - in der Regel einmal mehr - um ihre Hoffnung betrogen werden, ihr eigenes Selbst zu erobern, es zu besitzen, zu bewohnen und aus ihm heraus zu leben.

Ulrich Sollmann - Bioenergetiker - zeigt das Problem des Machtmißbrauchs an Hand von Bioenergetik-Gruppen und reflektiert damit auch die durch die Gruppe geprägte Ausbildungssituation von Bioenergetik-Therapeuten. Er fragt nach den Konsequenzen, die eine (zu) starke Identifikation dieser Therapeuten mit der herrschenden Lehrmeinung haben kann und zeigt die daraus ggf. resultierenden Gefahren für Therapeut und Gruppenprozeß. Der Therapeut und die Therapeutin sollten sich, so Sollmann, frei machen von zu vielen lehrmeinungs-bezogenen Skrupeln und in erster Linie bei sich und bei ihren Stärken und Schwächen bleiben.

Psychotherapeutin oder Psychotherapeut zu sein ist nicht leicht. Die Verantwortung ist groß, der Schaden, der bei unsachgemäßer Handhabung des subtilen, aber machtvollen zwischenmenschlichen Instrumentariums entstehen kann, häufig nicht mehr gutzumachen. Was also können wir tun, was dürfen wir nicht unterlassen, um unsere KlientInnen auf der Reise zu sich selbst zwischen der Skylla drohender Selbstaufgabe und der Charybdis drohenden Liebesverlustes hindurchzuhelfen?

Gisela Worm - Analytikerin - beschäftigt das Phänomen der - je unterschiedlichen - Abwehr sexueller Übertragung von Seiten analytisch und bioenergetisch ausgerichteter Therapeuten. Beide haben die Tendenz, aus Angst vor der Wucht sexueller Übertragungs- und Gegenübertragungs-Reaktionen in ihre hausgemachten Konzepte - das „Analysieren“ bzw. das „Energetisieren“ - zu flüchten, und dies in Therapiephasen, in denen es eigentlich darum ginge, sich dem Gefühlssturm nicht nur zu stellen, sondern ihm auch sichere therapeutische Grenzen zu schaffen.

Komplementär schildert Virginia Wink Hilton - Bioenergetikerin - die Intensität sexueller Übertragung mit ihren Komponenten von Begeisterung, Verschmelzungswünschen, Haß, Neid und Rivalität und leistet ein Pädoyer für die präzise Wahrnehmung von Reaktionen sexueller Übertragung und Gegenübertragung.[5] Damit ein Klient, eine Klientin den Reichtum seiner oder ihrer Leidenschaftlichkeit integrieren kann, braucht es von Seiten der TherapeutInnen ein offenes Herz, ein offenes Becken und liebevoll, aber klar gesetzte Grenzen.

Heidi Haug und Roger Dreyfus - BioenergetikerInnen - zeichnen einige der subtilen Wege nach, auf denen narzißtisch deprivierte Therapeutinnen und Therapeuten sich ihres Wertes als überlegener

[5] Dieser Aufsatz ist eine Übersetzung von „Working with sexual transferance“ in: *Bioenergetic Analysis* 3 (1987) 77-88.

Elternteil auf Kosten der Individuation ihrer Patientinnen und Patienten zu versichern suchen. In dieser Schicht möglichen Mißbrauches können Deutungen oder Körperinterventionen eingesetzt werden, um uns, die TherapeutInnen, vor der Unlust zu schützen, TrägerInnen negativer Übertragung zu werden. Die AutorInnen setzten sich für eine TherapeutInnen Selbst ein, das nicht dem Perfektionsanspruch des Guru erliegt, sondern das damit zufrieden ist, im Sinne Winnicotts „gut genug" zu sein.

Die Fälle sexuellen Mißbrauchs, die bislang bekannt und veröffentlicht wurden, ereigneten sich mehrheitlich zwischen Vätern und Töchtern bzw. zwischen Therapeuten und ihren Patientinnen. Aber bekanntlich benutzen auch Therapeutinnen ihre Patienten,[6] und Mütter mißbrauchen ihre Söhne. Zu welchen tiefen Spaltungen Mutter/Sohn-Inzest führen kann - äußere Attraktivität und hohe Leistungsfähigkeit bei innerem Chaos, bei Verzweiflung und quälender Ambivalenz - zeigt der Beitrag von Sigrid Damm - Analytikerin -; und er zeigt mit Einzel- und körperorientierter Gruppentherapie therapeutische Wege, die aus diesem Inferno herausführen.

Ein Inferno - diesmal verursacht durch einen Vater, der seine Tochter sexuell mißbrauchte - und den beziehungs- und körperorientierten Weg heraus beschreibe auch ich in meinem Beitrag. Darüber hinaus versuche ich an Hand des „Athena-Typus" einige grundsätzliche Beobachtungen zum Problem der Delegation des weiblichen Narzißmus an männliche Wertvorstellungen darzustellen. Und ich plädiere angesichts der tief verwurzelten weiblichen Symbiosebereitschaft für ein sorgfältiges Aufspüren und Spiegeln narzißtischer Besetzungen des weiblichen Selbst auch und gerade *außerhalb* der therapeutischen Beziehung mit dem Ziel, das narzißtisch-symbiotische Übertragungspotential durch „Umverteilung" zu entlasten.

Die Frage nach dem „Innen" und „Außen" ist es auch, die sich - mit noch stärkerem Nachdruck - Scott Baum - Bioenergetiker - stellt. Was soll ein Therapeut tun, wenn er miterleben muß, wie sich seine Klientin „draußen" Situationen organisiert, die sie werden ins Messer laufen lassen? Soll er „abstinent" sein und zusehen, wie sie sich verletzt? Oder soll er intervenieren und damit bei ihr möglicherweise extreme Loyalitätskonflikte auslösen? Scott Baum gibt keine Antworten, erinnert aber an die Zeiten Wilhelm Reichs, in denen die Psychotherapeuten bei aller Abstinenz das Recht fühlten, in gewissen gesellschaftspolitischen Fragen offen Stellung zu beziehen.

[6] Vgl. Edward Muller, in diesem Band S. 35 und Sigrid Damm, in diesem Band S. 108-136

Abstinenz muß sein, denn sie schützt TherpeutIn wie KlientIn vor dem, was Sandor Ferenczi einst „Sprachverwirrung zwischen dem Erwachsenen und dem Kind“[7] nannte, vor dem Machtmißbrauch, der aus der Verstrickung von Eltern- und ungelösten Kindheitsanteilen im Therapeuten oder in der Therapeutin resultiert. An uns „SeelsorgerInnen“ ist es, stets von neuem den Balanceakt auszuführen, die Abstinenz als Schutz gegen unsere Machtgelüste ernst zu nehmen, sie aber nicht bis zur Inhumanität zu betreiben und damit unseren schwierigen, schönen Beruf zu pervertieren.

Der Band *Verführung in Kindheit und Psychotherapie* wirft viele Fragen auf und mag - so hoffen wir - einige lohnende Denkanstöße geben. Sein Entstehen ist wiederum dem Transform-Verleger Werner Lange zu verdanken, der mit Tatkraft und Engagement nicht nur für die Drucklegung, sondern auch für das „angenehme Äußere“ der Reihe besorgt war und ist. Ferner gilt ein besonderer Dank den Autorinnen und Autoren für ihre wertvolle Arbeit, den Lektoren für die Konzipierung des Buches und ihre immer vorhandene Bereitschaft zur Stellungnahme, sowie Bernhard Maul für die seine, die Übersetzungen aus dem Englischen zu besorgen.

Basel, im Oktober 1991 — Dagmar Hoffmann-Axthelm

[7] Sandor Ferenczi, „Sprachverwirrung zwischen dem Erwachsenen und dem Kind. Die Sprache der Zärtlichkeit und der Leidenschaft“, in: *Schriften zur Psychoanalyse II*, Frankfurt 1972, 308-313.

Der Verrat am Eros
Sexueller Mißbrauch in der Psychotherapie

Ursula Wirtz

„Der Eros ist ein großer Dämon, eine göttliche Kraft", das ist die Botschaft von Platons Gastmahl. Und bei C.G.Jung lesen wir: „Wo die Liebe herrscht, da gibt es keinen Machtwillen und wo die Macht den Vorrang hat, da fehlt die Liebe." Der Wille zur Macht erscheint als der psychologische Gegensatz zum Eros. „Austragungsort der Macht" (Foucault) ist der Körper, und das bedeutet in einer patriarchal strukturierten Gesellschaft: eine sehr spezifische Erfahrung für Frauen, denn ihr Körper, ausgebeutet, vergewaltigt und fremdbestimmt, gerät vorzugsweise zum Austragungsort männlicher Macht.

Diese Struktur des gesellschaftlichen Makrokosmos spiegelt sich auch im Mikrokosmos der analytischen Dyade wieder. Beim sexuellen Mißbrauch in der Psychotherapie waltet die Macht und nicht der Eros, und ausgetragen wird das alte Muster des Sichbemächtigens über das kardinale Männlichkeits- und Machtsymbol, die Sexualität.

Verrat am Eros bedeutet damit immer auch Verrat am Körper und Verrat am Selbst.

Im Verhältnis der Geschlechter zueinander verkörpern sich die Machtverhältnisse. Das gilt auch für die Therapie. Das Risiko Therapie ist für Frauen größer, denn von Sexismus ist auch der therapeutische Berufsstand nicht verschont. Zwar gelten sexuelle Übergriffe in Analyse und Therapie als Tabu, aber es handelt sich mehr um ein Tabu als Schweigegebot,denn als Handlungsverbot.

Immer schon wurden Frauen - und die Opfer sexueller Übergriffe sind mehrheitlich Frauen - in Abhängigkeitsbeziehungen sexuell ausgebeutet, immer schon erlebten Frauen „Übergriffe", wie es so deskriptiv unanstößig umschrieben wird, am Arbeitsplatz, beim Arztbesuch, beim Beichtvater und in Psychotherapien.

Grenzverletzungen im analytischen Setting haben Geschichte. C.G.Jung verließ den Schutz der analytischen Situation und verstrickte sich in Liebesgeschichten mit Sabina Spielrein und Toni Wolff. Freud kommentierte dazu, er sei „nicht ganz so hereingefallen, aber ich war einige Male sehr nahe daran und hatte ein narrow escape." Ferenczi analysierte nicht nur seine Geliebte, sondern auch die Tochter seiner Geliebten und begann auch mit dieser eine sexuelle Beziehung. Groddek war sexuell mit seiner Analysandin Emmy von Voigt verstrickt, die er heiratete. Auch Rado hat seine Patientin geheiratet und sowohl Otto Rank als auch Rene Allendy unterhielten sexuelle Beziehungen zu ihrer Patientin Anais Nin. Stekel hatte mehrfach Affären mit seinen Patientinnen und Schultz-Henke machte seiner Patientin, der Ehefrau seines Kollegen Bally, noch in der Analysestunde einen Heiratsantrag. Viktor Tausk hatte eine sexuelle Beziehung mit seiner 16 Jahre jüngeren Patientin und erschoß sich am Tag vor der Hochzeit.

Von Reich wird berichtet, daß er jeweils die Analysen für beendet erklärte, um dann ein Verhältnis mit der Expatientin zu beginnen, eine Methode, die Schule gemacht hat. Margaret Mahler wurde während der Analyse bei August Aichhorn zu seiner Geliebten. Natürlich gibt es auch historische Beispiele dafür, daß Frauen als Analytikerinnen ihre männlichen Patienten zu Geliebten gemacht haben. Frieda Fromm-Reichmann, die ihren 10 Jahre jüngeren Lehranalysanden Erich Fromm geheiratet hat, ist wohl das berühmteste Beispiel. Aber damals wie heute wurde das Tabu vor allem von Männern gebrochen. Analytischer Inzest und realer Inzest ist eine Männerdomäne.

Übergriffe in der Therapie haben also Tradition, trotz des analytischen Grundsatzes: „Die Kur muß in der Abstinenz durchgeführt werden." Neu ist nur, daß dieses „Delikt ohne Namen" wie es in USA in den siebziger Jahren bezeichnet wurde, heute Namen bekommen hat, zum Beispiel „Liebe und Verführung auf der Couch", „Sex in der verbotenen Zone", „analytischer Inzest" oder „Kunstfehler" und „Kavaliersdelikt".

Journalistische Verkürzungen, wie „Sex macht die Couch zum Lotterbett" erfassen weder das individuelle Trauma der in der Therapie verletzten und geschädigten Frau, noch sind solche schlagwortartigen Überschriften dazu angetan, die spirituelle Dimension dieses Verrats am Eros aufscheinen zu lassen.

Beim sexuellen Mißbrauch in Psychotherapien geht es nämlich um mehr als um den „verfehlten Umgang mit Aspekten der Übertragung", auch um mehr als die bedauerliche Tatsache, die Gegenübertragung „nicht fest im Griff" zu haben. Es geht um den Verlust des analytischen Bezuges zum Eros. Dort aber, wo die lebendige Verbindung zum Eros abhanden kommt, wird der Macht und Ausbeutung das Tor geöffnet. Das geschieht besonders an der zentralen Achse der Macht, im Verhältnis der Geschlechter zueinander. Freuds Ratschlag, sich in der notwendigen „Indifferenz" zu üben und sich „die nötige harte Haut" wachsen zu lassen, löst dieses Problem der fehlenden Verankerung im Eros nicht.

Von Eros zu sprechen ist bei uns fast aus der Mode gekommen. Lediglich die Erotik als die sinnliche Liebe ist unserem Sprachschatz vertraut. Vergegenwärtigen wir uns darum zuerst, was Eros bedeutet. Er war den Griechen der Gott der Liebe, eine kosmogonische Urkraft, die das Chaos in eine geordnete Welt zu verwandeln vermochte und als leidenschaftliche göttliche Macht in der Seele der Liebenden erlebt wurde. In der Philosophie von Sokrates wird dieser Eros vergeistigt. Eros bezeichnet hier die Hingabe an die Ausformung der Seele und des Geistes. So ist auch der Begriff des *pädagogischen Eros* zu verstehen, der auf der Forderung Sokrates' basiert, den Schülern zu „helfen und sorgsam über ihren Eros zu wachen." Eros ist bezogen auf die geistige und sittliche Förderung und Veredelung des Anderen, er drängt danach, den zu vervollkommnen, den er berührt.

Sorge um den anderen Menschen und seine Eros-Entwicklung - das ist auch die zentrale therapeutische Aufgabe, denn Therapie im Sinne der ursprünglichen Wortbedeutung meint Sorge um jemand. *Therapeuo* bedeutet einen Menschen so zu umsorgen, daß er heil, wieder ganz wird. Diese Pflege des inneren Menschen ist eigentlich Seelsorge.

Mich hat immer beeindruckt, welche Haltung Martin Buber in der Erziehung als notwendig erachtet, denn ich glaube, daß wir auch in der Therapie eine solche Haltung brauchen. Er schreibt:

„Wesentlich ist, daß es eine wirkliche, von dem Angerufenen mit der Seele erfahrene Menschenbeziehung ist; aber sowie der Helfer von der Lust angewandelt wird, seinen Pflegling - in noch so subtiler Weise - zu beherrschen oder zu genießen, oder auch dessen etwaigen Wunsch,von ihm beherrscht oder genossen zu werden, anders denn als einen der Heilung bedürftigen Fehlzustand zu behandeln, tut sich die Gefahr einer Verfälschung auf, der verglichen alle Kurpfuscherei harmlos erscheint." (Buber, *Reden über die Erziehung*, Heidelberg 1986, S.34)

Die dialogische Anthropologie Bubers ist besonders für die humanistische Psychologie wichtig geworden, denn auch hier geht es darum, den anderen Menschen, den Klienten bzw. die Klientin zu erfahren, ohne sich selbst zu verlieren. Es geht zentral um die Anerkennung des So-seins des Anderen und darum, Verantwortung zu übernehmen für den anderen, wie für einen anvertrauten Lebensbereich.

Wenn auch unsere *condition humaine* uns immer wieder hinter Berufs- und Lebensideale zurückfallen läßt, so gehört doch der Verzicht auf die Befriedigung eigener Bedürfnisse, seien sie sexuell oder narzißtisch motiviert; in das Ethos und die Verantwortung der TherapeutInnen. Wir dürfen als TherapeutInnen unsere KlientInnen weder beherrschen noch genießen, sonst zerstören wir, worum es in der Therapie letztlich geht, sonst verwunden wir, statt zu heilen. Wir können uns nicht mit solchen Rationalisierungen herausreden, daß unsere KlientInnen ja den Wunsch nach der sexuellen Begegnung mit uns geäußert hätten, daß sie nach den Analytikern in Fleisch und Blut verlangten und "genossen„ werden wollten, wie Buber formuliert.

Auch Ferenczi ging es - zumindest in der Theorie - um die besorgte

Liebe des Analytikers zu seinen Patienten, „die Liebe, welche der neurotische Patient braucht, nicht notwendigerweise die Liebe, welche er zu brauchen meint und nach der er demzufolge verlangt." Leider klafften Theorie und Praxis bei ihm weit auseinander.

Viel zu leicht machen wir es uns, wenn wir von den verführenden Patientinnen sprechen, die nach Berührung durch den leibhaftigen Analytiker verlangt hätten. Das Bedürfnis, berührt zu werden, hat mit dem noch tieferen Bedürfnis, „erkannt" und gesehen zu werden, zu tun. Mit dieser tiefen Sehnsucht nach Anerkennung und Bestätigung, mit diesem Urbedürfnis, im eigenen Sosein wahrgenommen und bestätigt zu werden, kommen viele Frauen in die Therapie. Sie wollen sichtbar werden, mit Leib und Seele. Erst auf dem Hintergrund gesellschaftlicher Rollenzuschreibungen wird begreifbar, warum viele Klientinnen in der Therapie ihren Körper funktionalisieren, um sich via Sexualität der Anerkennung und Akzeptanz des Analytikers zu versichern. Im traditionellen Rollenverständnis garantiert ja die „Ware" Körper die Beziehung zum Mann. Zu den frühen Sozialisationserfahrungen hat oft gezählt, daß der Körper der Preis für Nähe und Zuwendung ist.

Nicht zufälligerweise wird gerade jenen Patientinnen die größte Schuld der Verführung angelastet, die als „Borderline" oder „hysterisch" gelten. Gerade beim Thema sexueller Mißbrauch wird das männliche Bedürfnis offenbar, sich von der Schuld dieses Männerdeliktes zu entlasten, die Integrität des Vaters oder Analytikers nicht anzutasten und stattdessen das Opfer zur eigentlich Schuldigen zu erklären. Diese Verkehrung von Täter- und Opferrolle hat nicht nur in der Psychoanalyse Tradition.

Wir wissen inzwischen aus den neuesten Forschungsergebnissen, daß gerade diese Frauen oft schon als Kind mißbraucht, sei es physisch mißhandelt oder sexuell ausgebeutet worden sind. Die kindliche Erfahrung des Benutztwerdens und der Grenzüberschreitung hat zu einer zunehmenden Entfremdung des Körpers und einem Verlust des Bewußtseins um die eigenen Grenzen geführt. Frauen, die keine verläßlichen Erfahrungen ihrer eigenen Grenzen machen konnten, sind in der analytischen Situation ganz besonders gefährdet, erneut Übergriffe zu erfahren oder Verhaltensweisen zu zeigen, die von den Analytikern als grenzverletzend und damit als verführerisch und provozierend gedeutet werden. Die Unfähigkeit, Nähe und Distanz klar zu spüren gefährdet diese Klientinnen in Therapien ganz besonders, da die analytische Intimität per se schon grenzauflösend wirkt.

Das körperliche Angebot dieser Frauen, von den Analytikern oft als Einladung zu einer sexuellen Beziehung verstanden, maskiert in der

Regel, worum es ihnen wirklich geht: Anerkennung, Schutz und Geborgenheit. Es geht um „den Glanz im Auge des Analytikers“, da der Glanz im Auge des Vaters, als Erwecker des Eros, oft vermißt wurde.

Wir brauchen ein tieferes Verständnis für dieses „andere Begehren“ (B.Hoppe), das nicht in erster Linie sexuelles Begehren ist. EROS ist der Schlüssel zu diesem erweiterten Verstehen. Eros ist die Energie, die nach Verbindung strebt, ein zwischenmenschliches schöpferisches Energiepotential, das Prinzip der Vereinigung, eine schöpferische Kraft, die nach Vereinigung der Gegensätze strebt, nach Zusammenbinden der Teile zu einem Ganzen.

Es ist die frühe „Entfremdung der Frau von ihrem Körper, der sie leer und hungrig auf die Suche nach Ganzheit bringt“ (Moltmann-Wendel).

In der Liebe und Sehnsucht nach Vereinigung, die in der analytischen Situation konstelliert wird, leuchtet eine archetypische Dimension auf, die zur Chance oder zur Selbstzerstörung von Therapeut und Klientin werden kann, wenn der Analytiker seine Verantwortung nicht erkennt und persönlich auslebt, was überpersönlich gemeint ist.

Diese Vereinigung ist nicht auf der körperlichen Ebene auszuleben. Es geht um die schöpferische Verbindung auf der geistigen Ebene, um das, was uns als platonische Liebe vertraut ist. Plato unterscheidet zwischen dem schönen Eros, dem himmlischen, dem Sohn der Urania, der himmlischen Muse und dem Allerweltseros, mit dem man vorsichtig sein muß, weil er zu sexueller Abhängigkeit und Zügellosigkeit führt. Unser analytischer Umgang mit dem Eros bedarf der ethischen Haltung als existenziellem Teil unseres beruflichen Ethos.

In der analytischen Begegnung brauchen wir Eros als die Kraft, die darauf gerichtet ist, daß unsere KlientInnen die innere Verbindung zu sich selber herstellen und in Kontakt zur eigenen inneren Ganzheit kommen können. Der psychotherapeutische Eros verkörpert diese Energie, und die Verbindung von AnalytikerInnen und AnalysandInnen ist eine solche Vereinigung geistiger, symbolischer Natur. Darum müssen wir in der Analyse immer auch den symbolischen Gehalt der sexuellen Wünsche betrachten und lernen, daß Sexualität auch symbolische Bedeutung hat. Die sexuelle Vereinigung ist Symbol für die tiefste, leidenschaftlichste Verbindung mit einem anderen Menschen. Jede tiefe menschliche Begegnung kann erotische Phantasien wecken und den Wunsch nach sexueller Vereinigung auslösen, selbst wenn das, was gesucht wird, letztlich nicht sexuell gemeint ist.

Das ist wichtig,um die Intensität der Gefühle zu verstehen, die sich in der Gegenübertragung einstellen können. Leider hat der psychoanalytische Diskurs die erotischen und sexuellen Aspekte der Gegenübertragung weitgehend tabuisiert. „Der Schwefelgeruch des

Leibhaftigen" (Krutzenbichler) scheint Professionelle abzuschrecken, sich mit diesem Thema fruchtbar auseinanderzusetzen. Sexuelle Gegenübertragungen sind in Supervisionen oder Seminaren an den Ausbildungsinstituten kaum je ein Thema, dafür aber ein umso brennenderes Problem in der Behandlungspraxis. Über aggressive Gegenübertragungsgefühle tauschen wir uns aus, „sexuelle Gefühle zu haben, ist nahezu indiskutabel" (Grunert), sie werden „routinemäßig verurteilt" (Tower). Es wäre hilfreich, wenn wir uns in unseren Gesellschaften um mehr Transparenz bei diesem Thema bemühen würden, damit die Verleugnungen und die Scham- und Schuldgefühle für sexuelle Impulse in den Therapien das analytische Miteinander nicht länger belasten. Gegenübertragung hat immer auch mit unserer leiblichen Existenz als AnalytikerInnen zu tun, sie ist nicht reduziert auf das, was sich „im Kopf" abspielt, sondern sie wird „konkret am Körper erfahren" (Massing/Wegehaupt).

Erlauben wir uns also den Blick auf unsere sexuellen und erotischen Empfindungen während der Therapie, damit wir uns selbst und unsere KlientInnen besser begreifen, denn für uns ist die Gegenübertragung nicht mehr Störfaktor und Hindernis, sondern ein wichtiges Erkenntnisinstrument, das unsere gesamte emotionale Antwort auf die Menschen, mit denen wir arbeiten, enthält.

Für den verantwortungsvollen Umgang mit den Grenzen, für die verläßliche Verbindung von Nähe und Distanz, brauchen wir Eros. Es liegt ja im Wesen der therapeutischen und ganz besonders der analytischen Situation, daß das Unbewußtes aktiviert wird und die entstehende Intimität und Energie grenzauflösend wirkt. Letztlich ist heilsame und angstfreie Intimität aber nur möglich, wo auch verläßliche und verantwortungsvolle Distanz gesichert ist, ohne daß der Analytiker zur „sprechenden Atrappe" (Moser) verkommen muß.

Das Verständnis dessen, was denn diese Distanz ausmache, ist am besten anhand der Geschichte und Entwicklung des Abstinenzkonzeptes zu erklären. Freud hat ja gefordert, „die Kur muß in der Abstinenz durchgeführt werden". Der Abstinenzbegriff ist mehr als ein *terminus technicus*, er hat nicht nur methodische, sondern auch menschliche und ethische Implikationen. Wie zurückhaltend müssen wir sein und wie aktiv dürfen wir sein in der analytischen Begegnung? Zu viel Abstinenz führt oft zu der beklagten väterlichen Strenge der Psychoanalyse und zu wenig Abstinenz zum Chaos der „Mutterzärtlichkeit". Was aber ist gemeint mit Abstinenz? Bauriedl definiert: „Sich nicht verwenden lassen und den anderen nicht verwenden". Zum analytischen Standpunkt gehört wesentlich die Manipulationsabstinenz als ethischer Imperativ. Vom Therapeuten wird gefordert, daß er die

Behandlungssituation nicht zur Befriedigung eigener Bedürfnisse benutzt, daß er nicht über sich und seine Probleme spricht, daß er nicht durch Ratschläge in die Lebensführung der PatientInnen eingreift und daß er die Übertragungswünsche nicht befriedigt. Dieses ursprüngliche psychoanalytische Abstinenzverständnis hat viel mit Versagen zu tun. Den PatientInnen werden die Befriedigung zärtlicher und sexueller Triebbedürfnisse versagt und auch der Analytiker muß sich in Bezug auf seine PatientInnen die eigenen Triebwünsche versagen. So fungiert die Abstinenzregel zum Schutz für beide.

Gerade in der Psychotherapie mit ihren klaren schützenden Grenzen vermag das Bewußtsein um die Tiefe der sexuellen Wünsche die Suche nach dem aufzunehmen, das in diesem Wunsch verborgen ist.

Hinter dem Begehren nach Vereinigung mit dem Analytiker steht für viele Frauen die viel tiefere Sehnsucht nach Vereinigung mit dem ganz Anderen, das heil macht. Eros offenbart sich in der Hingabe, und so erfahren sich die Frauen in der Therapie, hingegeben an ihren Wachstumsprozeß, hingegeben an den Therapeuten als den Menschen, der für sie Führender ist zur Vereinigung mit sich selbst, zur eigenen Ganzheit. Oft verkörpert der geliebte Therapeut die noch nicht erfahrbare eigene Ganzheit, in ihm und mit ihm wird die Begegnung mit der eigenen Seele gesucht.

Das Bedürfnis, unserem eigenen Seelenbild zu begegnen wird ja gerade in der Therapie besonders drängend und führt dazu, es auf die leibhaftige Gestalt des Therapeuten zu projizieren. Er wird verstanden als der Erlöser, in ihm wird das geliebt, wonach die Seele immer schon auf der Suche war und er wird damit zur Fleischwerdung eines Ideals. Die Archetypen des Heilers, des Weisen und Psychopompos, der um die Wege weiß, werden auf solche Weise konstelliert. Und damit auch die Abhängigkeit von denen, die im Besitz des Wissens zu sein scheinen, denn Therapeuten sind mächtig, sie werden zu Übervätern und mit göttlicher Unfehlbarkeit ausgestattet.

Therapeuten, die sich dazu verführen lassen, mit den Bildern, die auf sie projiziert werden, zu verschmelzen und die eigenen Omnipotenzphantasien inflationär auszuleben, verunmöglichen der Frau die Erfahrung, um die es letztlich geht, die Erfahrung der Selbstwerdung. Wenn Therapeuten diese Sehnsucht nach Befreiung zum Eigenen mißverstehen und persönlich nehmen, was überpersönlich gemeint ist, sich also selbst in Fleisch und Blut anbieten, dann wird Eros verraten. Dort, wo es zu einer sexuellen Begegnung zwischen AnalytikerInnen und AnalysandInnen kommt, ist Eros abwesend, da wird nicht umsorgt und geschützt, sondern massiv verletzt. An dieser Begegnung kann die Frau nicht wachsen und zu sich selbst finden, hier geht es nicht um Reifung, sondern Zerstörung. Ziel des psychotherapeutischen Eros aber ist die Verwandlung des Menschen, das schöpferische Wachsen. Dabei ist gerade im Rahmen der Jungschen Psychologie wichtig, daß dieser Wandlungsprozeß nicht einseitig ist. Jung schreibt:

„Das Zusammentreffen von zwei Persönlichlkeiten ist wie die Mischung zweier verschiedener chemischer Körper: tritt eine Verbindung überhaupt ein, so sind beide gewandelt."

Diese Auffassung ist natürlich konträr zu der Forderung Freuds, der Analytiker solle für den Analysierten so undurchsichtig sein wie eine Spiegelplatte, die nichts anderes zeige, als was ihm gezeigt wird oder der Empfehlung an die Analytiker, sich den Chirurgen zum Vorbild zu nehmen, der alle seine Affekte und sein menschliches Mitleid beiseite drängt, um die Operation möglichst kunstgerecht zu vollziehen.

Von diesen psychoanalytischen Ursprüngen ist es ein weiter Weg bis zu jener Forderung nach dem psychotherapeutischen Eros, wie der Daseinsanalytiker C.A.Seguin aus Lima ihn beschreibt. Er beruft sich auf Maslows Verständnis der Liebe zum Sein, die nicht haben will, nicht Besitz ergreifen, sondern geben. Ihre therapeutische Wirkung beruht darauf, daß sie auf das Wachsenkönnen des Anderen ausgerichtet ist. So muß auch der psychotherapeutische Eros frei sein von jeder Art des Besitzenwollens, er darf nicht manipulieren und nicht abhängig machen wollen, er darf nicht dogmatisch sein, nicht indoktrinieren und sich nicht sexuell ausleben. Sobald der psychotherapeutische Eros Besitzansprüchen verhaftet ist, beraubt sich der Therapeut seiner eigenen Freiheit und Offenheit, was jede Fortsetzung der Therapie unmöglich macht. Für Seguin hat jeder Therapeut seine Fähigkeit eingebüßt, psychotherapeutisch zu wirken, wenn sich die therapeutische Beziehung in irgendeine andere Liebesform verwandelt, sei sie väterlich, freundschaftlich oder sexuell. Psychotherapeutischer Eros kann als eine Art Geburtshelferdienst verstanden werden mit dem Ziel, dem Menschen beim Geborenwerden in das eigentliche Menschsein zu helfen.

Eros befreit, und an dem Verlust der Freiheit, den Frauen erfahren, die von ihrem Therapeuten mißbraucht worden sind, wird sichtbar, daß eben gerade nicht Eros waltet, sondern sein psychologischer Gegensatz, die Macht. Die Frauen erleben bei ihren Therapeuten nicht das Hingegebensein, sondern das in Besitz genommen werden, nicht Eros, sondern Macht.

Macht ist der Schatten des Eros, denn sie will den Anderen nicht fördern, sondern seine Entwicklung blockieren. Der Wunsch, den Anderen zu beherrschen, ihn zu dominieren, kann nur aus der eigenen Unerfülltheit erwachsen. Von daher ist es nicht überraschend zu lesen, daß die Mehrheit der mißbrauchenden Therapeuten in einer persönlichen Lebenskrise sind, daß sie sich unerfüllt und dem Leben gegenüber impotent fühlen. Der Mangel an eigener Kreativität kann auch die Kreativität der Patientin nicht zulassen, die eigene Sinnentleertheit vermag auch nicht Raum zu schaffen, die Klientin auf dem Weg zum Sinn zu begleiten.

Die sogenannte Verführung hat immer eine destruktive Komponente. Ihr Szenario ist gleichzeitig ein Szenario der Destruktivität, denn das, was die analytische Beziehung ausmacht, wird vernichtet. Damit wird auch der Analytiker in seiner Funktion zerstört, so daß jede Verführung letztlich ein Akt der Selbstzerstörung ist.

Das wird umso deutlicher, wenn wir uns bewußt machen, welches die Folgen sind für jene Menschen, die ja bereits mit tiefen Verwundungen im Bereich der Liebe und der Sexualität in die Therapie gekommen sind, die an einer Orientierungsstörung leiden und uns den verletzten Teil ihrer Seele zeigen. Gerade auf der Beziehungsebene zwischen AnalytikerInnen und KlientInnen muß heil werden, was verformt und erkrankt ist, hier müssen Wachstumserfahrungen möglich sein statt Fixierungen und Retraumatisierungen.

Wie katastrophal die Folgen für Frauen sind, die in eine sexuelle Beziehung mit Analytikern verstrickt waren, macht ein Blick auf das Störungsbild deutlich, das in den USA als THERAPIST-PATIENT-SEX-SYNDROME bezeichnet wird.
Darunter verstehen wir

- den Verlust der Liebes-und Vertrauensfähigkeit
- die massive Erschütterung im Selbstwerterleben
- die Verunsicherung in Bezug auf die eigene Urteils- und Wahrnehmungsfähigkeit
- Schuld- und Schamgefühle
- Ambivalenz, Wut, Trauer und Depression

Diese Störungen haben eine auffallende Ähnlichkeit mit jenem Zustandsbild, das uns von Frauen bekannt ist, die als Kind sexuell mißbraucht worden sind. Daß gerade Inzestüberlebende besonders gefährdet sind, von ihrem Therapeuten erneut mißbraucht zu werden, daß ausgerechnet an dem Ort, wo das Trauma geheilt werden sollte, dieses wiederholt wird, gehört zu den erschütternden und beunruhigenden Wahrheiten unseres Berufsstandes, die wir nicht länger verdrängen und vertuschen dürfen. Weil das sexuelle Tabu in der Psychotherapie immer auch das Inzesttabu der Eltern-Kind-Beziehung konstelliert, sprechen wir auch von analytischem Inzest.

Die Asymmetrie der Beziehung ist ähnlich und auch die Abhängigkeit. Dabei handelt es sich nicht nur um einen individuellen Konflikt einer bestimmten Klientin mit ihrem Analytiker, sondern um ein kollektives Problem. In Abhängigkeitsbeziehungen werden auch charakteristische Abwehrkonstellationen wirksam, die man „am Ort der Herrschaft" (Mario Erdheim) typischerweise antrifft: Idealisierung dessen, der die Macht hat, Identifizierung mit dem Agressor, Selbstentwertung und Umlenkung der Aggression auf die eigene Person (Rohde-Dachser). Diese Abwehrmechanismen sind immer wieder bei Frauen zu beobachten, die Opfer sexueller Übergriffe geworden sind. Sie schützen den Analytiker und geben sich selbst die Schuld für die Entgleisung des analytischen Dialogs. Durch die Erlösungsvorstellungen und Heilserwartungen, die in der Therapie wachgerufen werden, verstärkt sich die Abhängigkeit, mit der wir als Helferinnen und Helfer verantwortungsbewußt umgehen müssen. Mißbrauchen wir unsere Position der Macht, verraten wir das uns entgegengebrachte Vertrauen, dann stürzen wir die Betroffenen in einen Zustand, der einer existenziellen Verunsicherung gleichkommt, die psychotische Ausmaße annehmen kann und nicht selten im Suizid endet.

Welcher Haltung also bedarf es, um denen, die Hilfe suchen, adäquat zu begegnen? Ich glaube, daß wir eine Einstellung brauchen, die sich an der Verwundbarkeit und Verletzlichkeit der Seele orientiert, die sich uns zeigt. Wir brauchen den schützenden Eros, der auf das Schöpferische gerichtet ist, eine fürsorgliche Einstellung des behutsamen Begleitens, die Verbindung herstellt zwischen dem Ich und dem Unbewußten und sich ganz in den Dienst des Selbst stellt.

Wir müssen eine Atmosphäre des Gewährens und der Akzeptanz schaffen, in der sich die Menschen, die wir begleiten, frei und unverhüllt zeigen können, in der sie riskieren können, ganz sie selbst zu werden.

Wenn wir als TherapeutInnen mit uns selbst in Fühlung sind, dann können wir uns auch berühren und betreffen lassen, dann können wir auch mit den Anderen in Fühlung kommen. Schon Plato wies darauf hin: „Was einer selber nicht hat oder nicht weiß, das kann er auch keinem andern geben, kann er keinen andern lehren." Das gilt auch für uns als Helfende. Wenn wir selbst nicht von Eros berührt sind, vermögen wir auch nicht durch ihn zu wirken.

C.G.Jung hat immer wieder betont, daß in der Analyse der Arzt als Person genauso beteiligt ist wie der Patient. Wir müssen wirklich die Menschen sein, als die wir wirken wollen. *Ars totum requiret hominem.*

Wenn ich als Psychotherapeutin sexuelle Abstinenz als konstitutiv für jeden therapeutischen Prozess fordere, dann nicht im Sinne eines historischen, defensiven Abstinenzkonzeptes, das von der Angst der Analytiker vor Verführung und Verführtwerden geprägt ist, auch nicht auf Grund einer methodischen Linientreue, sondern auf Grund der Überzeugung, daß sexuelle Verstrickungen mit den Menschen, die wir therapeutisch begleiten, mit psychotherapeutischer Ethik und psychotherapeutischem Eros nicht vereinbar sind.

Vielleicht wird auf diesem Hintergrund noch einmal deutlich, daß der Begriff „Kunstfehler“ aus der Perspcktive der Opfer fast zynisch klingt. Berechtigung hat dieser Begriff nur dort, wo im Rahmen eines Haftpflichtprozesses die Geschädigten nachweisen müssen, daß die Therapeuten ihre Sorgfaltspflicht verletzt haben und ein Verstoß gegen die anerkannten Regeln der therapeutischen Heilkunst vorliegt.

Nur in diesem Kontext, der die Haftung des Therapeuten für eine fahrlässig begangene Schädigung der Klientin sicherstellen will, ist der Begriff „Kunstfehler“ angebracht, obwohl schon 1976 von Masters und Johnson gefordert wurde, daß in einem Rechtsverfahren der Therapeut bei erwiesener sexueller Verführung eines Patienten in erster Linie wegen Vergewaltigung und nicht wegen eines Kunstfehlers verurteilt werden sollte.

Wie schwer es ist, das Verschulden des Therapeuten zu beweisen und den adäquaten Kausalzusammenhang zwischen dem psychischen Zustandsbild der Geschädigten und dem Verhalten des Therapeuten herzustellen, wissen wir alle. Wenn wir uns dann noch vor Augen führen, was es für die Betroffenen bedeutet, sich der Begutachtung und dem Prozeßverlauf auszusetzen, wird rasch verständlich, warum es bisher so wenige Prozesse gibt und so viele *Kunstfehler*.

Gerade in Bezug auf den rechtlichen oder auch den standespolitischen Umgang mit Mißbrauch in Therapien wird jene gesellschaftliche Dimension sichtbar, die mit diesem Thema ganz wesentlich verklammert ist, jene Dimension nämlich, die verantwortlich ist für den Alternativbegriff „Kavaliersdelikt“.

Was sich als psychotherapeutische Verschwörung im Schweigen gegenüber diesem Schattenaspekt unseres Berufes manifestiert, hat große Ähnlichkeit mit dem Grundmuster in unserer Gesellschaft, daß eine tiefgehende Übereinkunft, eine Art Männerbündnis besteht, welches prinzipiell das Verhalten von Männern gegenüber Frauen legitimiert oder zumindest exculpiert, wenn das nicht zu bewerkstelligen ist. Die zuverlässige Parteinahme für ihresgleichen bildet die Grundstruktur, nach der in solchen Fällen entschieden wird.

An dem Umgang mit Vergewaltigungsopfern und Kindern, die sexuell ausgebeutet worden sind, wird die gesellschaftliche Hackordnung unübersehbar deutlich. Auch der sexuelle Mißbrauch in Psychotherapien ist nicht losgelöst von der strukturellen Gewalt der Männergesellschaft diskutierbar. Die gesellschaftliche Realität der ungleichen Machtverteilung macht das Risiko Therapie für Frauen noch größer.

Wer sich näher mit diesem Thema auseinandersetzt und mit Therapeuten spricht, die solchen Machtmißbrauch zu rechtfertigen versuchen, ist betroffen von dem auffälligen Mangel an Schuld- und Verantwortungsbewußtsein, dem frappanten Fehlen jeglicher Einsicht in eigene narzißtische Defizite und frustrierte Abhängigkeitswünsche. Spürbar sind dagegen die Abwehrmechanismen von Projektion, Schuldzuschreibung und Bagatellisierung.

„Kavaliersdelikt"- mit diesem Begriff wird die Mystifizierung und Aufwertung des Mannes sogar noch dort festgeschrieben, wo im Namen von Fürsorge, Liebe und therapeutischer Indikation verantwortungslose Heiler Unheil bringen. Die sexuelle Ausbeutung von Klientinnen, den Mißbrauch der Machtposition als das Delikt eines Kavaliers zu bezeichnen, macht deutlich, daß es sich hier um eine Begriffsbildung der männlichen Geschlechtsgenossen handelt. Von hier ist es nur ein kleiner Sprung zur Aufforderung, doch dankbar zu sein, daß dieser therapeutische Kavalier die Klientin mit seinem Zauberstab aus Fleisch und Blut beglückt habe. Das sogenannte „Kavaliersdelikt" hat nichts mit einer romantischen Affäre zu tun, denn es geht um die massive Verletzung der psychischen Integrität von Frauen. Die Begriffsbildung sagt aber sehr viel über den Sexismus aus, der auch in unserem therapeutischem Berufsstand waltet.

Es ist dringend notwendig, das Thema des sexuellen Mißbrauchs in Verbänden und Ausbildungsinstitutionen offen zu diskutieren, damit wir uns nicht des kollegialen Sich-Deckens und der Mittäterschaft schuldig machen. Unsere Ausbildungsinstitute sollten Orte sein, an denen der verantwortliche Umgang mit Sexualität und Abhängigkeit gelehrt und vorgelebt wird, damit psychotherapeutische Ethik verinnerlicht werden kann.

Leider hat Freud mit seiner Klage auch heute noch recht behalten, daß „viele der Analytiker von der Analyse wenig veränderter Menschenstoff" sind. Darum reicht auch für den Schutz derjenigen, die einen Therapeuten suchen, die individualistische private Ethik dieses Menschen nicht aus.

An der Diskussion um die Aufnahme expliziter ethischer Richtlinien in die Standesregeln der therapeutischen Gesellschaften ist mir überdeutlich geworden, daß ein Sichberufen auf den Hippokratischen Eid oder die bloße Annahme hoher ethischer Qualifikation bei den Ausbildungskandidaten keineswegs genügt. Meine Erfahrung hat gezeigt, daß die individualistische Interpretation von sexuellen Kontakten in der Psychotherapie für die Frauen fatale Folgen hat.

Die Standesorganisationen und die Gesetzgeber sind hier zusätzlich gefordert, um den Schutz der Verletzbaren vor weiterer Verletzung und Ausbeutung zu gewährleisten. Wir brauchen eine gültige Standesethik und eine effektive Gesetzgebung. Wir benötigen dringend Aufklärung über die Risikofaktoren in unserer Profession, aber auch Aufklärung in unserer Ausbildung, was sexueller Mißbrauch in der Psychotherapie für die Opfer bedeutet. Wir sollten uns nicht scheuen, die eigenen Gefühle und Gefährdungen in Intervisionen anzusprechen und an einem neuen Klima im Umgang mit den mißbrauchenden Kollegen zu arbeiten. Es kann letztlich nicht darum gehen, mißbrauchende Therapeuten, die sich in den Schlingen unseres „unmöglichen Berufes" verfangen haben, als die ganz Anderen auszugrenzen und sich in der eigenen Unfehlbarkeit zu sonnen, sondern Hilfestellung zu geben, aus der Verstrickung herauszufinden und einen schulenübergreifenden Austausch zu suchen. Dort aber, wo weder das persönliche Wertsystem noch die therapeutische Ethik verpflichtend wirkt, müssen Sanktionen durchgesetzt werden, die Klientinnen und Klienten vor weiterer Ausbeutung und Schädigung schützen. Sinnvoll wäre auch die Einrichtung von Schiedsstellen für psychotherapeutische Behandlungsfehler, um den Geschädigten die Durchsetzung begründeter Ansprüche und den PsychotherapeutInnen die Zurückweisung unbegründeter Vorwürfe zu erleichtern.

Wir können weder menschlich noch professionell eine solche Erkenntnis-Abstinenz verantworten, wie sie bisher diesem Tabuthema gegenüber üblich war. Es ist höchste Zeit, sich wieder auf die Werte zu besinnen, die für die psychotherapeutische Begegnung existenziell sind. Wir brauchen wieder EROS, den großen Dämon, die schöpferische göttliche Kraft, und nirgends brauchen wir sie mehr als in der Therapie, dem Ort der Verwandlung.

Literatur:

Buber, M.: *Reden über die Erziehung*. Heidelberg 1986

Hoppe, B.: *Körper und Geschlecht*. Berlin 1991

Krutzenbichler, S.: *Kann ein Schiff seekrank werden?* Unveröffentlichtes Manuskript eines Vortrages in Nürnberg, 1991

Massing, A. / Weber, I. (Hrsg.): *Lust & Leid. Sexualität im Alltag und alltägliche Sexualität*. Berlin 1987

Moltmann-Wendel, E.: *Wenn Gott und Körper sich begegnen*. 1989

Rohde-Dachser, Ch.: *Weiblichkeitsparadigmen in der Psychoanalyse*. In: Brede, K. (Hrsg): Was will das Weib in mir? Freiburg 1989

Stein, R.: *Inzest und Liebe*. Fellbach 1981

Wirtz, U.: *Seelenmord*. Inzest und Therapie. Stuttgart 1989

„Es ist vielleicht ungerecht, ihn als Schweinehund zu bezeichnen“

Ein Lehrbuch der schmierigen Zweideutigkeit. Über Sexualität auf der Analytiker-Couch

Tilmann Moser

Öffentliche Themen unterliegen einem rätselhaften Zeitgeist: sie mögen noch vor wenigen Jahren keine Chance auf allgemeine Diskussion gehabt haben, und plötzlich sind sie *en vogue*, die Medien und die Verlage quellen über. Man vermutet hinter dem Zeitgeist gewandelte ökonomische Chancen: der Markt schluckt plötzlich Sujets, an denen Jahrzehntelang nur stumm gelitten werden konnte. Aber auch die instituionell-ökonomischen Chancen sind nichts Primäres. Wie entsteht eine öffentliche Verträglichkeit und Verkäuflichkeit von Themen, die lange unerträglich waren? Es ist schwer, die Ebene zu fassen, auf denen eine solche Veränderung vor sich geht.

Man könnte auch von „verringerter öffentlicher Abwehr“ sprechen, so wie es in Schüben mit der Homosexualität, mit Abtreibung, Transsexualität und anderen Themen der Fall war. Vielleicht hat auch die universelle Bedrohung durch Aids und die Diskussion in ihrem Gefolge Räume geöffnet für die Dokumentation anderer bedrohlicher Formen der Sexualität, in diesem Fall der Sexualität im Therapieraum mit extrem abhängigen Patienten.

Es gibt, und dies verzögert die öffentliche Diskussion bei manchen Themen, eine fragmentierte öffentliche Abwehr. Für die Psychoanalytiker war es selbstverständlich, die neuen Therapieformen, vor allem die Körpertherapien, der erotischen Zügellosigkeit zu verdächtigen und anzuklagen. Und in der Tat haben sich manche Pioniere und ihre Schüler viel zuschulden kommen lassen an erotischem „Absahnen“ auf den abgelegenen Workshops mit den in der Welt herumjetenden, partiell entwurzelten Lehrern neuer therapeutischer Möglichkeiten. Nun bricht aber auch in der psychoanalytischen Welt, als letzter Bastion der Selbstgerechtigkeit auf diesem Feld, die Möglichkeit des Wegsehens, Beschuldigens und Projizierens zusammen. Die Ironie des Zeitgeistes will es, dass die bestdokumentieren Geschichten von Sexualität auf der Couch von Analysepatientinnen stammen, und eines der besten Kapitel über die Psychologie der therapeutischen Verführer von einer Schweizer Tiefenpsychologin, Ursula Wirtz (Titel: *Seelenmord*), die viele Patientinnen von gestrauchelten Therapeuten nachbehandelt hat. Es sind eine Reihe von autobiographischen Berichten von Patientinnen in Arbeit. Es gibt plötzlich Forschungsgelder zum Thema Mißbrauch, und mit der entsprechenden Verspätung bemühen sich jetzt sogar die psychoanalytischen Fachgesellschaften um Ethikkommissionen und Regeln für peinliche Untersuchungen und Ausschlußverfahren. Die klinischen Psychologen haben dies seit längerem, und wenn man mit Mitgliedern solcher Kommissionen oder verbandsinternen Disziplinarrichtern spricht, erfahrt man, daß sie regelmäßig zu tun haben. Das Groteske ist nur, daß die Kommissionen immer wieder auch auf verstrickte Therapeuten treffen, die ihr Tun noch rechtfertigen und ihrem wildernden und marodierenden Penis spezielle Heilqualitäten zusprechen.

Vor einigen Monaten ist, aus dem Französischen übersetzt (auch die *Verführung auf der Couch* von Anonyma, Freiburg 1988, spielte in Paris), ein kleines Taschenbuch erschienen von Joëlle Augerolles, *Mein Analytiker und Ich* (Fischer 1991), das in grandioser Unappetitlichkeit noch einmal die Degeneration einer seelischen Heilbehandlung in eine sexuelle Ausbeutung schildert.

Es ist das elend alte Lied der Unordnung und der Verwirrung zwischen kindlichen und erwachsenen Bedürfnissen, auf beiden Seiten, die Verwechslung der „Sprache der Zärtlichkeit" mit der „Sprache der Leidenschaft", wie einer der Pioniere der psychoanalytisch orientierten Körperpsychotherapie, Sandor Ferenczi, es formuliert hat.

Die Patientin ist emotional ausgehungert, in einer früheren Analyse mit einer Frau zwar etwas stabilisiert worden, aber nicht wirklich zu sich selbst gekommen. Der familiäre Hintergrund ist düster. Noch die Vierzigjährige schreibt nach einem Besuch bei ihr: „Die boshafte Neugier meiner Mutter, der gehässige Blick, mit dem sie die Menschen und die Dinge mustert, machen mich ganz krank ... Ein schweres Leben, ohne Freude, ohne Liebe, Kinder, die sie nicht wollte und die sie nicht geliebt hat, ein durch Unwissen und Armut verpfuschtes Leben."

Sie erzählt also dem Analytiker „von meiner Kindheit, meiner Jugend..., vom ewigen Streit zwischen meinen Eltern, dem Alkoholismus meines Vaters, den Neurosen meiner Mutter ..." Einige Wendungen legen nahe, daß es zu sexuellem Mißbrauch in der Kindheit gekommen ist, der aber tief verdrängt ist. Mit einiger Sicherheit läßt er sich erschließen aus raschen sexuellen Avancen eines Therapeuten, bei dem sie nach Beendigung der ersten Analyse Hilfe gesucht hat. Sie ist also ein mehrfach gebranntes Kind, als sie voller Angst ihren nächsten Versuch wagt.

In den ersten Stunden beim neuen Analytiker schon kommt es zu einer totalen Spaltung zwischen positiver, idealisierender (leicht erotisierter) und negativer, dämonisierender und angstvoller Übertragung. Die psychosomatischen Sofortreaktionen nehmen das spätere Geschehen schon vorweg. Nach einer der ersten Stunden heißt es, obwohl er noch freundlich zuhört: „Mir wird übel. Ich bleibe am Rand des Bürgersteigs stehen, aber ich kann mich nicht einmal erbrechen."

Und schon während der ersten Stunde: „Auf diesen Mann zuzugehen kommt mir vor wie ein ‚Abstieg zur Hölle'." Mit der ganzen Wucht der negativen Wiederholung wird ihre Kindergeschichte neu inszeniert. Die Patientin ist nach wenigen Stunden in seinem Bann, unfrei, mit Erlösungshoffnungen und Mißbrauchsgewissheit, noch vollkommen unbewußt, und die Pathologie des Analytikers fügt sich der ihren an, nein, evoziert sie, verstärkt sie, beutet sie aus, anstatt sie aufzufangen. Zwei große Fragmente des Unbewußten beider Personen beginnen einen sadomasochistisch getönten, sexualisierten Tanz.

Das Ergreifende an diesem Tagebuchbericht ist die Klarheit, mit der das Kind in der Patientin fühlt, was es braucht, und mit der die Erwachsene weiß, wo die Analyse nur noch schlüpfriger Boden ist. Das macht den dramatisierten Lehrbuch-Charakter des Berichts aus. Sie weiß, daß sie Halt, Schutz, Wärme, Geborgenheit sucht. Aber sie hat dies nie ohne sexualisierte Einkleidung denken oder erleben können. Der Analytiker vernebelt früh das therapeutische Gelände, indem er sie nach vier Wochen schon, als sie weinend und verzweifelt in die Stunde kommt, in den Arm nimmt und dort festhält: „Der Druck ist fast schmerzhaft. Ich höre mich selbst sagen: ‚Sind Sie sich Ihrer sicher?'" Der Angeber bejaht, ist es aber nicht. Er hat es nicht gelernt, mit haltgebender Berührung umzugehen, die bei manchen Patienten das Fühlen und Sprechen erst möglich macht.

„Übrigens werfe ich mir auch vor, daß ich ihn nicht selbst gewählt habe. Ich hätte noch ein oder zwei andere Analytiker aufsuchen sollen, bevor ich mich endgültig entschied." Sie hatte sich einfach überweisen lassen und der „Verordnung" gehorcht. Sie erlebt Warnzeichen genug, zweifelt an seiner Kompetenz für sie. Sie will die Stundenzahl reduzieren, bittet ihn, ihr einen anderen Therapeuten zu suchen. Aber er selbst scheint sich längst verkrallt zu haben, die beginnende eigene Erotisierung wird deutlich an dem therapeutischen Größenwahn. Die Patientin stürzt tief in ihre Verwirrung, in der mütterliche Zuwendung in der sexuellen Maskerade ersehnt und mit einer Dringlichkeit begehrt wird, über deren Macht man staunt, besonders wenn sie im Therapeuten rasch den falschen Widerhall findet.

Im Grund ist die ganze Analyse von Anfang an ein Kampf um die Trennung von einem inneren Monster, das ihr in der Außenwelt wiederbegegnet, das sie aber mitformt, und von dem sie geformt wird, weil beiden offensichtlich die minimale Sicherheit in und das Zutrauen zu ihren Rollen fehlen: „Ich sage ihm, daß ich manchmal gern in seinem Bett sein möchte, mich beschützt fühlen; dann würde ich warten, bis er eingeschlafen ist, und ihn erwürgen. Er behauptet, ich würde am liebsten sein Glied so lange umklammern, bis er daran stirbt.“ Daß ein hysterischer Patient die therapeutische Beziehung erotisieren darf, ist selbstverständlich. Es ist ja die Last, die er oder sie mitbringt, und er hofft auf Klärung seiner Verwirrung, auf ein Verstehen der frühen Notmaßnahme, die die Sexualisierung darstellt.

Beim Analytiker ist die Erotisierung zuerst ablesbar an der Sexualisierung der Deutungen, die hier schon eingebettet ist in die gemeinsame Inszenierung der Analyse als eines mit Demütigung, Lockung und Vernichtung geführten Machtkampfes. Auch in der *Verführung auf der Couch* bereitet sich der Mißbrauch in der Erotisierung der Deutungen des Analytikers vor. Diese führt und verführt zu einer „Fäulnis“ der Atmosphäre in der Therapie. Es ist von den frühen Entbehrungen mit der Mutter und dem fehlenden Halt nie die Rede.

Die Einbruchsstelle für die Pathologie des Analytikers ist folgende: er spürt, daß die Behandlung wirkungslos bleibt, ja sogar das Befinden der Patientin verschlimmert. Ihre Anklammerungswünsche, falsch gedeutet, werden intensiver. Er kann die Ohnmachtssituation nicht ertragen, die Patientin, immer verwirrter, bietet ihm Macht an in ihren erotisierten Wünschen. Schließlich glaubt der Tölpel daran, daß er in Form seines Penis noch ein Wundermittel bereit hätte, und versucht es groteskerweise in die Therapie einzubauen, ohne zu merken, daß er nur der phallokratischen Allmacht anheimfällt. Aus heilsamer Atmosphäre wird die „knisternde Stimmung“ als berauschendes Ersatzelixier. Sie ist verzweifelt und hoffnungslos. „Dabei ist er da, ist gegenwärtig in meinen Ohren, die ich für Geld gemietet habe. Aber es gibt etwas, das keinen Preis hat, das ist die elektrische Spannung zwischen uns ...“, aus der sie aber nach den Stunden in eine „Gefühlslehre“ taumelt, die die Süchtigkeit nach ihm nur festigt.

Die Schweizer Analytikerin Ursula Wirtz hat in ihrem Buch *Seelenmord* den infantilen Anteil der mißbrauchenden Therapeuten beschrieben. Sie tragen ein tiefes Ohnmachtserleben gegenüber ihrer frühen Mutter herum; die ohnmächtige und sehnsuchtsvolle Abhängigkeit der Patientinnen ist eine Droge für sie, die eine Umkehr der Verhältnisse verspricht. Und da sie auch in ihrer kindlichen Männlichkeit gedemütigt wurden, erlaubt der Peniskult, den sie betreiben, auch hier eine kurze berauschende Schein-Heilung. Die Bedürftigkeit kehrt sich auf eine manchmal ekelerregende Weise um.

Ein Beispiel: die Patientin gesteht ihren in der Übertragung fast normalen Wunsch, von ihm schwanger zu sein. Es ist die regressive

Ebene, auf der die kleinen Kinder ihren Eltern Heiratsanträge machen: „Ich möchte ein Kind von Ihnen haben oder vielmehr von Ihnen schwanger sein ..." Aber was antwortet unser klein-großer freudianischer Hosenmatz, der seine burschikos-verführerische Sprache als Überlegenheit genießt: „Sie möchten ständig meinen Schwanz in sich fühlen."

Allmählich ändert sich bei beiden Partnern der Aggregatzustand der physiologischen Bedürfnisse. Er nimmt sie, die Verzweifelte, beim Stundenende ein paar Mal in die Arme, einmal, weil er spürt, daß er ihr therapeutisch ohnehin nicht das Richtige gibt, und dann, weil er der zunehmenden Sexualisierung längst nicht mehr widerstehen will.

Die Stundenenden sind für sie die unerträglichen Augenblicke der Trennung. Sie erlebt sie wie das von der Mutter verlassene Kind: „Er steht auf; völlig verstört stürze ich mich mit solcher Heftigkeit auf ihn zu, daß er das Gleichgewicht verliert. Ich flehe ihn an, mich in den Arm zu nehmen...Ich küsse ihn, presse ihn an mich und flüstere (wie zur grausamen Mutter): ‚Es wird Ihnen nichts anderes übrigbleiben als mich wegzustossen ...'" Er hat aber keine Lust, die schwierige Übertragungsrolle der negativen Mutter zu übernehmen, und die körpertherapeutische Rolle einer elterlichen Idealfigur ist ihm unbekannt. Sie schreibt in ihr Tagebuch: „Ich rieche sein Rasierwasser, spüre sein hartes Glied an meinem Bauch. Als ich draußen auf der Straße stehe, bin ich wie betäubt, angewidert von mir selbst und fühle mich schuldig."

Das Kind wie die Frau in ihr haben die Erregung des Therapeuten erkannt. Das Kind stürzt in die frühen moralischen Abgründe einer Missbrauchsbeziehung, die hysterische Frau weiß, daß sie einen Sieg errungen hat, einen Pyrrhus-Sieg, der den Untergang einleitet. Aber immer wieder dominiert die Illusion der Geborgenheit und der Sicherheit. Doch der Appetit des Phallokraten ist geweckt, die Patientin ist nicht real, nur innerlich zurückgezuckt vor seiner Erektion. Das heißt für ihn, er hat das Begehren straflos mitgeteilt, und auf die Schreckensträume, die diesen Übergang bei der Patientin begleiten, hört er längst nicht mehr. „In meinen Träumen falle ich immer wieder in Brunnen ohne Boden." Und: „Mir ist ständig übel, aber ich erbreche mich nicht." Ihr einziger Wunsch ist, zu trinken, „in ihm versinken, von ihm gefüttert zu werden". Nun, das tut er bald auf *seine* Weise, nachdem sie selbst ihre therapeutischen Hoffnungen vergessen hat und ihm wie im hysterischen Wahn entgegenschleudert: „Ich will, daß Sie mich lieben, nicht daß Sie mir helfen." Sie träumt nur vom Küssen, und auch da spürt man noch das Bedürfnis, gehalten und gestillt zu werden. Instinktiv verweigert er den Kuß, weil das Zeichen eines sei es auch noch so verdrehten Engagements wäre. Seine Spaltung funktioniert anders. Er schenkt ein wenig zärtlichen Halt und lässt ihn sich, ausser mit Geld, mit streng lokalisierten Ejakulationen bezahlen.

Der Tanz geht in seine nächste Runde: Zu Beginn einer Stunde, in die sie mit Magenschmerzen geht, wirft sie sich gleich in seine Arme und setzt sich dann auf die Couch, „erst nach einer Weile lege ich mich hin. Als sei es das Natürlichste von der Welt, folgt er meinem Beispiel, streichelt mir eine Brust, zieht mich an sich, streckt seinem Arm aus und führt meine Hand zu seinem harten Schwanz. Ich streichle ihn durch die Hose; er schließt die Augen. Ich gebe ihm zu verstehen, daß ich sein Verhalten nicht ganz verstehe."

Sie ahnt genau, daß sie den Therapeuten verloren hat, den Mann aber nicht findet, wie sehr sie auch darum bettelt. Er wird zu einem unbegreiflichen Mischwesen, das einer schmierigen Zweideutigkeit verfällt. Er macht aus der Lüsternheit therapeutische Aktionen: Er steht neben ihr bei der Couch, auf der sie liegt, und sagt, sie möge sich entspannen. „Seine Hand zwängt sich durch den Rockbund, wandert bis zu meiner Scham hinunter. Er fordert mich auf, im Rhythmus seiner Hand, die sich auf meine Brust preßt, zu atmen, und es gelingt mir, mich zu entspannen." Die idealisierende, die sexualisierte und die negative Übertragung taumeln nun durcheinander. Die verlorene Kindfrau sagt: „Nehmen sie mich, wenn sie wollen, ich werde mich nicht wehren ..." Er sagt mit seinen Händen auf Brust und Schoß: „Nein, es ist besser, wenn ich Sie so mit meiner Hand beschützte. Sind Sie böse, daß ich nicht will?" Sie schreibt danach auf: „Ich bin nicht böse, ich weiß, daß er mich begehrt ..., daß er trotz seiner Erregung nicht weitergehen will, bringt mich dazu, an seine Aufrichtigkeit zu glauben."

Das Bedüfnis, ihn als standhaften Retter zu sehen, ist übermächtig. Aber darunter liegt natürlich längst der Zynismus und die Rachsucht des mißbrauchten Kindes, das, genau wie er, nach Macht sucht. „Er drückt mich an sich, zeigt mir, wie erregt er ist ... Dann kommt er zum Sofa zurück. Er will meinen Mund, und ich gebe nach. Er liegt wie erstarrt. Ich lasse ihn meine Zähne auf seinem Glied spüren, um ihn daran zu erinnern, dass ich es bin, die dieses Spiel bestimmt." Die Behandlung wird zur gelebten Pornographie, die zwischen Haß, Verschmelzung, Mißbrauch und therpeutischen Einsprengseln pendelt.

Immer wieder sagt sie ihm, auch wenn die Leidenschaft anders spricht, mit der Stimme des Wunsches nach haltender Zärtlichkeit: „Ich habe keine große Lust, mit Ihnen zu schlafen ... Ich will nur berührt werden." Er scheint in sich keinen *Elternkörper* zu fühlen, keinen leitenden Instinkt, der einem verlorenen Kind Schutz gewährt. Sobald er sie berührt, wird der gierige Penis zum alleinigen Kompaß der

Irrfahrt. Und sie spürt längst das trostbedürftige Kleinkind in ihm. Sie kann es nicht fassen, daß er bei der zwanghaft gesuchten Fellatio nicht einmal die Jalousien herunterläßt ... ich „bin wie gelähmt. Trotzdem bekommt er meinen Mund ... Weil er meine Therapiestunden nicht ausfallen läßt." Ihre Träume kreisen in dieser Zeit um ihre Mutter.

Sie wird drei Jahre Therapie bei einem erfahrenen Therpeuten brauchen, um aus dieser Verstrickung herauszufinden. Aber die Trennung ist qualvoll, weil sie in ihrer Säuglingsabhängigkeit fast ertrinkt. Wie bei den meisten Mißbrauchsgeschichten gibt es keinen Dritten, dem sie sich anvertrauen könnte. Erst spät droht sie damit, mit einem Kollegen zu sprechen, und genießt sein Erblassen. Aber im Grunde fühlt er sich so sicher wie der „Onkel", der dem Kind droht, es werde sterben, wenn es etwas verrät. Schließlich schafft sie es doch, einen anderen Therapeuten aufzusuchen, der sie allmählich aus dem Sumpf zieht, aber dessen kühler Kommentar sie zunächst erschreckt: „Gelegentlich sind die jungen Analytiker mit sich selbst nicht ganz im reinen ... Behalten Sie ihn doch als Liebhaber, aber die Analyse, das ist etwas anderes ..." Doch der mißbrauchende Analytiker läßt sie nicht los. Das Scheitern der Analyse schiebt sich die Patientin lange selbst zu. „Bin ich analysierbar?", fragt sie wie eine Verdammte, und er sagt: „Bei mir ja, bei anderen, das kann ich nicht sagen." Er erlaubt ihr nicht zu gehen, und sie kann sich ohne seine Erlaubnis nicht lösen, seine Deutungsmacht nicht durchbrechen.

Die Deutungen sind längst zum Kampfinstrument degradiert. Sie verkommen zum Spiel: „Du hast angefangen!", „Nein du!" Bei so viel Ausdauer auf beiden Seiten muß man an kindliche Verstrickungen auf beiden Seiten denken. „Es fällt mir nicht leicht zu schreiben, was dann geschah: Er ejakulierte in meinen Mund ... Eigentlich hatte ich damit endlich einen Grund, ihn als Schwein zu beschimpfen und die Tür hinter mir zuzuschlagen. Aber ich blieb wie gelähmt liegen. Er zog sich rasch wieder an und bat mich, ihm meine Gefühle zu beschreiben", so als wechsle er problemlos aus dem Drehbuch des Mißbrauchs in das der Therapie. Das Hin und Her der Trennung zieht sich noch lange hin, bis schließlich Haß und Entwertung siegen und er zur gängigsten Lösung von gescheiterten Therapien gelangt, zur negativen Diagnostik, bei der er ihr die Schuld zuschieben kann und ihr Deutungsdreck nachwirft: „Ich will Ihnen nicht als Medikament dienen. Sie haben Robert, Pierre und Renaud (Psychiater, Mann und Sohn) nur benutzt, um eine Leere auszufüllen, einen Mangel auszugleichen." Er mag ja recht haben, aber deswegen ist sie zu ihm gekommen: mit der Leere der hysterischen Störung. Am Schluß steht die gegenseitige Beschuldigung, die Verachtung, der Verrat.

Es gibt in der Psychotherapie noch keine *Ethik der Trennung*, die besonders dann wichtig ist, wenn eine therapeutische Beziehung mißlingt. Deutungsdreck und Rache sind das Ende, Verbitterung und Verrat, Prozesse der langsamen Ausscheidung des anderen, der mühsamen Entgiftung. Man könnte sich sogar einen fachkundigen Dritten vorstellen, der den beiden hilft, sich zu entflechten. Aber bis dahin ist sicher noch ein weiter Weg. Deshalb sind solche Bücher fast wichtiger als die noch recht tastenden Bemühungen um Ethikkommissionen und Kriterien der Verwarnung oder des Ausschlusses aus therapeutischen Vereinigungen oder anderen, auch straf- oder zivilrechtlicher Sanktionen. Nicht daß es falsch wäre, klare Regelungen zu treffen und auch zu lehren. Aber das meiste spielt sich ohnehin in undurchdringlicher Heimlichkeit ab. Deshalb ist es so wichtig, daß sich Patienten, die sich, objektiv oder subjektiv, bedroht oder mißbraucht fühlen, an solchen Texten orientieren können, vor allem aber, daß sie lernen, die überhitzte Mechanik solcher Verstrickungen zu durchschauen. Während die *Verführung auf der Couch* ein dichterischer Versuch der Bewältigung einer entgleisten Leidenschaft war, ist der vorliegende Bericht so etwas wie die abschreckende Analyse einer entgleisten Chemie der Affekte, also nicht nur einer Verwirrung des Herzens, sondern eines tiefen, physiologischen Durcheinanders mit Alptraumcharakter.

Jede Patientin, die in Gefahr ist, auf eine solche schmierige Bahn zu geraten oder gezogen zu werden, und beginne sie noch so romatisch und verklärt, möge wissen, welches Leid ihr droht, und wieviel Zeit, Kraft und Hilfe sie braucht, um zu genesen. Aber auch, wie mager die Bilanz des illusionären Rausches ist, in die sie gerät. „Ich habe Angst. Ich habe ihm zu seiner Lust verholfen, aber was habe ich dabei gewonnen?“ Oder: „Aber mir scheint, daß S. mich endgültig für jede gefühlsmäßige und sexuelle Bindung mit den Männern unbrauchbar gemacht hat.“

Bei manchen Störungen brauchen Menschen die heilende Berührung. Sie öffnet zumindest einen weiteren Kanal als die reine Sprache und gibt Mut und Halt für den Gang durch überwältigend schlimme Gefühle. Aber die Anforderungen an die Integrität des Therapeuten sind nur um so höher. Manche abolut gegen Körperpsychotherapie eingestellten Analytiker könnten dieses Buch als Mahnung betrachten und als Bestätigung ihrer Theorie, daß die Abkehr vom Weg der reinen Sprachkur zwangsläufig in solche Niederungen führe. Aber die überlegt angewandte Berührung kann zum notwendigen Medikament werden, das gerade den Unterschied zwischen Halt und Mißbrauch klärt, zwischen Grenzen und bedrohlicher Grenzenlosigkeit .

Das Büchlein endet mit einer perfekten Groteske. Der mißbrauchende Analytiker scheint Mitglied einer ehrenwerten Zunft und ist also in einem dicken Verzeichnis mit einem entsprechenden Ordenskürzel zu finden, nicht aber der spätere Therapeut, der die Patientin vor dem Untergang bewahrt. Als die Patientin ihrem Dr. S. von dem neuen Therapeuten erzählt, geschieht folgendes: „Mit nachdenklicher Miene nimmt er ein dickes Buch aus dem Regal. ‚Ich will nur nachsehen, ob es sich wirklich um Dr. G ... handelt, den ich kenne ...' Mit dem Finger fährt er eine Namensliste herunter und meint dann in ärgerlichem Ton: ‚Zu dumm, Ihrer ist kein Analytiker ... Worüber spricht er mit Ihnen ...?'" Das diplomierte Ekel entwertet zum Schluß der sumpfigen *folie à deux* noch den offensichtlich reifen Therapeuten, der die Patientin allmählich zu sich selber bringt.

Nachtrag zur theoretischen Orientierung

Der interessierte Leser kann sich inzwischen an drei ausgezeichneten Büchern weiter orientieren.

1.) Unter dem Titel *Tatort Couch* ist im Kreuz-Verlag ein außerordentlich wichtiges Buch zum Thema des sexuellen Mißbrauchs in der Therapie von einer selbst Betroffenen erschienen. Es stammt von Claudia Heyne, einer sprachmächtigen Soziologin, die sich nicht scheut, über ihre eigenen Erfahrungen zu berichten, auch über ihren Versuch, das seelisch aus der Bahn werfende Erleben juristisch, also durch eine Strafanzeige, wie durch Hearings, Forschung, unzählige Gespräche mit betroffenen Frauen aufzuarbeiten. Sie liefert ein erstes Handbuch mit Forschungsbericht, kommentierter Literatur, einem Verzeichnis der Stellen, an die Betroffene sich wenden können. Sie filtert aus ihren Interviews die sich fast immer gleich wiederholenden Verlaufsmuster des Mißbrauchs heraus, die scheinbar als Liebesgeschichten beginnen und im Schock der entwürdigenden Trennungen enden. Sie zeigt vor allem auf, wie sich der Mißbrauch in den Therapien ankündigt, wie die Frauen versuchen, die Augen zu verschließen, oder wie sie, auch wenn sie die drohende „Unordnung", das Schlingern der Therapie spüren, sich doch nicht wehren können, weil Zuneigung und Dankbarkeit noch lange überwiegen. Übereinstimmend benennen die diskutierten Forschungsberichte wie die kommentierten Interviews das vorbereitende Verhalten der Mißbrauchenden als subtile Manipulation und sprachliches Verwirrspiel. Die meisten Therapeuten erscheinen, wenn nicht als Schweinehunde, so doch als arme Schweine, hinter denen Angeber und gierige Kleinkinder zum Vorschein kommen. Dies sei nicht zu ihrer Entschuldigung gesagt, sondern als grobe Diagnose ihrer Seelenlage, quer durch alle Schulen.

Der verdienstvolle, engagierte Band dürfte die Bewußtseinslage zum Thema verändern, zumal einige Fachspezialisten die juristischen, verbandspolitischen und nach-therapeutischen Möglichkeiten verdeutlichen. Wohl zu Recht wirft Claudia Heyne den Verbänden Lethargie vor und weist nach, daß viele Regelungen bis ins Sprachliche hinein noch immer eher die Täter als die Opfer schützen. Wer in den Spiegel dieses Buches schaut, als Klient wie als Therapeut, der kann sich besser orten. Er verliert die Unschuld, im Erleiden wie im Arrangieren einer entgleisten Abhängigkeit und ihres Mißbrauchs. Die Zeit des Schweigens geht zuende, doch der Gang an die Öffentlichkeit ist noch immer ein Spießrutenlaufen, auch bei Gericht. Aber: „Es war, als begründe sich durch das Schweigen eine heimliche Komplizenschaft, ein unsichtbares Band, das mich an ihn fesselte. Mißbrauch und Schweigen, das gehört zusammen . Ich konnte mich, solange ich schwieg, nicht aus der Rolle des Opfers befreien." Übrigens: fast alle Therapeuten reden sich hinterher darauf hinaus, die Patientin habe sie verführt.

2.) Das faszinierend spannende Buch von Krutzenbichler und Essers, *Muß denn Liebe Sünde sein? Über das Begehren des Analytikers* (Kore-Verlag, Freiburg 1991) dokumentiert die erotische Hochofentemperatur, in der die ersten Analytiker, einschließlich Freud, mit dem Libidoquantum der hysterischen Patientinnen und dem, was sie in ihnen weckten, umgingen. Es wird deutlich, wie gefährdet sie sich fühlten, wie sie sich verstrickten und wie Freuds technische Schriften zum haltgebenden Gesetzestext wurden. Als Jung sich in Sabina Spielrein verliebte, wurde die Forderung nach der Lehranalyse überfällig.

Beinahe tragisch mutet es an, aus welcher Nähe Freud die erotischen Eskapaden seines Lieblingsschülers Ferenczi mitverfolgte und sogar massiv eingriff. Dies hat sein späteres Urteil über Ferenczis technische Veränderungen massiv beeinflußt. Freud war mißtrauisch, ob Ferenczi seinem Bedürfnis nach Nähe und Wechselseitigkeit in der Analyse noch Grenzen zu setzen wußte.

Die Autoren schreiben mit kriminalistischem Scharfsinn über die „Wild-West-Zeit" der Psychoanalyse, aus der dann die spätere Rigidität der Normen hervorging, über die sich nun wieder Freud entsetzte. Kritisch war später vom „schafsgesichtigen Blechaffen" die Rede, als den sich der Analytiker darstellen sollte. „Der Blechaffe wird im Berliner Psychoanalytischen Institut zum Standart-Analytiker ausgerufen, und die Haltung zur zwanghaften Vermeidung jeglicher Gefühle und Nähe zum Patienten wird zur Norm und Richtschnur dessen, was analytisch, was verwerflich und gefährlich ist." Denn in Wien ist die Liste der Psychoanalytiker, die Patientinnen heiraten, lang. Aber die Überich-Norm hilft nur wenig, wenn es, wie die Autoren feststellen, überall an der Thematisierung dieser schwierigen Fragen in der Ausbildung fehlt. Das Thema ist tabu, in allen Instituten wird nur hinter vorgehaltener Hand über die Grenzüberschreitungen gesprochen. „Diese sich scheinbar ausschließende Gegensätzlichkeit von strengster, unnahbarer Abstinenz als Über-Ich-bestimmte Standardhaltung des Analytikers einerseits und sexuellen Beziehungen mit Analysandinnen andererseits in jenen Jahren sind lediglich zwei Seiten der Medaille."

Das mit achtungsvoller Eindringlichkeit und permanentem Schmunzeln zwischen den Zeilen geschriebene Buch müßte Mut machen, endlich über das „Begehren des Analytikers" und seine erotische Gegenübertragung zu sprechen. Die Vertiefung des Themas käme allen therapeutischen Schulen zugute.

3.) Den Stand der amerikanischen Forschung zum sexuellen Mißbrauch von Patienten durch Psychotherapeuten vermittelt hervorragend das 1986 in den USA erschiene, jetzt auf deutsch bei Hoffmann und Campe vorliegende Buch *Als hätte ich mit Gott geschlafen* von Kenneth S. Pope und Jacquline B. Bouhoutsos (Hamburg 1992). Es ist deshalb so wertvoll, weil die Autoren nicht nur als Forscher, sondern auch als Mitglieder von Ethikkommissionen und Ausbilder von „Folge-Therapeuten" sprechen. Mit der speziellen Fortbildung ist gemeint, daß Therapeuten, die mißbrauchte Patienten behandeln, besondere Schwierigkeiten beachten müssen und Qualitäten brauchen, die ihnen die Gratwanderung zwischen Parteinahme, Solidarisierung und Förderung der Autonomie des Patienten erlauben. Die Autoren diskutieren auch ausführlich die Frage von Strafanzeigen und Schadenersatzprozessen, von Selbsthilfegruppen, von besonders gefährdeten Therapeuten und Patienten, und sie helfen Patienten mit einem Kriterienkatalog, sich zu orientieren, wenn der Therapeut sich vom rechten Weg zu entfernen scheint. Es ist abenteuerlich, was von Therapeuten an Rechtfertigungen vorgebracht wird, wenn sie, meist sind es Wiederholungstäter, Patienten mißbraucht haben. Am spannendsten ist das lange Kapitel über die gängisten „Szenarios" des Mißbrauchs. Eindrucksvoll sind aber auch die in vielen US-Staaten bereits durchgesetzten ethischen und juristischen Regeln zum Umgang mit schweren Schäden, die die Patienten meist davontragen, sowie das Regelwerk zur Überprüfung gefährdeter oder bereits rückfälliger Therapeuten.

Die Autoren sind psychoanalytisch orientiert, doch ihre sorgfältig zusammengestellten Einsichten und Forschungsergebnisse dürften für alle Schulen gültig sein. Die Epoche, in denen hohe Dunkelziffern und die verbreitete Einschätzung von Mißbrauch als Kavaliersdelikt gängig waren, dürfte sich jedenfalls dem Ende zuneigen.

Über therapeutischen Mißbrauch

Edward Muller

Das Thema „Mißbrauch" stand während der letzten fünf Jahre im Zentrum vieler psychologischer Diskussionen. Laufende Untersuchungen über Drogenabhängigkeit sowie Tabletten- und Alkoholmißbrauch haben immer mehr Fälle von Kindesmißhandlung (körperliche Gewalt gegen Kinder) und sexueller Belästigung (offenkundiger sexueller Mißbrauch von Kleinkindern) ans Licht gebracht. Hinzu kommen zunehmend Schreckensnachrichten über Menschen, die naiv Gurus, Lehrmeistern und Therapeuten folgten, um am Ende begreifen zu müssen, daß man sie geprellt, um viel Geld erleichtert und unzweifelhaft mißbraucht hat. In den Vereinigten Staaten mußten sich einige sogenannte religiöse Gruppen wegen *Gehirnwäsche* verantworten, was sicherlich auch zum Mißbrauch gehört.

1.) In der Psychotherapie assoziieren wir beim Thema „Therapeutischer Mißbrauch" gewöhnlich zuerst einmal den sexuellen Mißbrauch. Es gibt viel zu viele Fälle, in denen sich Therapeuten gegenüber ihren Klienten nicht nur verführerisch verhielten, sondern tatsächlich sexuell handelten. Einige ließen sich Therapiestunden, in denen sie eine sexuelle Beziehung mit ihren Klienten unterhielten, auch noch bezahlen. Bis vor kurzem wurde angenommen, es handele sich hierbei nur um männliche Therapeuten und bei den mißbrauchten Klienten nur um solche weiblichen Geschlechts. Ich hatte in meiner eigenen Praxis mit einem männlichen Klienten zu tun, der von seiner Therapeutin verführt worden war. Außerdem untersuchte ich in verschiedenen Ethik-Komitees Fälle, bei denen Therapeutinnen Klientinnen verführten. Ich glaube deshalb nicht, daß die Quelle sexuellen Mißbrauchs nur Männerschößen entspringt.

Die Frage ist: „Warum geschieht das?" Viel zu oft kungeln die Kollegen des schuldigen Therapeuten verniedlichend: „Na ja, das passiert jedem mal", und „Außerdem sieht sie ja wirklich verdammt gut aus", und „Ach, was denn, er ist doch ein gesunder Mann" (der letzte Ausspruch ist wohl der empörendste).

Obwohl eine vertiefte Diskussion über männliche Identität und Männerthemen in der westlichen Kultur des 20. Jahrhunderts den Rahmen dieses Aufsatzes sprengen würde, glaube ich dennoch, ein wenig das Umfeld erläutern zu müssen, in dem diese Art sexuell ausagierenden Verhaltens erst verstanden werden kann.

Die entstehende und sich formierende Frauenbewegung richtete ihr Augenmerk ganz richtig auf die Unterdrückung von Frauen; sie deckte viele Ungerechtigkeiten am Arbeitsplatz und in der Gesellschaft überhaupt auf; sie enthüllte den marktschreierischen Mißbrauch der Frau als Sexualobjekt durch die Werbeindustrie; und sie veranlaßte die Männer, mal zu schauen, wer sie selbst sind. Das unangenehme Ergebnis: Männer, die nicht wissen, wer sie sind, jagen den Frauen nach, um sich ihrer eigenen sexuellen Potenz zu versichern. Wir alle wissen, daß zum Übertragungsprozeß in der Therapie eine Periode der Idealisierung gehört. Wenn ein männlicher Therapeut aus dieser idealisierenden Übertragungssituation Vorteile für sich selbst zieht, zeigt er ganz einfach: erstens, er braucht die Idealisierung, um sein ziemlich schwaches Ich zu stützen und zweitens, er hat keine Ahnung von Psychodynamik und ist nicht fähig, die aus diesem brutalen Eingriff entstehenden lebenslangen Verwicklungen für den Klienten zu begreifen. Um es einmal nicht in der Sprache von Psychoanalyse und Psychologie zu sagen: er ist einfach nicht Mann genug, hinauszugehen und seine eigene Frau zu gewinnen.

Dergleichen ist doch nichts anderes, als die extremste Form von Mißbrauch! Wie sehr muß ein menschlicher Geist pervertiert sein, um dies als Teil einer seriösen Psychotherapie auszugeben? Ich mußte mir tatsächlich anhören, wie männliche Therapeuten behaupteten, daß ihr Sex mit ihren Klientinnen doch nur zu deren Wohl gedient habe. Solche Behauptungen spiegeln zwei tragische Tatsachen wieder. Erstens: der Therapeut ist immer noch tief in ungelösten Narzißmus verwickelt und zweitens: er hat ohne Zweifel keine Verbindung mit seiner eigenen wahren Männlichkeit.

Wahrscheinlich ist die *Ignoranz* die Ursache praktisch jeden therapeutischen Mißbrauchs. Es kommt kaum vor, daß sich ein Therapeut von vornherein in böser Absicht zu etwas entscheidet, was die Therapie zum entgleisen bringt. Die moralische und ethische Frage, vor der wir alle stehen, ist, ob die Ignoranz eine aus sich selbst heraus akzeptable Entschuldigung für „Amtsmißbrauch" sein kann. Das Verdammenswerteste, was wir über irgendjemanden von uns sagen können, ist, daß er oder sie es doch nur *gut meinte*. Wie viele Jahre brauchen wir, um zu lernen, was Therapie ist? Wieviel Theorie müssen wir kennen? Wieviel Erfahrung brauchen wir? Ich glaube nicht an fixe Antworten auf diese Fragen, aber ich glaube, daß jeder Therapeut und jede Therapeutin sich diese Fragen täglich stellen sollte.

2.) Eine der heimtückischsten Formen therapeutischen Mißbrauchs ist das sogenannte Mode-Syndrom. Alle paar Jahre taucht eine neue therapeutische Methode auf und wird zum „letzten Schrei". Viele dieser Mode-Therapien sind gekommen, aber auch wieder gegangen. Unglücklicherweise hinterlassen sie eine Menge mißbrauchter und mißhandelter Klienten. Zur Zeit haben, zumindest hier in den USA, die Themen „Kindesmißbrauch" und „Sexuelle Belästigungen von Kindern" einen hohen Stellenwert in der Psychotherapie. Die Beschäftigung mit diesem Thema ist natürlich keine schlechte Sache. Sie wird jedoch selbst wieder zum Mißbrauch, wenn der Therapeut dem Klienten seinen oder ihren Standpunkt aufdrängt, ohne vorher zu erkunden, wer dieser Klient überhaupt ist.

Es ist nicht leicht, ein Therapeut zu sein. Wir bemühen uns ja alle um Effektivität. Wenn wir *innerlich* mit der Frage kämpfen, wie gut wir denn nun den Menschen helfen können, greifen wir oft nach *außen* zu einem Werkzeug, zu einer Technik und einer Methode, die angeblich unsere therapeutische Effektivität erhöhen soll. So weit, so gut.

Der nachdenkliche Therapeut wird immer wieder seine (oder ihre) eigene Arbeit betrachten. Er oder sie wird sich immer wieder fragen: „Was vermisse ich? Worauf muß ich mehr achten?" usw. Der gedankenlose Therapeut wird sehr oft nach neuen Ideen wie der „Kindesmißhandlung" greifen, sie einfach benutzen und unglücklicherweise dazu neigen, sie auf *alle* Klienten zu projezieren, ohne Unterschied, und ohne sich genügend um die jeweils individuelle Geschichte zu kümmern.

Es gibt in den Vereinigten Staaten eine große Bewegung, die vor dem Hintergrund des Tabletten- und Alkoholmißbrauchs entstanden ist. Sie nennt sich „Die erwachsenen Kinder von Alkoholikern". Sie sucht nach den Gründen für bestimmte Verhaltensweisen und hat 96% aller Familien als *dysfunktional*, also nicht funktionierend, eingestuft. Ich stelle diese Statistik nicht in Frage und auch nicht, daß der Tabletten- und Alkoholmißbrauch amerikanische Familien geradezu durchwuchert und deshalb wahrscheinlich auf die meisten Klienten zutrifft. Was ich jedoch in Frage stelle (und immer wieder in Frage stellen werde) ist jede Therapie, die eine Theorie über einen Klienten aufstellt, buchstäblich bevor der überhaupt den Therapieraum betreten hat.

Unglücklicherweise haben wir uns als Berufsstand noch nicht genügend etabliert, um solche Dinge offen und unzweideutig als *unethisch* einzuordnen. Wir greifen uns an die Köpfe, wenn wir hören, daß so etwas im Namen der Psychotherapie gemacht wird, aber wir haben noch nicht genügend Rückgrat entwickelt. Die meisten Klienten kommen mit strukturellen Defiziten (z.B. einem verletzten Ich oder einer verletzten Persönlichkeit) und neigen deshalb dazu, wie die Schafe allen Therapeuten zu folgen, weil sie sie oft, wenigstens zu Beginn der Therapie, als Guru, Lehrer oder „großer weiser Vater" oder „große weise Mutter" einstufen. Ich frage mich manchmal, wieviele Therapeuten sich tatsächlich genug Zeit nehmen, um das Maß abzuschätzen, mit dem sie von ihren Klienten idealisiert werden. Ohne jetzt auch nur das „Bedürfnis nach Idealisierung" anzuschauen, bin ich sicher, daß eine größere Sensibilität für dieses Thema die Qualität von *Psychotherapie überhaupt* beträchtlich erhöhen würde.

3.) Warum werden wir Therapeuten? Darauf gibt es viele Antworten. Mir ist inzwischen klar, daß niemand *nur* aus völlig guten oder psychologisch gesunden Gründen Therapeut wird. Die meisten von uns wurden durch ihr Bedürfnis, ein Helfer zu sein, motiviert. *Helfer sein wollen, ist aber nichts anderes als eine Abwehr gegen Verlassenwerden.* „Wenn ich Dir helfe, wirst Du mich brauchen und mich deshalb nicht verlassen." Andere von uns suchen wiederum die sie vergrößernde und erhöhende Spiegelung. Harold Searles meint in seinem poetischen Aufsatz *Der Patient als Psychotherapeut für seinen Psychoanalytiker*, es sei nur menschlich, wenn wir die Verletzungen unserer Mitmenschen heilen wollen, besonders diejenigen, die wir selber in unserer Ursprungsfamilie erleben. Erweise sich dies als unmöglich, könne man immer noch Arzt, Psychotherapeut oder sonstiger Helfer werden, um ein Bedürfnis zu erfüllen, das uns in der Familie versagt blieb.

Nur insoweit wir die ursprünglichen Gründe, Therapeut zu werden überwinden können, werden wir zu guten Helfern. Es ist wirklich gut und schön zu verkünden, daß wir anderen Menschen helfen möchten und sie durch die Nacht des Schreckens und des Schmerzes geleiten wollen. Dennoch verkennt eine solche Aussage völlig die Rolle des Therapeuten. Denn sie sagt nichts darüber aus, warum „ich" das will. Carl Rogers prägte den Begriff „Klientenzentrierte Therapie". Leider erleben wir oft Therapien, die „therapeutenzentriert" sind. Anthropologen sagen, wir seien Herdentiere. Vielleicht folgen wir deshalb so gerne. Gurus kommen und gehen. Mächtige Politiker täuschen und umgarnen die Massen. Aus diesem Charme nähren sie die Macht, zu der ihnen die Wahlurne verhielft. In der Welt der Psychotherapie sieht es nicht anders aus. Wenn eine Methode, eine Mode oder ein Mensch behauptet: „Folge mir und es wird dir gut ergehen," lauschen leider viel zu viele von uns den verführerischen Sirenengesängen und folgen wie die erhabenen Schafe der frühen Christenheit dem Schäfer.

Charisma ist eine Begriff, der noch auf seine klare Definition wartet. Wir können viel darüber sagen, aber kaum, was es nun wirklich ist. Wir kennen nur seine enorme Wirksamkeit. Die Menschen erkennen es und folgen ihm. Es entfernt sie von sich selbst und lockt sie in Glaubenssätze, Gefühle, Rituale und politische Systeme von charismatischen Führern. Wer sind diese Führer? Was treibt sie an? Einfach nur eine hochentwickelte narzißtische Pathologie? Natürlich, aber erklärt das alles? Eine eingehende Diskussion der narzißtischen Pathologie geht über den Rahmen dieses Aufsatzes hinaus, aber einige Anmerkungen sind doch notwendig, wenn wir den Mißbrauch verstehen wollen, den diese Guru-Therapeuten mit ihren Klienten betreiben.

Einige Eigenschaften scheinen alle Gurus zu besitzen. Eine davon ist ihr Hunger, akzeptable Sexualobjekte zu sein. Dieser Aspekt ihrer Persönlichkeit liegt kaum offen zutage und wird nur deutlich, wenn der Guru verletzlich wird. Ein anderer Teil ihres intrapsychischen Prozesses ist ihr enormer Durst nach Spiegelung, den sie durch ihre ständige Suche nach Anerkennung befriedigen wollen. Sie sammeln Anhänger um sich, die jedes ihrer Worte und jede ihrer Taten widerspiegeln und verstärken. Unter der Fassade helfender Ritter in glänzenden Rüstungen verstecken sich gewöhnlich massiv deprivierte Menschen. Sie verbergen sich wie erschreckte Kinder, die von niemandem gefunden werden wollen. Dennoch haben sie genug Energie, um die Maske aufrecht zu erhalten und genug Geschick, um ihre Depression mit einer Vitalität zu kaschieren, die bezaubert und verführt. Aus meiner klinischen Erfahrung weiß ich, daß sie alle in völlig verdrängter Scham ertrinken. Ihre frühesten Erfahrungen dürften nichts weniger als verheerend gewesen sein. Ihre Fähigkeit, auf die Welt zu reagieren, unterstreicht Alice Millers mitfühlendes Verständnis für sie (und praktisch alle Narzißten) als „begabte Kinder". Sie sind wirklich begabt. Sie können, ohne auch nur darüber nachdenken zu müssen, der Welt geben, was die Welt möchte.

Ihre ungelöste Pathologie gefährdet jede Therapie. Dafür gibt es viele Gründe. Erstens: die Selbstwerdung und Trennung von einer solchen Person ist fast unmöglich. Wenn jemand von der beständigen, unveränderlichen Spiegelung anderer lebt, gibt es keinen Platz für jemanden, der sehr verschieden oder gar gegensätzlich zu ihm wäre. Denn das erweckt im Guru enorme Angst. Er wird auf alle Selbstwerdungs- und Trennungsversuche des anderen mit Wut, Schuldzuweisung und Beschämung reagieren.

Warum ist das so? Am Grunde dieses Persönlichkeitstyps liegt ein schlafender Drache: *tiefgreifende Verlassenheitsangst.* Das Feuer dieses Drachens ist die sublimierte Wut darüber, von der primären Bezugsperson verlassen worden zu sein, die nur hier und da auf seine vielen Bedürfnisse angemessen reagierte. Um zu überleben und den Kontakt mit seiner Bezugsperson aufrecht zu erhalten, die zum Kontakt nahezu außerstande war, mußte dieses von Panik verfolgte Kind alle seine *Fähigkeiten* einsetzen, seine Intelligenz, seinen Witz, seinen Charme, seine Verführungskünste. Sein Unterhaltungsgeschick, seine Entertainment-Fähigkeit auf tausend verschiedenen Bühnen wurde zur hochbelohnten Leistung. Seine Persönlichkeit windet sich um seine Fähigkeit, in anderen Menschen positive Reaktionen hervorzulocken. Deshalb ist der Guru extrem von der Spiegelung anderer Menschen aus seiner (oder ihrer) Umgebung abhängig.

Wenn sich nun sein Anhänger (Klient) individuieren will, wenn er selbst werden will, zerbricht der Spiegel. Die Verlustangst weckt den schlafenden Drachen und der tödliche Schwanz schlägt zu, demütigend, beschämend und anklagend. Die Beschämung des anderen ist die Vergeltung für eigene qualvolle Beschämungserfahrungen, die der Guru außerhalb der Mauern seiner (ihrer) Image-überladenen Ich-Struktur vergrub. (Gelegentlich erschüttert irgendetwas im Leben des Guru seinen Spiegel und führt ihn in die Therapie. Bis zu diesem Ereignis kommt er entweder nicht oder er nimmt sich einen Therapeuten, der sein Schifflein höchstwahrscheinlich nicht durchschüttelt. Sollte dieser Therapeut geschickter sein als der Guru annahm, wird er einen Grund finden, um die Behandlung zu beenden.)

Wie einst Tantalus immer verzweifelter, aber dennoch vergebens nach Früchten und Wein griff, lockt es auch ihn: „Arbeite nur noch ein bißchen mehr ... Du mußt nur noch dieses... Wenn Du das wirklich erreicht hast, dann ..." Wie vielen von uns ist das gesagt worden, nicht nur von Therapeuten, sondern von Familienmitgliedern, Lehrern, Chefs, Vereinsvorsitzenden usw. und jenen, die sich als unsere Freunde ausgeben. Jedem Klienten, dem die Selbstwerdung und Trennung von einem Guru-Therapeuten gelang, gelang sie, weil er die Therapie abbrach und sie verließ (oder durch andere höchst bedeutungsvolle und dramatische Ereignisse). Der Guru kann den anderen ganz einfach nicht so einfach gehen lassen. Schlaue Gurus tun das schon eher, weil sie merken, daß dies zu einer guten Therapie gehört. Das bringt uns zu einer noch komplexeren Ebene, auf der die anscheinend reife Trennung wie in einem Theaterstück aufgeführt wird. Auf der Bühne der intrapsychischen Struktur des Therapeuten sieht das Drama jedoch ganz anders aus. Tatsächlich kann es mit den leidenschaftlichsten Szenen von Aischylos, Sophokles und Euripides konkurrieren.

Um beim Bild des schlafenden Drachen zu bleiben: wir müssen verstehen, daß der Guru alles ins *Image*, ins Bild investiert. Es ist das exzellente Versteck des Drachen. Dahinter verbirgt sich die oben diskutierte Verlustangst. Damit ein geerdeter Trennungsprozeß ablaufen kann, muß der Guru enorme archaische Gefühle niederhalten, von denen er (oder sie) weiß, daß sie gesellschaftlich nicht akzeptiert werden. Weil die Gefahr der Beschämung zu groß ist, um Trauer oder Enttäuschung über den Weggang des Klienten auszudrücken, ist er (oder sie) dazu verdammt, Reife zu heucheln, obwohl er innerlich schreit. Natürlich kommt es in solchen Situationen am wahrscheinlichsten zum „Ausagieren".

Der andere Aspekt dieses Syndroms ist die übermäßige Ausdehnung. Wenn jemand die eigenen Beschränkungen (oder Grenzen) überschreitet, um jemand anderem zu dienen, führt diese übermäßige Ausdehnung immer zur Entleerung - einer Vorbotin der Depression. Andere anzuklagen mobilisiert oft genug Energie, die den Sturz in den Morast verhindert, denn depressiv zu sein ist dem Ich des Guru wirklich fremd und feindlich. Andere anzuklagen und *recht zu behalten* ist für ihn bei weitem mehr Ich-synton und akzeptabel. So wird die Arena der Hilfe zu den Brettern, auf denen die höchst mißbräuchlichen Szenen gespielt werden. Es gibt wohl keine schlimmere Form von Mißbrauch als einen vertrauensvollen Klienten in eine negative symbiotische Beziehung hineinzulavieren, aus der er nie wieder entfliehen kann. In den 50er und 60er Jahren stellten wir den Klienten vor einen Spiegel, „lasen" seinen Körper und beschrieben ihm dann seine Persönlichkeit. Wir wußten damals nichts darüber, wie sich das Ich organisiert. Wir kopierten einfach das schulmedizinische Modell, wo der Herr Doktor den Patienten examiniert und ihm dann die Diagnose mitteilt.

Obwohl sich unsere theoretische Basis weit von diesem gedankenlosen Ansatz für den Beginn einer Therapie entfernt hat, richten bestimmte Therapeuten immer noch das Rampenlicht auf sich selbst anstatt auf den Klienten. So beginnt eine Guru-Therapie. Der Guru erzählt dem bedürftigen Klienten, wer er oder sie ist. Der Klient fühlt sich „gesehen". Aber in viel zu vielen Fällen fehlt die geradlinige Verbindung zur Therapie, und die gelangt auch nie über diesen Punkt hinaus. Die Therapie wird zu einer Folge kathartischer Übungen, die mehr mit der fragwürdigen Kreativität des Therapeuten, als mit irgendeiner Therapie, inklusive Anfang, Mittelteil und Ende, zu tun haben. *Trennung und Selbstwerdung, die das Ziel der Psychotherapie sein sollten*, spielen in diesem Milieu kaum eine Rolle. So wird der Klient zum Esel, die Therapie zur Karotte und der Therapeut zum Mann hinter dem Vorhang, der alle Stränge in der Hand hält. Das ist wirklicher Mißbrauch!

4.) Der vielleicht subtilste und täuschendste therapeutische Fehler entsteht, wenn der Opfer-Aspekt des Klienten nicht nur therapeutisch unbearbeitet bleibt, sondern sogar noch unterstützt wird, weil der Therapeut die eigene Opfer-Thematik noch nicht genügend durchgearbeitet hat. Unsere Kultur brütet Opfer *in Massen* aus. Beschämung ist die grundlegende Erziehungsmethode unserer Gesellschaft, und wenn die Beschämung in den Händen eines hochentwickelten Opfers ist, wird sie mit unendlicher Virtuosität gehandhabt. Ein Meister-

Beschämer verfügt über ein großes Spektrum an Beschämungsmitteln, die er voll in seine Alltagskonversation und sein Alltageverhalten integriert hat: „Wie konntest Du mir das antun?" „Wenn Du mich lieben würdest, hättest Du es getan." „Wenn Du an mich gedacht hättest, hättest Du nicht ..."

Wir kennen diesen Techniken alle nur zu gut und haben leider in unseren Kindertagen viel zu große Erfahrungen im manipuliert- und beschämtwerden machen müssen. Die uns beschämende Person übernimmt die Rolle des Opfers und benutzt die Scham, um jenen, der als Täter angenommen wird, zu verfolgen. Der Täter handelte, natürlich, absichtlich. Er verursachte die Schwierigkeiten ganz bewußt, er bedrängte denjenigen, der ihn als Täter beschuldigt, ganz klar usw., usw. Gemäß der Transaktions-Analyse verfolgt das Opfer nun den Täter und wird so zum Täter. Im menschlichen Leben vertauschen sich die Rollen von Opfer und Täter so schnell, daß kaum jemand wirklich wissen kann wer gerade wer ist.

In intimen Beziehungen entwickeln Paare unbewußt etliche Variationen des Opfer-Täter-Opfer-Täter ...-Spiels. (Obwohl die meisten Paare, die in die Therapie kommen, Liebespaare sind, finden wir dieses Verhalten in jeder Art von Beziehung: unter Säuglingen, Geschäftspartnern, Kollegen etc.) Der eine schiebt dem anderen die Schuld für das eigene Unglück in die Schuhe und umgekehrt. Der Beschuldiger greift seinen Partner mit einer Litanei von Klagen an. Der andere zahlt mit gleicher Münze zurück. Niemand hört dem Gegenüber zu und, was noch schlimmer ist, keiner erkennt den eigenen Anteil an den Schwierigkeiten. Das Erkennen und „Aneignen" der eigenen Teilhabe ist eine essentieller Bestandteil eines reifen Selbstgefühls. Wenn jemand auf einer Entwicklungsebene, auf der er andere für sein Unwohlsein verantwortlich macht, „steckenbleibt", hat er nur wenig Reife, wenn überhaupt, erreicht. Wenn wir inneren Frieden und Weisheit erlangen wollen, müssen wir die eigene Teilhabe, die eigene Mitwirkung an unserem Leben anerkennen. Die großen Weisen der Geschichte haben alle im Grunde das gleiche gelehrt: Obwohl wir nicht immer darüber bestimmen können, was uns geschieht, können wir doch kontrollieren, was wir darüber denken und fühlen. Aldous Huxley nahm dies Diktum als Teil einer *immerwährenden Philosophie*. Die Beschuldigung anderer und die eigene Rechtfertigung sind bequeme Abwehrmechanismen eines zerbrechlichen, unterentwickelten *Selbst*. Mit anderen Worten: Wenn das *Selbst* ausreichend stark ist, akzeptieren wir den eigenen Anteil an den Schwierigkeiten des Lebens, ohne unsere Fehler auf irgendjemanden oder irgendetwas projizieren, den Unwissenden spielen oder die Verantwortung verweigern zu müssen.

Was passiert also, wenn ein Klient mit einer starken Opfer-Persönlichkeit Therapie bei einem Therapeuten sucht, der selbst noch nicht genug entwickelt ist, um seine Opfer-Persönlichkeit aufzugeben? Kollusion (heimliches Einverständnis) ist unvermeidlich. Der Therapeut wird unwissentlich das Opfer in seinem Klienten unterstützen, weil er es mit der Realität verwechselt. Wie könnte es auch anders sein? Z.B. wird der passive Ehegatte - der unzweifelhaft passiv-aggressiv ist - durch einen Opfer-Therapeuten gerechtfertigt werden, wohingegen ein individuierterer Helfer einen geerdeteren Reifungsprozeß des Klienten in Gang setzt.

In Literatur, Theater und Film werden die Opfer viel zu oft glorifiziert. Die Trennlinie zwischen wirklicher Courage und „stillem" Leiden" ist äußerst fein. Wir müssen kaum suchen, um viele Opfer zu finden, die uns als Helden oder Heldinnen präsentiert werden, wie etwa Donna Elvira aus *Don Giovanni.* Sie war eine neunzehnjährige Nonne, die archetypische, unschuldige Aufrichtige, als Don Giovanni sie verführte, liebte und, natürlich, alsbald wegen seiner nächsten Eroberung verließ. Ihm hoffnungslos verfallen, folgte sie ihm überall hin, und überschüttete ihn mit ihrem Haß und ihrer Rache. Wie so viele Borderliner trieb sie sich selbst in einen Sumpf aus Haß und Negativität, der ihr paradoxerweise Lebenssinn und Lebensrichtung gab.

Käme diese historische Spanierin zur Therapie, könnte man sehr leicht versucht sein, die real vorhandene Untreue und Unverantwortlichkeit des Don in den Mittelpunkt zu stellen. Diese therapeutische Strategie würde jedoch Donna Elviras Opferhaltung nur noch verstärken und die möglich Lösung sehr erschweren. In dieser Falle verfangen sich viel zu viele Therapeuten. Der Klient wird niemals inneren Frieden finden, „er selbst" und reif werden, wenn der Therapeut seine (ihre) eigene ungelöste Hilfosigkeit auf solche Situationen wie diese projeziert. (Kierkegaard diskutiert das Donna-Elvira-Thema hervorragend in seinem *„Entweder/Oder".*)

In diesem Aufsatz wurde der therapeutische Mißbrauch immer auf die ungelösten Problemen des Therapeuten zurückgeführt. Es gibt natürlich auch noch andere Betrachtungsweisen. Ich betone deshalb noch einmal: Ich möchte meine Leser wegen ihrer möglichen Vergehen nicht so verängstigen, daß sie aufhören, Haltungen einzunehmen, die den Interessen ihrer Klienten dienen. Glücklicherweise leisten viele Heiler und Helfer ernsthafte und verantwortungsbewußte Arbeit. Wir beginnen nicht bei der Reife unseres späteren Lebens, aber wir können anerkennen, daß es immer noch ein Stück persönlichen Wachstums zu erreichen gilt.

Der skrupellose Therapeut

- wenn Therapeuten ihre Tage kriegen

(*kein* Protokoll des 3. Treffens der bioenergetischen Gruppenanalytiker, Heidelberg Dezember 1989)

Ulrich Sollmann

Jeder Bioenergetische Analytiker, der am *International Institute for Bioenergetic Analysis* (IIBA) oder einem seiner affiliierten Institute ausgebildet ist, erwirbt eine spezifische Qualifikation, Einzeltherapie und/oder Einzeltherapie in einer Gruppe zu machen. Dieses geht aus den allgemeingültigen Ausbildungsrichtlinien hervor.

Die Praxis der Ausbildung zeigt, daß ein wesentlicher Teil der Ausbildung in der Gruppe absolviert wird. Die meisten Trainer nutzen die Gruppe mit ihrer unterstützenden Atmosphäre, indem jeder ermutigt wird, sich persönlich mitzuteilen und/oder dem anderen Rückmeldung zu geben.

Nun passiert es, und das ist nicht verwunderlich, daß sich in der Gruppe spezifische Prozesse entwickeln, sich ein eher ermöglichendes oder behinderndes Klima ausbreitet, Gruppenthemen entstehen, die als solche berücksichtigt werden möchten.

Die meisten Trainer/innen sind hierfür gar nicht ausgebildet. Gruppenprozesse werden somit gar nicht wahrgenommen, individualisiert als persönliches Problem behandelt und verstanden, durch den Appell, eine Pause zu machen, unterbrochen oder aber hilflos dem Zufall überlassen.

Lowen arbeitet mit Einzelnen in und vor der Gruppe oder demonstriert spezielle Techniken in Kleingruppen. Er braucht sich nicht um die Prozesse in der Gruppe zu kümmern, zumal diese durch sein persönliches Charisma in der Regel getragen sind.

Dürfen aber andere Trainer/innen oder wir als zertifizierte Bioenergetische Analytiker auf das Charisma von Lowen vertrauen?

Die meisten meiner KollegInnen arbeiten in und mit Gruppen, ohne entsprechend ausgebildet oder durch die bioenergetische analytische Theorie gestützt zu sein. Viele von uns scheinen eine Berechtigung zu besitzen, die sie im einzelnen, zumindest im Bezug auf die Bioenergetische Analyse, nicht hinreichend legitimieren können.

Wir haben diese Einstellung und Praxis von unseren Trainer/innen übernommen. Übernommen in einer Zeit, die unter anderem geprägt war durch:

- den Geist der Encounter-Gruppen
- die Hemdsärmeligkeit der Pionierphase

- die breitgefächerte Qualifikation und reife Praxiserfahrung eben dieser Pioniere
- die relative Unbekümmertheit und den Innovationsreichtum der siebziger Jahre
- die Leichtigkeit einer nachgelebten West-Coast-Atmosphäre etc.

Klienten, Patienten, angehende Psychotherapeuten waren gleichermaßen eingewoben, erfahren und fasziniert.

Die Entwicklung in Europa mit ihren spezifischen Einflüssen, die Praxis der professionellen psychotherapeutischen Qualifizierung und die Weiterentwicklung der bioenergetisch-analytischen Konzepte machten viele von uns nachdenklich, vorsichtig und besonnen in bezug auf die von Pioniergeist und Charisma getragenen Primärerfahrungen als psychotherapeutische Aspiranten.

Diese gewiß sinnvolle Ernüchterung lief parallel mit einer größer werdenden Sensibilität bei Patienten, Öffentlichkeit und therapeutischen Ausbildungsinstituten hinsichtlich therapeutischen Mißbrauchs.

Es stellt sich zu Recht die Frage des therapeutischen Mißbrauchs bei Bioenergetischen Analytikern, die ohne eine entsprechende Qualifikation in und mit Gruppen psychotherapeutisch arbeiten. Ohne in eine polemische Kritik, Schwarzmalerei zu rutschen, mich Kollegenschelte auszusetzen, möchte ich von einer Kollegengruppe berichten, die sich in unregelmäßigen Abständen mit eben diesen Fragen und Praxiskonzepten befaßt hat. Nehmen Sie also meinen Beitrag als kritische Würdigung, aber auch als kleinen Mutmacher, wach zu sein für die spannenden Entwicklungen im Gruppenprozeß, für ihre persönliche Einflußnahme als Bioenergetische Analytiker und für die Realität des Machbaren beim nicht immer edlen Bemühen um das Wohlergehen der Patientinnen.

Ich möchte nun das dritte Treffen der Bioenergetischen Gruppenanalytiker in Heidelberg im Dezember 1989 nachzeichnen.

Die aktive Position des Therapeuten kreiert die Gruppe

Zum Glück trafen wir uns in der gleichen Konstellation wie beim letzten Mal, nur Axel war neu dabei. So waren wir uns vertraut und mußten nicht wieder bei „null“ anfangen. Ohne einen festen Plan für das Wochenende zu haben, sammelten wir Fragen und Wünsche und kamen dabei schnell ins Gespräch über die Frage, was unter Bioenergetischer Analyse zur Zeit zu verstehen sei. Die Frage ist als institutspolitische Frage durch einen aktuellen Konflikt zwischen Alexander Lowen und einem Trainer gekennzeichnet. Es ist einleuchtend und doch auch magisch, wie sehr dieser Konflikt uns alle berührt!

Unser Thema für das Wochenende scheint bereits eingeläutet zu sein. Die Klärung der Frage, was ist eine bioenergetische Gruppe, bzw. wie gestaltet sich unsere praktische Gruppenarbeit, wird entschieden geprägt durch meine Position als Therapeut, d. h. mein Verständnis von Bionenergetischer Analyse, meine aktive Position in der Gruppe, spezifische, professionelle Qualifikationen und die Parteinahme im institutspolitischen Geschehen.

Unsere Eingangsrunde spiegelt zentrale praktische, berufspolitische und konzeptionelle Interessen wider:

- das Schreiben über Gruppe und Gruppenprozeß soll anschaulich und damit verstehbar werden
- wie ist das Verhältnis von „Käuzchen-Effekt“ und Aktivitätengruppe = (Übungsgruppe)[1]
- die Faszination oder das Leid der „Frühen Störung“ in der Gruppe
- durch die Arbeit in der Gruppe mache ich meine Therapie öffentlich, bzw. wirke durch den breiteren Rahmen der Gruppe in der Öffentlichkeit
- wie hängen unsere rechtliche Situation der Berufsausübung, das diesbezügliche Interesse beim IIBA und die wechselseitige Abhängigkeit von IIBA und Europäischem Forum zusammen?
- eine Einigung zu finden heißt, Position zu beziehen, aktiv zu unserem Treffen zu kommen und sich im Konflikt Europa/Amerika zu orten
- wie kann die Wechselbeziehung von Prozeß und Struktur in der Gruppe als Emergenz systemisch verstehbar und handhabbar gehalten werden?
- die berufspolitische Situation in der Bundesrepublik erfordert wissenschaftliche Untersuchungen, Überprüfbarkeit der Arbeit, klinische Arbeit etc.

[1] Zirkulär-szenisches Leiten macht Angst: Der ständige szenische Wechsel zwischen „etwas in der Gruppe hier erleben“ und „darüber im Sinne konzeptioneller Überlegungen zu reden“ wird zum Käuzchen-Spiel. Es macht einigen von uns Spaß, schafft bei anderen Verwirrung und führt fast schon zum Wunsch bei einigen von uns, die Gruppe zu verlassen.

(Käuzchen-Spiel: Wenn ein Steinkauz überraschend etwas sieht, genauer beobachten will oder sich ängstigt, dann plustert er sich abwechselnd auf, macht sich ganz lang, um dann wieder sich ganz klein zusammenzuducken. Dieser Wechsel kommt ganz abrupt, überraschend, ziemlich schnell und unvorhergesehen.)

Unsere institutspolitischen Standortschwierigkeiten[2] gehen einher mit der konzeptionell-theoretischen Ortung. Wie können wir unsere Arbeit, sagt Axel, bioenergetisch-analytisch beschreiben, ohne Anleihen bei anderen Disziplinen zu machen. Die Notwendigkeit eines für die Öffentlichkeit klaren Profils der bioenergetischen Arbeit (in der Gruppe) bringt die Schwierigkeit mit sich, durch entsprechende Terminologien und deren Weltanschauung, bzw. wissenschaftstheoretischer Position unsere Arbeit beschreibbar und verstehbar zu machen. Sollen wir das Verhältnis von Energie und Gruppe auf der Ebene der Entwicklung von Einzellern beschreiben und uns somit im Bereich der biologischen Welt bewegen? Sollen wir eher das Verhältnis von Charakteranalyse und Gruppe in den Vordergrund schieben, um uns in der Welt von Psychoanalyse und Wilhelm Reich anzusiedeln? Sollen wir kleine Gruppen praktisch-therapeutisch leiten, um durch die große Dichte Vorgänge phänomenologisch und prozeßorientiert zu skizzieren? Fragen - ohne eine Klärung!

Das folgende Beispiel mag die terminologische und konzeptionelle Richtung andeuten:

Eine Kollegin berichtete von einer rigiden Gruppe, die im Blick auf bioenergetische Übungen ihre Anweisungen brav befolgte. Einzelne Gruppenteilnehmer berichteten dabei über ihre Erfahrungen und Gedanken. Die Frage der Kollegin, wie sie als Therapeutin hätte intervenieren können, so daß das rigide Problem „gelöst" worden wäre, spitzt den Konflikt zu zwischen einer charakteranalytisch-bioenergetischen „richtigen" Vorgehensweise und der Entscheidung des Therapeuten, auf Gruppenebene zu intervenieren, stellvertretend

[2] Unter „institutspolitischen Standortschwierigkeiten" verstehe ich das Bemühen von Lowen, körperbezogen zu arbeiten und die Trainer auf das Konzept „back to the basics" zu verpflichten. Der institutsinterne Konflikt verdichtete sich in der Auseinandersetzung von J. Berliner und A. Lowen (ohne aber durch die persönliche Komponente des Konflikts hinreichend erklärt zu sein!) Es müßte an anderer Stelle das Zusammenwirken erörtert werden von: der eher männlich geprägten Bioenergetischen Analyse nach Lowen, der international wirkenden Organisation IIBA, der aktuellen brisanten Thematik von Mißbrauch in der Psychotherapie, der berufspolitischen Debatte, dem Verhältnis von Psychoanalyse und Bioenergetischer Analyse etc.

Neben die inhaltliche Diskussion zum Verhältnis Bioenergetische Analyse und Psychoanalyse tritt die machtpolitische Debatte im Institut (wer hat das Sagen?) und das persönliche Bemühen um die professionelle Identität in der eigenen psychotherapeutischen Paxis, im Verhältnis zu anderen psychotherapeutischen Schulen, der berufspolitischen Öffentlichkeit und den Gefühlen der Loyalität.

an einzelne Gruppenmitglieder gerichtete Impulse zu setzen, oder die Stimmungsqualität zu spiegeln, in Worte zu fassen oder, oder, oder.

Der magische Heilungsprozeß

Für die Arbeit in der bioenergetischen Gruppe sind also spezielle bioenergetisch-analytische Qualifikationen erforderlich, professionelle Kompetenz und systemische Standortbestimmungen und deren Impulswirkungssteuerung. Was wir auch machen wollen, wie wir die Prozesse in einer Gruppe verstehen wollen, wie sehr wir auch auf Einzelarbeit in der Gruppe oder eine andere Tendenz verpflichtet sind, wir kommen nicht umhin, Teil des Geschehens zu sein, aktiver Interaktionspartner und magisch Wissender/Handelnder.

Interaktion, Beziehung, Transparenz, etc. von Gruppe und Gruppenleiter in der bioenergetischen Gruppe heißt somit nicht totale Offenheit, Klarheit, Nachvollzug und Wissen!

Wir sind alle Teil des lebendigen Geschehens in der bioenergetischen Gruppe, werden aber die Rezepte unserer heilenden Einflußnahme nicht preisgeben. Wenn wir uns dieses Umstandes bewußt sind, eröffnen sich neue Dimensionen der Professionalität und somit auch der Terminolige und Beschreibbarkeit. Ich kann als bioenergetischer Therapeut/Gruppentherapeut qua Intellekt, Planung, Ratio, Charakteranalyse, etc. nicht hinreichend heilend einwirken. Entsprechende Schritte bleiben Bausteine in einem komplexen Geschehen, das wir letztendlich nur situativ anregen können, indem wir Impulse setzen, so daß der Heilungsprozeß selbst letztendlich autonom geschieht. Das Vertrauen auf einen derartigen autonomen Heilungsprozeß beim Patienten/in der Gruppe erleichtert mir die Beibehaltung meiner „magischen Position". Die magische Position selbst ist wiederum zentrales therapeutisches Mittel. Ich respektiere das System, die Person des Patienten, bzw. das eigentümliche Geschehen in einer jeweiligen Gruppe, bleibe attraktiv genug für den Patienten/die Gruppe, schränke meine narzißtischen Bemühungen um die Gunst des Patienten ein und bin froh, nur mit meinesgleichen, nämlich den therapeutischen Kollegen zu tun zu haben, ohne von den Patienten/der Gruppe aufgesogen und einverleibt zu werden!

Körpertherapie ist handgreiflich und symbolisch

Wenn ich mich mit der körperlichen Wirklichkeit der Gruppe als Ganzheit befasse, „muß" ich mich beteiligen, um die seismographischen Schwingungen des Kontakts zu garantieren. Wird die bioenergetische

Arbeit als Interaktion zwischen Therapeut und Patient verstanden, so ist man dem Körper des Klienten und seinen Wirkungsqualitäten total ausgesetzt. Es geht nicht mehr um die analytische Deutung von bewußtem und unbewußtem Material, sondern um die praktische, operative Unterscheidung und Verbindung von handgreiflichem und symbolischem Austausch. Sinn und Unsinn von Gegenübertragung werden dadurch relativiert, daß ich bei aller Deutung und allem Verstehen aus der Distanz körperlich gleichzeitig immer präsent bin. Es ist unerheblich, wie ich als Therapeut bin oder was ich als Therapeut mache, solange ich bei meiner interaktiven Beteiligung erschütterungsfähig bleibe. Die therapeutische Erschütterung kann wahrscheinlich nur literarisch oder poetisch illustriert werden. Sie gerät somit in ihrer geronnenen Form zum künstlerischen Produkt oder zum ästhetischen Spielball. Entscheidend ist und bleibt, daß die innere körperliche Membran des Patienten das Strahlen meiner inneren Berührung erblickt hat!

Unser Gespräch führt uns zum Beginn einer bioenergetischen Gruppe zurück. Jeder erzählt von seinen Erfahrungen, seinen Bemühungen zu strukturieren, seiner Angst beim Einstieg in die Gruppe, dem Bemühen, einen fruchtbaren Boden zu schaffen etc. Und es kommt zur Abgrenzung unter uns! Wieder wird die Frage nach der Rolle des Therapeuten und der Funktion der Bioenergetischen Analyse aufgeworfen. Ist sie nun eher aktiv, direktiv, steuernd oder gewährend, zurückhaltend, ermöglichend. Den meisten von uns fällt es schwer, die Notwendigkeit anzunehmen, sich als Therapeut immer im Prozeß/Interaktion entscheiden zu *müssen*. Die Unmittelbarkeit einer körperlich begründeten Psychotherapie entlarvt somit jedes narzißtische Bemühen, die vermeintlich freie Wahl der Entscheidung zu haben, als therapeutische Illusion.

Spitzfindige und klevere Kollegen/Kolleginnen zucken jetzt natürlich mit den Augenbrauen, da ich gewissermaßen für einen therapeutischen Freibrief plädiere. Aus der Sicht des Patienten ist es auch so, daß meine Handlungen und interaktiven Resonanzen oft unwillkürlich gesetzt erscheinen. Der Patient ist in seinem Bemühen, diesen Teil meiner Wirklichkeit in der Beziehung zu verstehen, gehindert. Übertragungs-, Identifikations-, Widerstandsfetzen, etc. werden mobilisiert. Er kommt nicht umhin, in innerer beunruhigender Schwingung zu sein. Seine innere Kontrolle wird im Sinne einer „neurotischen Sicherung" mit organismischer Erregung angereichert. Die Vorzeichen seiner Bedürfnisbefriedigung scheinen sich umzukehren.

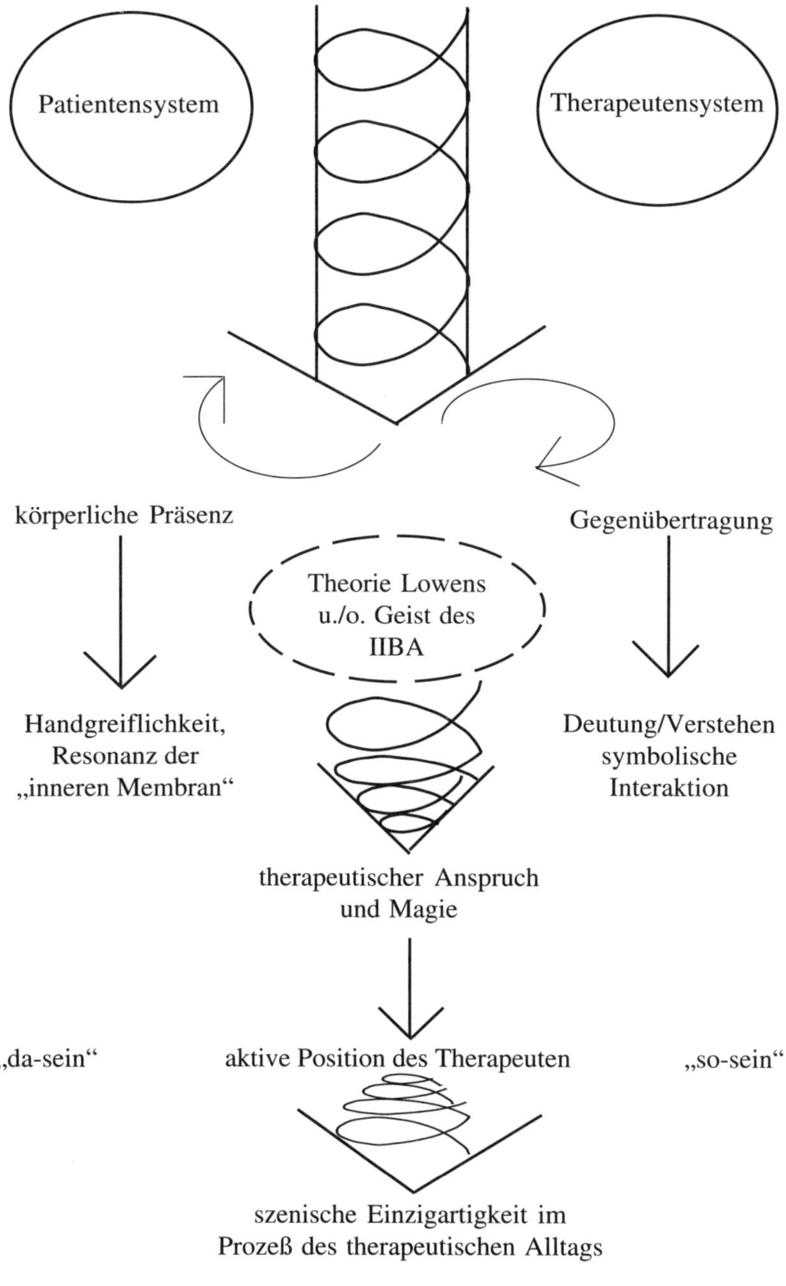
Patientensystem
Therapeutensystem
körperliche Präsenz
Gegenübertragung
Theorie Lowens
u./o. Geist des
IIBA
Handgreiflichkeit,
Resonanz der
„inneren Membran“
Deutung/Verstehen
symbolische
Interaktion
therapeutischer Anspruch
und Magie
„da-sein“
aktive Position des Therapeuten
„so-sein“
szenische Einzigartigkeit im
Prozeß des therapeutischen Alltags

Der Wettlauf vom Hasen und dem Igel

Wahrscheinlich liegt hier gerade die Chance unserer magischen Undurchsichtigkeit. Obwohl ich als Körpertherapeut körperlich „total" präsent bin, bin ich nie erreichbar, so daß ich der „neurotischen Kontrolle" des Patienten unterliege. Es ist wie beim Wettlauf vom Hasen und dem Igel. Sobald der Hase am anderen Ende des Ackers angelangt ist, sieht er den Igel, der sich freut und sagt:"Ich bin schon längst da!"

Zur Befriedigung der intellektuellen Bedürfnisse und der konzeptionellen Strukturierungssucht vieler Kollegen/Kolleginnen (natürlich auch meiner eigenen) möchte ich zum vereinfachenden Überblick ein Schema skizzieren. Dieses Schema benennt einige Eckpfeiler des Rahmens der therapeutischen Magie. Und den ganz Klugen unter uns möchte ich ins Gedächtnis rufen, daß auch das beste Bemühen, das System des Patienten und/oder mein System als Therapeut verstehen zu wollen, scheitern muß. Je mehr ich in das Verstehen eindringe, desto komplexer wird die systemische Wirklichkeit! Warum nicht also gleich therapeutisch sparsam sein und einige klare Impulse setzen, damit das System des Patienten sich, wie auch immer, autonom regulieren kann. Um die Paradoxie noch weiter zu treiben, scheint es so zu sein, daß die therapeutische Sparsamkeit einerseits den Geruch des Magischen unterstützt, andererseits der Eigenständigkeit des Patienten, seiner Autonomie, seiner Einzigartigkeit mehr Respekt entgegenbringt.

Zur Illustration der Skizze möchte ich ein Beispiel aus der Supervision in einer Klinik für alkohol- und medikamentenabhängige Erwachsene geben. Eine junge, engagierte Therapeutin schildert die Situation in ihrer Gruppe und ihr eigenes aktuelles Problem mit dieser Gruppe.

Die Gruppe sei, sagt die Therapeutin, die „beste" Gruppe im Haus. Die Patienten seien bemüht, brav, ordentlich zu sein und würden therapierelevante Dinge besprechen. Man ist sehr nett zueinander und entschuldigt sich, wenn eine beginnende Kritik aufkommt. Es scheint, als sei in der gesamten Klinik, auch bei anderen Gruppen, dieser Gruppencharakter bekannt: ein Klima von wohlwollendem Bemühen, gelegentlichem, persönlichem Hinterfragen, aber alles ohne aggressive Elemente!

Im übrigen, sagt die Therapeutin, sei die Gruppe von der Aufnahmestation geschlossen herübergekommen. Die Therapeutin wünscht sich mehr Ungehorsam in der Gruppe, zumal sie die Konflikte und Aggessionen spüren würde. Wenn sie, wie sie sagt, „einen Konflikt in die Gruppe kriegen will", so reagiert die Gruppe mit der Bemerkung: „Du willst uns doch nur auseinanderbringen!"

Die von der Therapeutin geäußerte Zielvorgabe sei: „Seid ehrlich in der Gruppe, euch selbst, den anderen und mir gegenüber." Eine versteckte zweite Botschaft im Sinne einer unbewußten Zielvorgabe ist: „Bei euch ist ein Konflikt, der unbedingt aufgedeckt werden muß."

Die Therapeutin ist äußerst bemüht, das Konflikthafte als solches in der Gruppe zu thematisieren. Sie fühlt sich dabei, als würde sie vor eine Wand laufen, als würde sie im luftleeren Raum hängengelassen, aber auf jeden Fall sei sie, sagt sie, völlig ohnmächtig. Die Supervisionsgruppe ist bemüht, die Situation in der Gruppe zu verstehen und die Beziehung zwischen Therapeutin und Gruppe zu deuten. Hierbei verdichtet sich immer mehr der Eindruck, als sei in der Therapiegruppe gewiß genügend Sprengstoff, der sich entladen müßte. Die Tatsache, die „beste" Gruppe im Haus zu sein, sei ja sowieso nur ein gutes Versteck! Der Sprengstoff wird - und das scheint wie selbstverständlich für alle klar zu sein - mit Alkohol und Medikamenten in Verbindung gebracht.

In diesem Moment wird die Phantasie in der Supervisionsgruppe beim Namen genannt; daß es sich in der Therapiegruppe doch wohl um eine mafiaähnliche Gruppierung handeln müßte, die gut angepaßt, unauffällig, aber doch sehr präzise ihre eigenen Interessen durchsetzen will.

Die Ohnmachtsgefühle der Therapeutin werden größer, sie ist sprachlos, und die anderen Supervisionsteilnehmer sind äußerst bemüht, ihr Ratschläge für den Umgang mit dieser Gruppe zu geben. Die Therapeutin ist fassungslos und äußert ihr Bedauern darüber, daß sie die gute Basis in der einzeltherapeutischen Beziehungen zu einzelnen Mitgliedern doch nur in der Gruppe in einem größeren Übungsfeld ausgestalten wollte. Diese dritte, geheime, in der Auswirkung unbewußte therapeutische Zielvorgabe scheint für das Verstehen der Beziehung von Gruppe und Therapeutin wesentlich zu sein. Die Therapeutin ist bemüht, den Keim, der in der persönlich-intimen Zweierbeziehung entstanden ist, im gruppalen Raum wachsen zu lassen. Gleichzeitig ist sie ungeduldig durch ihren hohen therapeutischen Anspruch und die eigene Unschuld, mit der Langeweile in der Gruppe, wie sie sagt, klar zu kommen.

Und hier beginnt ein eigenartiger Kreis sich zu schließen. Sie läßt nicht locker, will das Konflikthafte in der Gruppe ansprechen, und induziert selbst dadurch einen spezifischen Konflikt. Die Gruppe wiederum ist unbewußt bemüht, sich „richtig und brav im therapeutischen Sinne" zu verhalten. Nur ist gerade dieses brave Bemühen, die „beste" Gruppe in der Klinik zu sein, Bestätigung für die Therapeutin, daß der Konflikt wirklich verschleiert ist und daher aufgebrochen werden müßte. Die Therapeutin scheint unbewußt die Gruppe wie eine verschworene, mafiaähnliche Gemeinschaft zu erleben. Dies ist schließlich der Beweis ihres anfänglichen Standpunktes für sie.

In der Sprache meiner Skizze orientierte sich das Patientensystem, nämlich die Gruppe, klar und deutlich an den geheimen Zielvorgaben des Therapeutensystems, nämlich der Therapeutin, indem die Gruppe „die beste im Haus" sein wollte. Die Gruppe war in ihrer körperlichen Präsenz bemüht, die Therapeutin in ihrer Gegenübertragung zum Teil gefangen, indem sie „nicht locker ließ". Der geheime Geist von Lowen wirkte insoweit, als die Therapeutin von der Körperdiagnostik ausging, das Problem definierte und unbedingt zu arbeiten beginnen wollte. In diesem Sinne ist sie auf die bioenergetische-analytische Theorie und Praxis nach Lowen verpflichtet.

Während die Gruppe handgreiflich nicht nur der Therapeutin gegenüber, sondern auch dem gesamten Kliniksystem gegenüber, sich unter Beweis stellte, wurde sie in ihrer substantiellen Verschlossenheit für die Therapeutin unantastbar und bedrohlich. Die Therapeutin, verhaftet in ihrem aktiven Bemühen nach Deutung und Verstehen, wie sie es sagte, am zentralen Konflikt arbeiten zu wollen, konnte nicht hinreichend oszillieren zwischen aktivem Handeln in der Körperarbeit und der symbolischen Interaktion auf der Übertragungsebene.

Indem sie mehr und mehr dem Anspruch gerecht werden wollte, im Sinne Lowens zu arbeiten, entfernte sie sich zusehends von der inneren Wirklichkeit des Patientensystems. Gleichzeitig blieb sie, und das könnte eine Falle für die Therapeutin sein, bemüht, „Einfluß über das Patientensystem" zu behalten. Die Diskrepanz zwischen Patienten- und Therapeutensystem sowie die macht-volle Gewichtung des Therapeutensystems stellen letztendlich auf gruppaler Ebene einen szenischen Mißbrauch dar. Die Therapeutin ist dem Prinzip Lowens, das er lediglich für die Einzeltherapie entwickelt hat, verhaftet geblieben und überträgt dieses Prinzip auf das Patientensystem als Gruppe, ohne den spezifischen Prozessen in der Gruppe gerecht zu werden.

Man kann sagen, daß Prinzipien, Konzepte und therapeutische Interventionsstrategien, die aus der Einzeltherapie entwickelt wurden, notwendige Bestandteile bioenergetisch-analytischer Gruppentherapie sind. Nur sind sie nicht ausreichend, um eine gruppenspezifische Therapie im Sinne der Bioenergetischen Analyse hinreichend zu begründen und lebbar zu machen.

Skrupellosigkeit als Herausforderung

Obwohl wir über den bioenergetischen Therapeuten in der Gruppe sprechen, sind wir um eine Standortbestimmung des bioenergetischen

Therapeuten im Rahmen der Therapie schlechthin bemüht. Die Aufforderung, sich seinen magischen Wirkungsgehalt als Therapeut zu bewahren, stellt gleichzeitig eine persönliche Herausforderung dar. Jeder ist aufgefordert, sich in die Verantwortung zu nehmen, um das Ausleben der eigenen Charakterstruktur auf Kosten des Patienten zu vermeiden. Der skrupellose Therapeut stellt sich sehr gewissenhaft die Frage, warum er sich diesen und keinen anderen Beruf gewählt hat, bleibt dem Erfordernis wach gegenüber, immer wieder erschütterungsfähig zu bleiben und wird die Potentiale seiner Charakterstruktur nicht verheimlichen. Ich erwarte von jedem Kollegen/Kollegin eine eingehende Erfahrung, Analyse und Durcharbeitung der eigenen Charakterstruktur. Wenn ich in vollem Bewußtsein meines persönlichen Charakterprofils bin und meine berufliche Identität als bioenergetischer Analytiker/Körpertherapeut akzeptiere, dann bin ich anders als meine Patienten. Die provokante Aufforderung, sich als Therapeut „einfach so hinzusetzen und zu verhalten wie ich bin", basiert auf dem Faktum, daß ich so bin mit all meinen Erfahrungen aus der Ausbildung, der Lehranalyse, der persönlichen Verantwortung als Therapeut, etc. Warum sollten wir diesen Erfahrungs- und Ausbildungsbereich leugnen?! Wenn ich ausgebildet bin, bin ich in der Therapiesituation immer nicht unvorbelastet, nicht ohne Ausbildung, nicht ohne meine persönliche Verantwortung als Therapeut.

Es bleibt mir manchmal ein Rätsel, warum so viele Kollegen/Kolleginnen auf diesem Hintergrund ihre Skrupel breit diskutieren wollen, ihre Skrupel nach persönlicher Verantwortung, hinreichender therapeutischer Ausbildung, berufspolitischer Abgrenzung, etc. Warum das eigene Licht unter den Scheffel stellen, warum mich klein machen, auf dem Hintergrund der machtpolitischen Debatte im Institut,[3] der Standortbestimmung als bioenergetischer Gruppentherapeut oder in Abgrenzung von den rein verbalen Therapierichtungen.

Bei aller ernsthaft klingenden Auseinandersetzung scheinen die meisten der Illusion zu erliegen, sie könnten bei hinreichender Ausbildung etc. die eigenen Skrupel ausschalten. Und gerade hier unterliegen sie m. E. einem Irrtum. Wahrscheinlich ist es ein wesentliches Kriterium von qualifiziertem psychotherapeutischem Sachverstand, auf dem Hintergrund einer fundierten Ausbildung und einer eingehenden

[3] Wenn Axel unsere Chance als Bioenergetische Gruppenanalytiker darin sieht, Einzeltherapie, Gruppenprozeß und wirkliches Leben zu verknüpfen, so heißt das offensichtlich für viele KollegInnen, in der Ausbildung die Rollen zu vermischen: nämlich Lehrtherapeut, Supervisor, Trainer, Liebhaber oder Freund zu sein.

Lehranalyse skrupellos zu sein. Skrupellos im Sinne menschlicher Fehlbarkeit!

Die Klienten/Patienten sind sensibel und passen sich, beinahe wie Kinder, den Therapeuten an. Und das ist gut so! Sie sind „normal" in diesem Bemühen, wobei sie leider oft genug so weit gehen, daß sie wesentliche Aspekte ihrer Persönlichkeit den Therapeuten gegenüber opfern. Sie übergehen sich, sie vergessen sich, sie spalten ab, etc., nur um die Liebe, Aufmerksamkeit, Wertschätzung, Beachtung vom Therapeuten zu bekommen.

Wieviele Kinder sind gestraft, geschlagen, frustriert, gezwungen worden und kehren zurück in vollster Liebe, um sich für ihre Eltern zu öffnen?!

Es ist egal, wie skrupellos ich als Therapeut bin oder nicht. Die Patienten „müssen" sich mir anpassen, auch wenn ich während der Therapie mit mir beschäftigt bin, einfach aus dem Fenster schaue, müde bin, an meinen Urlaub denke, etc. Es läßt sich nicht vermeiden. Und auch hier gilt das gleiche: ich kann mich auf das Anpassungsbemühen des Klienten/Patienten verlassen. Warum also dieses pharisäerhafte Bemühen, um mich von aller Skrupellosigkeit reinzuwaschen. Ist es nicht besser, therapeutisch effektiver und vor allem menschlicher, wenn mein therapeutisches Verhalten und mein Selbstverständnis durch menschliche Eigenarten, Fehler, Schwächen, u. a. zurechtgerückt ist.

Jeder Therapeut hat eben seine Tage!

Männliche und weibliche Aspekte der Therapeutenpersönlichkeit

Mir scheint es, als würde es in unserer Diskussion um die männlichen und weiblichen Aspekte der therapeutischen Rolle, des therapeutischen Selbstverständnisses gehen. Die Frage, was ist die Bioenergetische Analyse, wann und wodurch bin ich ein guter Gruppenleiter, etc. ist Merkmal der männlichen Komponente. Die Erfahrung, das Eingeständnis und der Mut als Therapeut seine „Tage zu haben", bildet wahrscheinlich dann die weibliche Komponente.

Als Therapeuten sind wir geschult, ausgebildet und geprägt, immer bewußt, wach, verantwortungsvoll im Sinne des therapeutischen Handelns zu sein. Und das ist gerade ein Teil unseres Problems. Überfrachtet, überflutet, überbewertet zu werden durch Informationen, bewußtes Material, die sichtbare Wirklichkeit. Warum gestatten wir uns nicht bei Überforderung, unsere therapeutischen, inneren Filter zu öffnen, so daß mehr des therapeutischen Geschehens in unser Unbewußtes geführt wird, um innere Membranen zum Schwingen zu bringen, um unsere eigene Selbstregulierung vertrauensvoll anzuzapfen!

Zum Schluß des Gesprächs des 1. Tages taucht erneut die Frage: was ist Bioenergetische Analyse, auf. Anja demonstriert durch den Hinweis auf einen Patienten, wie hilfreich ihre therapeutische und persönliche Klarheit ist. Es ging bei dem Patienten um Suizidgefährdung. Es gab keine Anzeichen, wohin die Entwicklung führen würde. Sie konnte offensichtlich nur auf ihr Selbstbewußtsein, ihr Selbstvertrauen und die Intuition (ich würde ergänzen, und ihre eigene Skrupellosigkeit) bauen.

Kann etwa eine solche Klarheit die Substanz meiner aktiven Position im therapeutischen Geschehen sein?! Was heißt auf diesem Hintergrund „Treue zu Lowen". Wenn „back to the basics" eine notwendige Rückbesinnung auf die Wurzeln der Bioenergetischen Analyse darstellt, so bin ich mir hierüber im klaren, und stehe zu meiner Treue zu Lowen. Die Resonanz meiner inneren Skrupellosigkeit läßt mich aber mit gleichem Atemzug Anleihen bei anderen Eltern, bei anderen therapeutischen Schulen machen. Ich lerne im Rahmen der Ausbildung in einem elitären Labor und verwirkliche die Bioenergetische Analyse und mich selbst im „normalen" Alltag mit den Patienten.

Axel betont den Umstand, daß wir bioenergetischen Analytiker „eine weiße Karte" haben. Eine weiße Karte ohne indoktrinäre Verpflichtung an einen „neuen", komplex abgesicherten therapeutischen Überbau. Wir beziehen uns auf Freud, Reich, Lowen, uns selbst und auf unsere Patienten.

Unsere magischen Fähigkeiten ergeben sich also nicht *per se* aus unserer therapeutischen Schule, der Konzeption bioenergetischer Therapie, unserem Selbstverständnis etc. Vielmehr wandelt sich unsere Professionalität durch unser Bemühen, an der Nahtstelle zwischen den Patienten und uns selber zu einer magischen Fähigkeit. Wir sind für die Patienten wie eine weiße Karte, die sie zu lesen glauben, aber nicht verstehen. Und hier liegt gerade ein wesentlicher Aspekt unserer therapeutischen Wirkungsqualtität!

Wechselwirkung von therapeutischem Rahmen und Dekompensation

Unser Gespräch am 2. Tag führt uns zu einem Borderline-Patienten mit Suizidgefährung. Unsere Kollegin, die den Fall eingehend schildert, ist bemüht, den Patienten zu verstehen, will aber gleichzeitig einen

Rahmen zu ihrer eigenen und zu der Sicherheit des Patienten setzen. Aber klappt das? Ich erinnere mich an Patienten(innen) mit ähnlich gelagerter Problematik, die in ihrer Auswirkung auf mich mir das Leben nicht immer leicht machen. Wir befassen uns eingehender mit der Wechselbeziehung von therapeutischem Vertrag und der Dekompensation beim Patienten(in) im therapeutischen Prozeß.

Viele von uns fühlen sich angesprochen, wenn sie an die Zusammensetzung ihrer Gruppen denken. Muß man vorher gründlich auswählen? Soll man Patienten im Prozeß bei Dekompensation raussetzen? Soll ich weitestgehend ignorant bleiben ...?

Ich kann mir nicht denken, daß der therapeutische Vertrag, das Setzen eines klaren Rahmens, mich vor der „spontanen Dekompensation des Patienten“ sichert. Bin ich im illusionären Glauben, solchen Vorgängen gegenüber hinreichend gefeit zu sein, so wird mir wahrscheinlich gerade das, was ich vermeiden möchte, widerfahren. Spontane Dekompensation beim Patienten wird wahrscheinlich dann zur Auflehnung gegen mich, zum verzweifelten Aufschrei, in einer gesicherten (kontrollierten) Welt.

Das Mythologem von der Auswahl der Patienten

Wir sprechen eingehend über unsere vorbereitenden Bemühungen bei der Auswahl von Patienten, der Zusammenstellung von Gruppen, dem Handling des therapeutischen Prozesses etc. Einige von uns treffen eine gründliche Auswahl der Klienten vor Beginn der Gruppe. Einige bestimmen eine gewisse Dauer der regelmäßigen Treffen und schließen einen verbindlichen Vertrag. Andere wiederum haben in ihren Gruppen immer wieder Probleme mit der Dekompensation im therapeutischen Prozeß. Einige von uns sind nicht geübt, wie sie mit dem überraschenden Aussteigen einzelner Gruppenmitglieder klarkommen sollen. Die Zusammensetzung der Gruppe mit alten und neuen Gruppenmitgliedern kann, wie einige Kollegen betonen, Hefe in die Gruppe bringen, damit es dem Gruppenleiter „leichter“ gemacht wird.

Gewiß ist es ratsam, eine Gruppe nach zuvor gründlich durchdachten Kriterien zusammenzustellen. Hilfreich ist, wenn ein „gemeinsamer Draht“ unter den Gruppenteilnehmern ist, wenn eine gemeinsame Lebenserfahrung oder eine gemeinsame Lebenswelt vorausgesetzt werden kann. Und doch werden tagtäglich in jeder Gruppenszene die gründliche Vorbereitung der Gruppe und die Unvorhersehbarkeit im aktuellen Prozeß des Geschehens kollidieren.

Ich ertappe mich bei meiner Phantasie über meine Kollegen(innen), die sich offentsichtlich nach ihren eigenen unbewußten Berechtigungen fragen, damit sie anfangen können. Die Vorbereitung auf eine Gruppe ist gut, die Planung und die Auswahl gewiß sinnvoll, nur enthebt sie mich nicht von der Anerkennung der eigenen Hilflosigkeit im Prozeß, eigener Unsicherheit und persönlicher Skrupellosigkeit. Wer weiß, was im Laufe der Gruppe alles auf mich zukommen wird.

Ich bin so frech und frage meine Kollegen(innen), wie sie konkret die Auswahl der Gruppe treffen. Ich frage nach der Anzahl der Voranmeldungen, bzw. Interessenten für eine Gruppe und stelle mit Entsetzen bzw. geheimer Schadenfreude fest, daß die Auswahl der Gruppenmitglieder das Setzen eines bestimmten Rahmens und einer damit verbundenen Einschränkung, Potemkinsche Dörfer sind. Keiner meiner Kollegen(innen) hatte bei Beginn der jeweiligen Gruppe mehr Teilnehmer zur Auswahl als Teilnehmer in der Gruppe erwünscht waren. Unter welchen Interessenten soll ich denn so gewissenhaft auswählen, wenn noch nicht einmal genügend Interessenten da sind, um eine Gruppe mit der Höchstteilnehmerzahl zu besetzen?! Bestenfalls habe ich die Chance und natürlich die therapeutische Verantwortung, jemandem die Teilnahme in der Gruppe zu verwehren, wenn ich ihn durch meine diagnostische Einschätzung für zu labil, zu sehr gestört halte. Eine aktive (Aus-)Wahl ist in der Regel nicht möglich. Warum dann dieses Kopfzerbrechen über die Kriterien!

M.E. handelt es sich eher um eine „Wahl“ nach der täglichen Bedarfslage in der Gruppe, bzw. in meiner Praxis. Ein Kollege betont an dieser Stelle, daß wahrscheinlich eins der wesentlichen Auswahlkriterien die Hürde, die Barriere ist, über den Anrufbeantworter, den Postweg oder mehrmaliges, telefonisches Bemühen, ihn als Therapeuten endlich erreicht zu haben, um sich zur Gruppe anzumelden!

Warum soll es auch in unseren Therapiegruppen anders gehen als in den Ausbidlungsgruppen, die ja bekannterweise zur Zeit auch nicht voll werden. Warum also eine solch differenzierte, wohlklingende, therapeutisch indizierte, letztendlich aber doch illusionäre Auswahl der Ausbidlungskandidaten?!

Therapie und privater Kontakt

Die Rückbesinnung auf die gemeinsame Lebenserfahrung, die gemeinsame Lebenswelt der Gruppenteilnehmer wirft ein zentrales Problem im Verlauf therapeutischer Gruppen auf. Im Unterschied zu einer psychoanalytischen Gruppe, bei der jeglicher private Kontakt außerhalb der Gruppensitzung untersagt ist, entwickelt sich jede bioenergetische Gruppe bei dem jeweiligen Gruppentherapeuten anders. Einige der Kollegen(innen) plädieren für die Notwendigkeit privater Treffen außerhalb des therapeutischen Settings, andere wiederum sind unsicher über das „Leben" außerhalb der Therapiesitzung. Ich selbst mache immer wieder die Erfahrung, daß es für mich schwieriger wird, wenn die Gruppe sich außerhalb der Therapiesitzung privat trifft. Wenn die Gruppensitzung beendet ist, geht es z. B. in der Kneipe weiter. Die Rückmeldung bei der nächsten Gruppensitzung erfolgt, wenn überhaupt, nur schleppend und auf gezieltes Nachfragen meinerseits. Ich erfahre immer weniger über die privaten Kontakte der Gruppenmitglieder untereinander und das „geheime Ausagieren" in den Auseinandersetzungen in der Kneipe, dem privaten Liebesleben und den gruppalen Feierlichkeiten, wie Geburtstag, Ausstellungseröffnung, Urlaub etc. Ich denke in diesem Zusammenhang an eine fortlaufende Gruppe, die sich wöchentlich für 2 Stunden jeweils über den Zeitraum von 9 Monaten trifft.

Axel wirft an dieser Stelle die Frage auf, wie aus der Bioenergetischen Analyse die Verbindung von Einzeltherapie und Gruppe und Leben außerhalb „definierbar" ist. Bei aller Würdigung der Erörterung dieser Notwendigkeit wird sich diese wichtige Frage an der Praxis im Alltag, der Pragmatik, der Bezahlung der Therapiegruppe, etc. messen lassen müssen.

Es ist nicht das gleiche: Bioenergetische Analyse in Einzeltherapie oder in Gruppen, in einem klinischem Rahmen, der freien Praxis, einer Anfängerpraxis, bei geringerer Honorierung, etc. zum Leben zu erwekken. Gruppe und Gruppe ist nicht das gleiche!

Und doch sind wir gerade aus berufsethischen und berufspolitischen Überlegungen heraus aufgefordert, die Phase des eigenen Ausprobierens hinter uns zu lassen, um unsere Erfahrung bei der bioenergetisch-analytischen Theoriebildung und ihrer Erweiterung/ Aktualisierung zu nutzen.

Wenn wir uns gestern eingangs mit unserer aktiven Position als Therapeut befaßten, so werden wir nicht umhin kommen, am Ende des heutigen Tages zu akzeptieren, daß wir mitten im therapeutischen Geschehen sind und aus diesem heraus nicht so tun können, als könnten wir bei Null anfangen, als könnten wir aus kritischer, konzeptioneller Distanz heraus „richtige" strategische Planungen erarbeiten und als könnten wir unsere Patienten heilen und ihnen gleichzeitig unsere Rezepte verraten. Letztendlich liegt gerade hier unsere Chance, männlich nach dem Sinn und Zweck von Bioenergetischer Analyse in der Gruppe provokant zu fragen, und weiblich „unsere Tage zu haben“, wobei uns unsere eigene Skrupellosigkeit den Patienten gegenüber wieder menschlich werden läßt.

Postskriptum:

- 2 Jahre danach -

Die Entwicklung der letzten zwei Jahre läßt mich aufhorchen! Fast sehe ich mich gefährdet, wenn ich weiterhin für den „skrupellosen Therapeuten“ plädiere. Werde ich mißverstanden? Oder durch die Ethik-Diskussion überrollt?

Das IIBA ist in Bewegung. Die Pionierphase liegt hinter uns. Wir sind nicht mehr nur auf uns geworfen, sondern im „öffentlichen Austausch“ mit verschiedenen Therapeutengenerationen, der gesellschaftlichen Wirklichkeit hinsichtlich der Mißbrauchs-Diskussion, einer fundierten und differenzierten professionellen Qualifikation bei den Kolleginnen. Meine spontane Zwischenbilanz erfolgt im Vorfeld der Entwicklung von mehr Eigenständigkeit und Trennungen. Trennungen innerhalb des IIBA oder sogar vom IIBA? Trennungen zwischen männlichen und weiblichen therapeutischen Stilen, Trennungen zwischen „männlicher, bioenergetischer Therapie“ und „weiblicher Ethik“. Trennung zwischen Opfern und Tätern!

Es ist eine heftige, sehr persönliche, verletzende, aber auch rächende Diskussion um sexuellen und Macht-Mißbrauch in der Psychotherapie entfacht. Nicht nur in den deutschen Instituten, überall im IIBA, überall im Psychotherapiesektor. Heftige Umstrukturierungsprozesse innerhalb der Institute entfachten Positionskämpfe, neue Koalitionen, Angst und neue Formen der Macht- und Einflußnahme. Es kommt zur Kollision von männlichen und weiblichen Erlebens- und Sichtweisen in der Psychotherapie, mehr und mehr Kolleginnen verfechten ihr eigenes Profil, werden parteilich und wagen ihre Eigenständigkeit gegebenenfalls in Abgrenzung zu den Ansichten von Alexander Lowen. Die meisten bleiben in der spannenden Auseinandersetzung im IIBA bindungsfähig!

Ich möchte an dieser Stelle nicht in die Diskussion um IIBA-interne Angelegenheiten und die gesellschaftliche Bedeutung der aktuellen Mißbrauchsdiskussion einsteigen. Und doch scheint mir die eben angedeutete Entwicklung voller geheimnisvoller Brisanz zu sein. Die Behandlung des Themas „Sexueller Mißbrauch“ in der Ausbildung erfolgt vielfach nach dem Opfer-Täter-Prinzip oder aber wird abgefedert durch die Entwicklung ethischer Richtlinien. Meines Erachtens wird dabei die vielschichtige dynamische Verwobenheit unterschiedlicher Aspekte übersehen. Eine Verwobenheit, die sowohl durch die Größe des IIBA und die historische Entwicklung der letzten Jahrzehnte als auch die gegenwärtige gesellschaftliche Brisanz bedingt ist. Meines Erachtens rächt sich an dieser Stelle die Inkompetenz innerhalb des IIBA hinsichtlich gruppaler und organisationsanalytischer Prozesse. Mir selbst wurde vor einigen Jahren auf einem Leadership Training, als ich eine solche Diskussion beginnen wollte, Einzeltherapie angeraten! Gleichzeitig zitierte einer der engsten Mitarbeiter von Lowen diesen in dessen Besorgnis mit dem Satz: „When I die, don't kill me!". Erinnert dies nicht an die Worte von Wilhelm Reich, als er im Gespräch mit Herrn Eissler die Schicksale der Begründer großer, psychotherapeutischer Schulen besprach?

Lassen Sie mich nun doch einige wesentliche Aspekte im Entwicklungsprozeß des IIBA als einer Groß-Organisation nennen:

- Das Thema „Sexueller und Macht-Mißbrauch" in der Ausbildung hat nicht nur aktuelle Brisanz, sondern auch eine lange historische Entwicklung.
- Sind die AusbildungskandidatInnnen in dieser Hinsicht PatientInnen gleichzusetzen?
- Vor 15 - 20 Jahren galt es fast wie ein therapeutischer Wert, wenn Trainer/Theraupeuten mit Patientinnen eine erotische oder sexuelle Beziehung hatten. Die Schüler dieser Trainer sind heute die Ausbilder!
- Ist die Bioenergetische Analyse eine männliche Therapie?
- Das IIBA ist eine Groß-Organisation, multinational, vermeintlich zentral organisiert, und doch scheinen die meisten Institute im Sinne eines geheimen Familienklüngels das zu machen, was sie selbst wollen.
- Ist es nicht bezeichend, daß die Männer die Macht in der Therapieausbildung, in der Curriculumentwicklung und in der Organisation haben, die Frauen aber die Ethikkommissionen okkupieren? In der *European Association of Body Psychotherapy* scheinen die Dinge schon geklärt zu sein: Die Männer haben die Macht im Kommitee, die Frauen verwalten hingegen das oberste Organ, die Ethik-Kommission.
- Schaut man sich die Entwicklung der Institute und der Therapeutengenerationen innerhalb der Institute an, so bekomme ich den Eindruck, daß es immer wieder zu einem wiederholten „Vatermord" kommt.
- Die Rangelei um Macht und Einflußnahme im IIBA hilft, Positionen zu festigen, die offensichtlich nach dem Tode Lowens aktiviert werden sollen. Wird aber nicht dadurch schon, bevor Lowen tot ist,

ein Erbe verteilt? Wenn es so ist, finde ich es grausam, aber auch menschlich!

- Das dynamische Geschehen des sexuellen und Macht-Mißbrauchs bezieht alle mit ein; Täter, Opfer, aber auch die anderen in ihrer Parteilichkeit.
- Therapeutische Reife scheitert offensichtlich an der Handhabung dieses Themas. Hat aber nicht Erikson die menschliche Reife darin gesehen, daß eine Person in einer stabilen Beziehung lebt und Kinder gebiert? Wer von uns lebt im Sinne Eriksons?

Ich bin besorgt über die Entwicklung, fühle mich oft allein, sowohl professionell in meiner Parteilichkeit als auch persönlich in der Gefahr, wie ein Pharisäer zu wirken. Niemand kann vorhersagen, wie die Entwicklung weitergehen wird. Und doch erinnere ich mich an Einschätzungen aus der politischen Psychologie, die vor allen Dingen im deutschsprachigen Raum den Mangel an libidinösen Zusammenhalt auf gruppaler und Organisationsebene betont. Heißt Entwicklung etwa dann, Parteilichkeit bis zur Abspaltung? Oder heißt Entwicklung Vertrauen auf den Zufall der „Gemeinschaft der skrupellosen Therapeuten"?

Über die Schwierigkeit therapeutischer Beziehung anhand des Schicksals der „Verführungstheorie“

Gisela Worm

Es begann mit einem Vortrag, den Freud 1896 im Wiener Verein für Psychiatrie und Neurologie hielt. Sein Titel: Zur Ätiologie der Hysterie; sein wesentlicher Inhalt: die hysterischen Symptome sind die Folge sexueller Verführung des Kindes durch Erwachsene. Die Reaktion der medizinischen Kollegen war Schweigen, Ablehnung, Isolation Freuds - später Gelächter und Hohn über seine Gutgläubigkeit. Freud änderte allmählich seine Theorie, widerrief sie 1905 öffentlich und setzte an die Stelle des traumatischen Erlebnisses die kindliche Phantasie als den entscheidenden ursächlichen Faktor in der Entstehungsgeschichte der Neurosen. Er hielt es nicht mehr für relevant, ob „Erinnerungen“ auf äußere Realitäten oder Phantasien zurückgehen. Damit schien erst einmal alles entschieden.

36 Jahre später war es merkwürdigerweise wieder ein Vortrag mit ganz ähnlichem Inhalt, der auf die gleiche Ablehnung und Diffamierung des Vortragenden stieß. Der ursprüngliche Titel dieses Vortrags war „Die Leidenschaften der Erwachsenen und deren Einfluß auf Charakter- und Sexualentwicklung des Kindes.“ Vortragender war diesmal Sandor Ferenczi, der auf dem psychoanalytischen Kongreß 1932 in Wiesbaden zu diesem Thema sprach. Nur seine führende Stellung innerhalb der psychoanalytischen Vereinigung hinderte die Kollegen daran, diesen Vortrag zu unterdrücken. Sein Inhalt bestand in einem Wiederaufgreifen der alten Verführungstheorie. Jetzt war Freud selbst einer der heftigsten Kritiker - eine beeindruckende Umkehr der Verhältnisse. Ferenczi litt sehr - wie seinerzeit Freud auch - unter der Ablehnung und brachte seine Krankheit, an der er kurze Zeit später starb, mit diesem Ereignis in Zusammenhang.

Die Verführungstheorie wirkt offenbar wie ein Sprengsatz. Warum? Liest man den Vortrag Ferenczis noch einmal nach, so geht der Neuentdeckung der Verführungstheorie eine andere Erkenntnis voraus. Ferenczi wurde es bewußt, in welch starkem Ausmaß die Haltung des Therapeuten das Verhalten des Patienten beeinflußt, wie die Grenzen seiner Persönlichkeit die Grenzen der Therapie bestimmen, wie seine unaufgelösten neurotischen Einstellungen den Patienten an einem bestimmten Punkt scheitern lassen. Radikal und mutig stellte Ferenczi sich der Kritik der Patienten bis zur Konzeption einer „mutuellen Analyse“, in der er seine Problematik ausdrücklich zur Diskussion stellte. Bei allen Einwänden gegen diese Radikalität -

Ferenczi fand darüber zu der Erkenntnis zurück, daß Beziehungsrealitäten und nicht nur Phantasien Neurosen formen und wieder lösen können, was auch und gerade für die therapeutische Beziehung gilt. Wenn es unwichtig ist, ob äußere Realität oder reine Phantasie einer neurotischen Symptomatik zugrunde liegt, warum dann die Aufregung über Ferenczis Vortrag, die langjährige Nichtveröffentlichung des Manuskripts und des Tagebuchs, in dem diese Gedanken ausführlicher enthalten sind?

Ferenczi ging den neurotisierenden Folgeerscheinungen einer realen Verführung ausführlich nach. Sein entscheidender Fund: In ihrer Hilflosigkeit und Ausgeliefertheit identifizieren sich die verführten Kinder mit dem Angreifer bzw. introjizieren diesen; d. h. sie wissen nicht mehr, ob sie lügen, sie trauen ihrer Wahrnehmung nicht mehr und halten ihre Erinnerungen selbst für Halluzinationen, wenn jede äußere Unterstützung zur Aufrechterhaltung ihrer Wahrnehmung fehlt. Sollte Freud bei seiner radikalen Aufgabe der Verführungstheorie diesem Abwehrvorgang in doppelter Hinsicht zum Opfer gefallen sein? - Selbst verunsichert, isoliert („ich kam mir vor wie geächtet, von allen gemieden") kam er nicht selbst in die Rolle des verführten Kindes, das die Wahrheit sagt und darum dem Elend der Ablehnung ausgesetzt ist? Konnte er da den Patienten noch so viel Halt geben, daß diese den Mut hatten, sich dem Schmerz realer Erinnerungen zu stellen? Kam es unter diesen Umständen nicht Freud und den Patienten entgegen, alles zu Phantasien zu erklären? - Freud war sehr enttäuscht, als sich bei den Patienten herausstellte, daß sie ihm ihre Phantasien als Realitäten dargestellt hatten. Die Kränkung, vor der Öffentlichkeit „zugeben" zu müssen, daß Hysteriker - wie man es ihm schon vorher nahegelegt hatte - „Lügner" seien, traf ihn tief. Es ist verständlich, daß dieser Druck nicht auszuhalten war und zur Änderung der Theorie führte, zumal dann die allmähliche offizielle Anerkennung der Psychoanalyse begann. Auch die Theorie der infantilen Sexualität, ebenfalls zunächst ein Stein des Anstoßes, änderte an dieser Anerkennung in der Folgezeit nichts. Das Kind aber wechselte vom Verfolgten zum Verführer, der „Angreifer" war nun auch in der Theorie nicht mehr außen sondern innen zu suchen - er wurde sozusagen in die Theorie „introjiziert".

Man könnte dies alles für Historie halten, schließlich ist Ferenczis Vortrag auch schon 60 Jahre alt. Die Psychoanalyse hat sich weiterentwickelt, und viele andere neue Therapierichtungen sind entstanden. Die Sexualität hat eine weitgehende Liberalisierung erfahren. Und doch - plötzlich seit ein paar Jahren - erfährt das Thema „Mißbrauch" eine Wiederauflage in immer lautstärkerer Form. Anscheinend geht es in der Therapiegeschichte nicht anders zu als in der Individualgeschichte:

Unerledigte Themen können eine Zeitlang verdrängt werden, tauchen aber in regelmäßigen Abständen als Problemkreise oft in ganz neuen Zusammenhängen wieder auf. Das beeindruckende Affektgeschehen auf allen Seiten, das am konzentriertesten um Freuds und Ferenczis Vortrag zum Ausdruck kommt, wird von Masson in seinem Buch - *Was hat man dir, du armes Kind, getan* - (ein Goethe-Zitat von Freud) ausführlich dargestellt. Dieses Geschehen aber ist in seiner wahren Tiefendimension, Vielschichtigkeit und Konsequenz m. E. bis heute nicht richtig verstanden. Freud widerrief, Ferenczi starb - in beiden Situationen wurde der Kampf um das Verständnis neurotischen Leidens erst einmal zugunsten eines innerpsychischen Trieb- und Entwicklungsgeschehens entschieden. Ideologische Unterschiede, die in sehr verschiedenen persönlichen Grundeinstellungen verankert sind, bilden hier nach meiner Überzeugung den entscheidenden Hintergrund. Diesen nachzugehen wäre ein lohnendes Thema.

Hier jedoch soll die Konsequenz dieser Entscheidung, wie sie in der weiteren methodischen Entwicklung der Psychoanalyse deutlich wird, thematischer Mittelpunkt sein. Diese Entwicklung hat auch die dann entstehenden körpertherapeutischen Richtungen entscheidend mitgeprägt. Das Wiederauftauchen der Mißbrauchsthematik sehe ich u. a. in dieser methodischen Entwicklung begründet.

Bleibt es dabei, daß das Kind durch seine Phantasien seine innere Beziehungswelt strukturiert und dabei Realerfahrungen nur grobe Auslöser dieser Phantasien darstellen, so gilt auch eine ganz bestimmte Sichtweise der Übertragungsbeziehung. Auch in der Therapie geht es dann ausschließlich um die intrapsychische Welt des Patienten. Das weist dem Therapeuten eine Art Zuschauerrolle zu, während der Patient sein Lebensdrama auf der inneren Bühne vor ihm entfaltet. Nun fand Freud ja heraus, daß der Patient es dabei leider nicht beläßt. Zuweilen rückt auch der Therapeut ins Rampenlicht und wird vom Patienten als Akteur in seinem inneren Stück erlebt. Damals entdeckte Freud die Chance der Übertragungsanalyse. Darüber hinaus aber versucht der Patient, den Therapeuten dazu zu verführen, in diesem Stück eine bestimmte Rolle zu übernehmen. Diese „Verführung" wurde innerhalb der Psychoanalyse zu einem oft und heftig diskutierten methodischen Problem unter dem Stich- und Reizwort „Abstinenz".

Was heißt Abstinenz? Es gibt verschiedene Pointierungen im Begriffsverständnis. Allem gemeinsam ist, daß die Abstinenz wesentlich den Patienten im Blickfeld hat. Er soll seine Übertragungsbeziehungen möglichst rein und intensiv entfalten können, er soll von Triebbefriedigungen abgehalten werden, damit Erkenntnis möglich wird. Der Therapeut wird bei dieser Sicht im Ideal- oder Extremfall zur

Projektionsleinwand oder zu einem „Operateur", d. h. er selbst wird möglichst wenig sichtbar. So trug ich z. B. zu Beginn meiner analytischen Tätigkeit in einem analytischen Institut wie alle meine Kollegen einen weißen Kittel als Zeichen dieser Neutralität. Das Bild vom „Operateur" klingt extrem, ist aber bei einem Beziehungsverständnis, in dem es nur um intrapsychische Vorgänge des Patienten geht, die geändert werden sollen, ganz verständlich.

Da es jedoch nicht so einfach ist, einen so „neutralen" Beziehungsraum bei der Besprechung größter Intimitäten herzustellen, wurden die Abstinenzregeln teilweise sehr erweitert - manchmal bis zur absurden Vermeidung aller menschlichen Gesten. Diskutiert wurde beispielsweise die prinzipielle Ablehnung von Geschenken. Auch die generelle Nichtbeantwortung persönlicher Fragen an den Therapeuten oder die Vermeidung jeglicher Begegnung in der sozialen Realität kann mit der Abstinenzregel begründet werden. Auch das Berührungstabu hat hier natürlich seine Wurzeln.

Mir erscheint mehreres daran schief und auch symptomatisch. Einmal schleicht sich leicht die Annahme ein, Übertragungen würden sich nur durch die Abstinenz bzw. Neutralität des Therapeuten entfalten. Das widerlegt schon jede auf Dauer angelegte Paarbeziehung, in der Übertragungen an der Tagesordnung sind trotz bester Kenntnis des Partners. Gerade eine solche Beziehung aber macht auch deutlich, wozu Abstinenz - hier im Sinne persönlicher Distanz - wirklich gut sein kann; nämlich um den Therapeuten vor dem gleichzeitigen Ausagieren seiner Übertragungen zu schützen. Das Auseinanderhalten von Gegenübertragungen und eigenen Übertragungen, das Reflektieren dieser Gefühle und die Verwendung im therapeutischen Prozeß ist ja tatsächlich ein so schwieriges und gefährdetes Unternehmen, daß eine klare persönliche Distanz sicher ihre Berechtigung hat. Zu kurz greifend erscheint mir aber die Annahme, daß dieses Affektproblem durch Regeln zu lösen sei. Hinter der immer stärkeren Betonung von Regeln in der Psychoanalyse wächst u. a. die Berührungsangst. Die Angst erscheint als solche allerdings nicht, sondern nur das methodisch begründete Tabu.

Trotz des inzwischen gut ausgebauten Konzepts der Gegenübertragung und der auch nicht verleugneten Tatsache eigener Übertragungen des Therapeuten bleibt mit der Aufgabe der Verführungstheorie das Beziehungsverständnis in der Therapie tendenziell einseitig. Hier liegt auch das Handlungstabu für den Therapeuten, die Forderung nach Passivität, die Gleichsetzung von Handeln, Aktivität und Agieren in der Psychoanalyse begründet. Alles dient dem Versuch, den Therapeuten zu „neutralisieren". Dennoch zeigt die wiederauflebende Diskussion über die Bedeutung der Regression in der Therapie sowie der verschiedenen Heilungsfaktoren, daß neue Bewegung in die Methodenfrage auch innerhalb der Psychoanalyse kommt. Auf den Punkt gebracht, ist die Frage, ob Erkenntnis oder „Sympathie" (s. Titel des Tagebuchs von Ferenczi) heilt, letztlich die Frage nach dem Stellenwert der Person des Therapeuten. Ist nur die innerpsychische Welt des Patienten entscheidend, bleibt auch das therapeutische Geschehen relativ unabhängig von der emotionalen Involvierung des Therapeuten. Wenn der Therapeut sich nur einigermaßen neutral verhält, kann die „Operation" gelingen. Die „Erkenntnis" der Krankheitszusammenhänge wird heilen.

Nicht zuletzt aufgrund der teilweise einseitigen methodischen Entwicklung der Psychoanalyse, ihrer Konzentration auf Verbalisieren und „Erkennen" sowie der weitgehenden Ausschaltung der körperlichen Dimension sind die neuen Therapierichtungen entstanden. Sie haben die Defizite der Analyse aufgegriffen, dafür neue Lösungen gesucht und gefunden - aber auch ihr ungelöstes Erbe angetreten. Diese Tatsache wird u. a. am Wiederauftauchen des Themas „Mißbrauch", das vor allem auch bei den verschiedenen Richtungen der Körpertherapie diskutiert wird, deutlich.

Reich ging von der Charakteranalyse aus, konzentrierte sich aber dann zunehmend auf den körperlich-energetischen Aspekt. In seiner Nachfolge oder auch unabhängig davon entstanden Körpertherapien, die diesen Aspekt in den Vordergrund stellten oder zu isolieren suchten, z. B. die Feldenkreis-Methode, Rolfing, Atem- und Stimm-Therapien. Bei aller Berechtigung eines begrenzten methodischen Zugangs, in dem diese Begrenzung auch bewußt ist, heißt das nicht, daß das Problem des Übertragungswiderstandes z. B., bei dem die Methode so nicht mehr anwendbar ist, hier nicht auftaucht. Das wird mir z. B. in Supervisionen, die ich mit Körpertherapeuten dieser Richtungen mache, immer wieder deutlich, wenn es um die Frage eines vertieften Verständnisses des Körpergeschehens geht.

Bei Körpertherapien, die ausdrücklich mit einem tiefenpsychologischen Anspruch umgehen, wird es komplizierter. Wird hier die Therapie als ein intrapsychisches Verfahren definiert, im Gegensatz zu einer interpersonellen Therapie (wie z. B. bei der Hakomi-Methode), fühle ich mich erinnert an Freuds Abkehr von der Verführungstheorie und deren methodischen Konsequenzen in der Psychoanalyse. Wieder wird der Versuch unternommen, durch Umdefinition - hier methodischer Art - aus der Beziehungsverstrickung des Therapeuten herauszukommen. Dies mag auch so lange funktionieren, wie Übertragungsgefühle auf beiden Seiten sich im Hintergrund halten. Wenn diese

Gefühle sich aber unmittelbar in die Beziehung hineindrängen - wenn u. a. Scham, Angst, Mißgunst, Neid, Verliebtheit, Ablehnung, Schuldgefühle, Macht- und Erfolgsbedürfnisse überall zu Stolpersteinen werden, kann man nicht länger verleugnen, daß es hier auch um Beziehungsrealitäten geht. Der Therapeut mag sich aus allem herausziehen wollen, verleugnend, daß er es war, der den Patienten durch die Situation zu den Übertragungen auch „verführte". Er versucht dann vielleicht durch Regeln, durch Aufklärung über die Methode oder gar durch persönlichen Rückzug etwas entgegenzusetzen - die „paradiesische Unschuld" aber ist erst einmal dahin - vielleicht auch das Vertrauen des Patienten, der sich mit Recht nicht mehr verstanden und abgewiesen fühlt.

Am weitesten hat meines Wissens die Bioenergetik als körpertherapeutisches Verfahren das Übertragungskonzept in ihre methodische Theorie aufgenommen. A. Lowen erscheint mir als einer der wenigen, die, aus der psychoanalytischen Tradition kommend, sich nicht gegen die Psychoanalyse definieren mußten, sondern sie als theoretische Wurzeln anerkannten. Das Erbe des ungelösten Dilemmas therapeutischer Beziehung aber hat er gleichwohl übernommen. Was innerhalb der Psychoanalyse durch immer strengere Abstinenzregeln - vor allem durch das Berührungstabu - zu lösen versucht wurde, muß als Problem wieder auftauchen, wenn diese Grenze, d. h. die weitgehende Ausschaltung der körperlichen Dimension, wegfällt. Was ist in der Bioenergetik daraus geworden?

Die Bioenergetik definiert sich selbst als eine Therapie, bei der der Körper zum entscheidenden Ausgangspunkt wird. Das bringt im Vergleich zur Psychoanalyse eine von vorneherein andere Zentrierung mit sich. Es liegt nahe, dabei den Körper erst einmal unabhängig vom Beziehungsgeschehen zwischen Therapeut und Patient in den Mittelpunkt der Betrachtung zu stellen. So ist z. B. das Sichausziehen und eventuelle Fotografieren des Patienten zu Beginn der Therapie, um eine Körperdiagnose stellen zu können, für viele Teil des Settings und damit erst einmal nicht als eingreifendes Beziehungsgeschehen definiert, sondern sozusagen „ärztlich-neutral". Hier wird aber bereits das Dilemma deutlich. Sich ausziehen und anschauen lassen ist in unserer Kultur sicher bei den meisten mit Angst und Scham verbunden. Auch das seelische „Sich-Ausziehen" in der psychoanalytischen Praxis schafft schon solche Probleme. Das körperliche Sich-Aussetzen aber bringt für die meisten noch eine Verstärkung der Schwierigkeit. Die „ärztliche" Verfremdung und Neutralisierung hilft in dieser Situation auch nur zum Teil - geht es doch hier, im Unterschied zu einer Arztpraxis, um das Aufdecken von Gefühlen. Es liegt nahe, den therapeutischen Abstand auf andere Weise zu suchen, wenn das körperliche Tabu wegfällt.

Meiner Beobachtung nach verschiebt sich aufgrund dieses Problems der Blickwinkel sehr leicht auf das rein energetische Geschehen, trotz anders definierter theoretischer Grundannahmen. Geht es dann wesentlich um „Energien", die „innerkörperlich in Fluß gebracht" werden sollen, wird der Therapeut zwar nicht zum „Operateur" aber zum „Energetisierer", der helfend als Katalysator an der Seite des Patienten steht. Das ist sicher in einer körperorientierten Therapie eine seiner wichtigen Funktionen. Die Bioenergetik hat aber darüber hinaus den Anspruch, daß sich die Energien mit Gefühlen verbinden und sich in ihrer ganzen Konflikthaftigkeit über Widerstände äußern. Dafür stehen Ausdrucksübungen der verschiedensten Art zur Verfügung. Der Therapeut kann wieder als Helfer bei dem Vorschlagen von Übungen und Herstellen von Situationen, die einen bestimmten Ausdruck herausfordern, fungieren. Er bleibt aber dabei wesentlich weiter in der Rolle des „Operateurs". Menschliche Anteilnahme ist dabei immer vorausgesetzt. Mit diesen Haltungen des Therapeuten aber bleibt die Bioenergetik im Bereich der Lösungen, die auch die Psychoanalyse für das Beziehungsgeschehen kennt - trotz ihrer Einbeziehung des Körpers. Was in der Psychoanalyse „innerpsychisch" genannt wird, heißt in der Bioenergetik dann „energetisch". Im Konfliktfall tritt die Widerstandsdeutung in der Psychoanalyse, die „Übung" oder die Arbeit am energetischen Block in der Bioenergetik an die Stelle eines Beziehungsverständnisses. Ein Beispiel aus einer Supervision mit einem bioenergetischen Therapeuten soll das Gemeinte verdeutlichen.

Der Therapeut sprach von einem Patienten, bei dem er im Moment nicht weiter wisse, da dieser sich allem anpasse. Um die Oppositionsfähigkeit zu stärken, habe er immer wieder Übungen zum „Nein-sagen" mit ihm gemacht. Obwohl es dabei zu starken Gefühlsäußerungen gekommen sei, bliebe ein Unbehagen bei ihm. Jetzt wolle der Patient die Therapie bald beenden, da er sich angeblich wohlfühle. - Einziger Anhaltspunkt für den „Sand im Getriebe" war das unbefriedigte Gefühl des Therapeuten. Nach einiger Diskussion wurde folgendes deutlich: Der Therapeut hatte dem Patienten zwar erlaubt, sein „Nein" zu „üben", die Übungen, die jedoch alle vom Therapeuten initiiert waren, blieben aber im System. Der Patient kam darüber nicht zu einer Eigeninitiative. Dies muß zwar bei Übungen nicht so sein, liegt aber häufig bei entsprechend angespannter Übertragungslage nahe, mit dem Ergebnis einer Pseudoentwicklung. Das einzige wirkliche Nein, das dem Patienten zunächst einfiel, war das Nein zur Therapie. Hier war der Therapeut genügend aufmerksam auf sein Gefühl, um zu spüren, daß dies die endgültige Lösung noch nicht sein konnte. Wäre der Patient an dieser Stelle gegangen, wäre es geschehen mit einem „Nein", das die Beziehung kostet.

Wird das therapeutische Geschehen ausschließlich oder vorwiegend als Darstellung und Entfaltung eines innerseelischen oder energetischen Vorgangs definiert, der einseitig auf den Patienten zentriert ist, so übersieht oder unterschätzt man notwendigerweise die enorme Intensität des Übertragungsgeschehens, in das der Patient verwickelt ist - das sieht die Psychoanalyse ja noch sehr deutlich. Daß jedoch auch der Therapeut in gleicher Weise unter den inneren Übertragungsdruck gerät, das wird auch in der Psychoanalyse höchstens am Rande behandelt. M. Balint hat sich beispielsweise in der Nachfolge Ferenczis damit befaßt, verstand sich aber auch besonders in diesen Ansätzen als randständig innerhalb der Psychoanalyse.

Die Psychoanalyse hat sich in ein z. T. extremes Abstinenzverständnis gerettet. In der Bioenergetik liegt es nahe, sich aus dem gleichen Grund in ein einseitiges Energieverständnis zu retten, hatte sich die Bioenergetik doch auch ein sehr hohes Ziel gesetzt. Die Verschränkung von Körper- und Übertragungsprozessen gleichzeitig zu verstehen, stellt allein an die Wahrnehmungsfähigkeit hohe Anforderungen. Außerdem verdichtet die Einbeziehung der Körperebene - falls sie eben nicht nur energetisch definiert ist - die affektive Situation - eine Tatsache, die die Psychoanalyse in ihrer Skepsis den Körpertherapien gegenüber auch immer wieder im Auge hat. Jede Verdichtung der affektiven Situation aber verstärkt auch die Übertragungen des Therapeuten. Bleiben diese unverstanden, so ist in einer solchen affektiv nahen und hier auch noch oft körpernahen Situation dem Mißbrauch der therapeutischen Beziehung durch den Therapeuten prinzipiell die Tür geöffnet. Wird die Rahmenbedingung der beidseitigen Übertragungsbereitschaften als wesentlicher Faktor für Heilung oder Nichtheilung unterschätzt, so sind die Bedingungen der therapeutischen Situation zu verführerisch, um nicht sehr leicht mißbraucht zu werden. Dies gilt sicher für jede „Psychotherapie" - möglicherweise aber ist die Einbeziehung der Körperebene ein zusätzlicher verführerischer Faktor.

Man kann die therapeutische Situation wie einen Spiegel aller denkbaren Eltern-Kind-Situationen verstehen. Komplizierend wirkt sich dabei aus, daß die Eltern-Kind-Rollen dabei nicht klar verteilt sind. Dies gilt zwar auch teilweise für die ursprüngliche Eltern-Kind-Situation. Auch Kinder werden ja oft zu elterlichen Übertragungsfiguren. In der therapeutischen Situation aber kommt hinzu, daß jeder Patient auch ein Erwachsener ist mit einem voll ausgebildeten Abwehrsystem elterlicher Rollen, wodurch die Übertragungsbereitschaften bzw. Ängste des Therapeuten aus eigenen Kindertagen stark provoziert werden. Außerdem sind durch den dichten Umgang mit unbewußten Vorgängen, die beabsichtigte Labilisierung der Abwehr, weitere Herausforderungen auch für die Übertragungen des Therapeuten gegeben.

Diese Tatsache zu unterschätzen oder abzuwehren prägt die therapeutische Methodengeschichte - nicht nur der Psychoanalyse. Man könnte das Wiederauftauchen der Mißbrauchsthematik als regelmäßige „Wiederkehr des Verdrängten“ bezeichnen.

Warum ist diese Seite der therapeutischen Situation so umstritten und voller Abwehrmaßnahmen, die sich auch in Theoriebildungen oder umfassenden methodischen Rationalisierungen niederschlagen?

Ist die Therapiesituation ein Spiegel für Eltern-Kind-Beziehungen nach beiden Richtungen, so steht ja auch die Kindheitsgeschichte des Therapeuten wieder zur Debatte. Die eigenen Verletzungen, Kränkungen, Hilflosigkeiten, Ohnmachtssituationen und Defizite sind damit ebenso wieder im Raum wie die des Patienten. Das ist bei Eltern nicht anders. Kinder erinnern ja doch sehr an eigene Kindheitssituationen und spiegeln in ihrer Entwicklung die eigenen Ungelöstheiten oft in erschreckender Weise, da das Verhalten ihnen gegenüber entsprechend geprägt ist. Je unbewußter dies verläuft, umso fataler. Aufgrund ihrer Angewiesenheit lassen sich Kinder jedoch so leicht für alle Arten elterlicher Abwehr und Ersatzbefriedigung mißbrauchen, daß der Mißbrauch oft wenig deutlich wird. Es sieht alles wie eine rein innerseelische Entwicklungsgeschichte aus mit subjektiv gegebenen „natürlichen“ Konflikten der Triebnatur. Eltern sind dann Anreger, Steuerer oder wohlmeinende Begleiter dieser inneren Entwicklungskämpfe. In diese Rolle eines wissenden, überlegenen Begleiters kann man sich auch als Therapeut sehr schnell retten. Die Schutzfunktion ist deutlich. Das eigene „Kind“ steht nicht zur Diskussion. Elternprojektionen des Patienten - soweit sie „gutartig“ sind - versorgen kompensatorisch mit Größenphantasien und Stärkegefühlen. „In der Therapie ist der Therapeut der Boß“, hörte ich einen prominenten Bioenergetiker sagen. Die Zuwendung entschädigt für private Isolation, das Leiden des anderen verdeckt das eigene Leiden. Negative Elternprojektionen sind ausschließlich dem Widerstand des Patienten anzurechnen. Die Liste möglicher Kompensationen und Ersatzbefriedigungen, die die therapeutische Situation bietet, ließe sich noch beliebig verlängern und entspricht genau der angedeuteten Problematik in Eltern-Kind-Beziehungen. Eltern sind eben nicht neutrale Begleiter, sondern Verführer und Verführte zugleich, geprägt durch die eigene Geschichte, immer in Gefahr, diese in ihren Ungelöstheiten an den eigenen Kindern zu wiederholen, besonders, wenn die eigenen Verletzungen und Defizite verleugnet werden müssen. Für die Stärke dieses Abwehrdrucks steht beispielsweise Freuds Aufgeben der Verführungstheorie - ein noch längst nicht überholtes Thema. Jeder Therapeut ist nach meiner Überzeugung in diesem Sinne mit seiner ganzen Person eingebunden in den therapeutischen Prozeß. Auch Patienten werden zu Spiegeln eigener Ungelöstheiten. Es gibt keine Neutralität.

Diese unausgesprochene Erkenntnis steckt indirekt hinter dem Wiederauftauchen des Mißbrauchsthemas.

Warum steht der sexuelle Mißbrauch bei der Vielfältigkeit kindlichen Elends so im Vordergrund? - Sicher eignet sich der sexuelle Mißbrauch wegen seiner Greifbarkeit besonders, um für den Mißbrauch des Kindes überhaupt zu stehen. Möglicherweise verdeckt die Diskussion sexuellen Mißbrauchs auch das Ausmaß kindlicher Verletzungen, die sehr viel früher stattfinden und noch mit stärkerer Ohnmacht und Hilflosigkeit verbunden sind. Dennoch kommt der Sexualität auch in der therapeutischen Situation schon ein besonderer Stellenwert zu, sonst wäre eine der Hauptfragen von analytischer Seite, sobald vom Körper in der Therapie die Rede ist, nämlich die nach der Sexualität, nicht verständlich. Außerdem entzündete sich die Mißbrauchsfrage - soweit mir bekannt ist - u. a. wieder anhand von Fällen sexuellen Ausagierens innerhalb von Therapien.

Bleibt man beim methodischen Gesichtspunkt, so rückt m. E. die Sexualität deshalb so in den Mittelpunkt, weil die Verwicklung des Therapeuten in die therapeutische Situation an diesen Beispielen besonders sichtbar und unabweisbar wird. Die Rettung in eine „neutrale" elterliche Distanz will hier auch in der Selbstwahrnehmung schwerer gelingen. Rationalisierungen, daß ein sexuelles Ausagieren auch noch zum Wohle des Patienten sei - auch das gibt es ja - treffen auf wenig zustimmendes Echo. Der Therapeut aber ist in jedem Fall stärker in seiner Person angesprochen.

Zwei Beispiele aus eigener Praxis mögen die Schwierigkeit demonstrieren. Ein Patient, mit dem ich schon länger gearbeitet hatte, auch mit körperlichen Berührungen, kam eines Tages, für mich unvermittelt, sehr dicht auf mich zu, schlang seine Arme um meine Beine und lehnte den Kopf an mich in einer deutlich erotischen Atmosphäre. Ich fühlte mich überrumpelt, leicht erstarrt und in meiner Reaktion gehemmt. Ich fürchtete, den Patienten zurückzuweisen und zog mich innerlich etwas zurück. Der Patient merkte dies und stellte von sich aus den Abstand wieder her. Wegen meiner Ablehnung kämpfte ich mit Schuldgefühlen und der Angst, zuviel davon merken zu lassen. Bei der Besprechung dieser Szene fühlte ich mich daher befangen, die geäußerte Enttäuschung des Patienten traf mich. Wir kamen im Verständnis der Situation noch gerade bis zum Problem der Enttäuschung des Patienten an seiner Mutter. Ich war erleichtert, daß die Therapie anscheinend ohne Bruch weiterging und der Patient keinen Versuch in der gleichen Richtung mehr unternahm. Erst sehr viel später erwähnte er beiläufig, daß in dieser Szene etwas „hängengeblieben" sei. Ich verteidigte vor mir innerlich mein Verhalten mit den Grenzen der Situation, kämpfte mit Ärger, daß der Patient diese Grenzen nicht akzeptieren wollte und mir aus meinem Verhalten einen Vorwurf machte. Damit schloß ich in mir die Verarbeitung dieser Situation erst einmal ab.

Ein zweites Beispiel: Ein Patient, der wegen Impotenz kam, erzählte mir im Laufe der Behandlung zunehmend von seiner Verliebtheit in mich. Da er für mich ein attraktiver Mann war, genoß ich seine Bewunderung und wurde mehr und mehr in seine immer heftiger geäußerten Gefühle verwickelt. Die Situation verdichtete sich besonders bei der Begrüßung und Verabschiedung - die einzigen Momente auch körperlicher Berührung.

Ich arbeitete damals in der Therapie noch nicht auf der Körperebene, sondern saß hinter dem Patienten, was mir in diesem Fall auch sehr entgegenkam. Besonders am Ende der Sitzung aber, wenn der Patient aufstand, fühlte ich mich gehemmt und fürchtete, unter seinen intensiven Blicken rot zu werden. Sein etwas amüsiertes, manchmal mokant wirkendes Lächeln entging mir dabei nicht, ich deutete dies bei mir aber schnell als Ausdruck seiner Hemmung. Jedenfalls gelang es mir nicht, meine Reaktion in irgendeiner Form zu thematisieren. Ich versuchte im Gegenteil, diese möglichst zu verbergen und das Thema seiner Verliebtheit auf seine Gefühle seiner Mutter gegenüber zu konzentrieren. Der Patient brach eines Tages die Analyse plötzlich ab. Zuvor waren noch zunehmend Verachtungsphantasien mir gegenüber an die Stelle seiner Verliebtheit getreten.

Bei diesen Beispielen frage ich mich heute, wodurch es mir damals trotz Wahrnehmung meiner Gegenübertragung nicht möglich war, diese zum Verständnis des Prozesses zu nutzen, wie ich es oft sehr viel problemloser in anderen Situationen tat. - Die Sexualisierung der Situation durch beide Patienten verdichtet die emotionale Beziehung entscheidend, eine sicher ohnehin starke Herausforderung für die Gegenübertragung und eigene Übertragungen. Konfrontierte mich der erste Patient mit meinen Schuldgefühlen, so verführte mich der zweite mit narzißtischer Bewunderung. Beides wäre sicher weniger problematisch geworden, wenn ich nicht in Zusammenhang mit einer sexualisierten Situation dafür anfällig gewesen wäre. Die Intensität meiner Gefühle verwirrte und verunsicherte mich. Proportional dazu wurde meine Abwehr in vielerlei Hinsicht auf den Plan gerufen.

Einerseits konnte ich nur noch die „Realebene" sehen. Ich argumentierte vor mir selbst: „Ich kann doch nicht alle Männer mögen" - oder „Verliebtheit macht ja auch im Normalfall verlegen". Daraus die Rationalisierung abzuleiten, daß man über persönliche Gefühle in einer Therapie nicht sprechen könne, war leicht. Charakteristisch erscheint mir dabei, daß in sexualisierten Therapiesituationen der Modellcharakter der Therapie überhaupt sehr leicht in der Betrachtung der Situation ins Wanken gerät. Plötzlich sind alle Gefühle nur noch „real" und nicht Mittel zum Verständnis. - Durch „Beschwörung" der Vergangenheit des Patienten in der Deutung versuchte ich andererseits wieder Land zu gewinnen und die therapeutische Distanz in mir wieder herzustellen - ein Beispiel, wie inhaltlich nicht unrichtige Deutungen ebenfalls zur Abwehr werden können. Die indirekte Unterdrückung weiterer sexualisierter Situationen beim ersten Patienten, die nachträgliche Rationalisierung des an dieser Stelle deutlichen therapeutischen „Patts" mit Schuldverschiebung auf ihn machen weitere Abwehrvorgänge deutlich. Vor allem aber war es das ausdrückliche Vermeiden eines Sichtbarmachens oder gar Äußern meiner Gefühle, was beide Analysen an dieser Stelle steckenbleiben oder im zweiten Fall scheitern ließ. Erst sehr viel später wurde mir klar, daß genau das Sichtbarmachen meiner Gegenübertragungsreaktion den entscheidenden Schlüssel für das Aufarbeiten der Mißbrauchssituationen bei beiden Patienten geliefert hätte.-

Es sei nur kurz angedeutet, daß der erste Patient auf die überzogene Zärtlichkeit seiner Mutter, die er oft als distanzlos empfand, vielfach mit Ekel und Ablehnung reagiert hatte. Er durfte diese Gefühle allerdings auch nicht zeigen. Irgendwann konnte er diese Tatsache noch benennen, aber die Chance der Durcharbeitung in der Übertragungssituation war verpaßt. Ich hatte die oben beschriebene Szene auch so verdrängt, daß sie mir während der Analyse nicht wieder einfiel. Der zweite Patient war von seiner Mutter ebenfalls sexuell sehr stimuliert, aber gleichzeitig oft in seiner Männlichkeit beschämt worden. Auch dieser Zusammenhang mit meinen Gefühlen zu ihm ging mir erst sehr viel später auf.

Meine Ablehnung beim ersten Patienten und meine Verlegenheit und Angst in der Verliebtheit bei dem zweiten Patienten waren eben nicht nur meine Sache, sondern ein Hinweis auf ein entscheidendes Stück Geschichte der Patienten.

Alle Gefühle in diesem Sinne in einer Therapiesituation ernst zu nehmen, erscheinen sie noch so persönlich und unabhängig vom Patienten, auch und gerade in der emotionalen Dichte sexualisierter Situationen, ist mir zum Leitfaden geworden. Die Analyse dieser

Gefühle nach ihrem geschichtlichen Wahrheitskern und aktuellen Widerstandscharakter auch im Therapeuten ist immer wieder ein schwieriges Unterfangen. Aber wie ist in den beschriebenen Situationen das Ausmaß meiner Abwehr zu verstehen? In beiden Situationen ging es nicht um eine reifende Sexualität in der wachsenden Liebesfähigkeit des Patienten, sondern um den Mißbrauch von Sexualität im doppelten Sinn. Dies ist sicher bei so dringend vorgetragenen sexuellen Gefühlen in der Therapie überhaupt so, wenn man dies als Therapeut in der eigenen Bedürftigkeit auch gerne manchmal anders sehen möchte. In den „Liebeserklärungen" beider Patienten verbirgt sich eine starke Aggressivität, die aus selbst erlebten Grenzüberschreitungen und Beschämungen stammt. Sie ist mir fühlbar, aber ich reagiere wie das paralysierte Kind, das die „Liebeserklärung" nicht hinterfragen darf und sich für die Ablehnung und Scham schuldig fühlt. Die Patienten agieren ja auch beide in der Rollenumkehr aus der Position des „Aggressors", mobilisieren damit das Kind in mir und treffen tatsächlich auf entscheidende eigene Kindheitstraumen bzw. Übertragungsbereitschaften, die sich in der emotional sehr verdichteten Situation voll durchsetzen können. Der therapeutische Abstand geht verloren, therapeutische Mittel werden zur Abwehr eingesetzt - hier in Form von Deutungen. Dies erscheint mir über die persönlichen Bezüge hinausgehend auch prototypisch an den geschilderten Situationen.

Ungelöste eigene Übertragungen gibt es sicher sonst auch, aber es ist nicht unwichtig, daß hier beide Male Verführungssituationen zur Verwirrung führen. Das liegt sicher einmal daran, daß die Sexualität als eines der intensivsten Gefühle auch die emotionale Situation in der Therapie besonders verstärkt. Zum anderen spricht das Ausmaß der Abwehr sowie die Häufigkeit sexuellen Mißbrauchs in der Therapie in verdeckter oder auch offener Form für eine mehr prinzipielle Ungelöstheit dieser Dimension in der Theorie und davon nicht unabhängig auch in der therapeutischen Bearbeitung. Der „Ödipuskomplex" in der Freudschen Fassung wurde oft kritisiert, aber meines Wissens noch in keinem Fall grundlegend neu formuliert - auch nicht in der Bioenergetik. So bleibt theoretisch - und eben nicht nur theoretisch - die darin enthaltene Unmöglichkeit einer integrierten befriedigenden Trieblösung erhalten. Verzicht und Überichidentikfikation - wie Freud den Ausgang des Ödipuskomplexes sah - ist sicher keine befriedigende Lösung, Ausagieren bei Wegfall der Überichschranke aber ebensowenig. Die Ungelöstheit der eigenen Sexualität bringt Eltern dazu, Kinder durch sexuelle Verführung zu mißbrauchen oder sie nicht mehr zu berühren, sie moralisch zu verfolgen oder sie in der Begleitung der sich entwikkelnden Sexualität im Stich zu lassen. Eine fehlende Theorie der Pubertät und das allgemeine Pubertätselend hat damit zu tun.

Die gleiche Ungelöstheit bildet auch den Hintergrund eines verführerischen Mißbrauchs von Patienten, eines therapeutischen Versagens an diesem Punkt. Auch eine Abstinenz, die an die Abstinenz ehemaliger Alkoholiker erinnert, will nicht als Lösung erscheinen. Für ein Tabuthema unter Therapeuten halte ich die Frage eigener sexueller Befriedigungen. Private Abstinenz oder Unbefriedigtsein legt die Proklamierung einer therapeutischen Abstinenz besonders im Berührungstabu natürlich nahe und wäre ja auch in diesem Fall vernünftig und verständlich, wenn nicht ein therapeutisches Paradigma daraus würde.

Die Bioenergetik verfängt sich nach meiner Beobachtung mit der gleichen Schwierigkeit eher in der Sackgasse einer körpermechanischen Abwehr. Zur Belebung der Sexualität braucht dann die Energie nur noch ins Becken geleitet zu werden, oder der Orgasmus ist wesentlich zur Ableitung überschüssiger Energie da und degeneriert so zu einem energetischen „Verdauungs-" oder „Entsorgungsvorgang".

Lowen schreibt in einem seiner letzten Artikel „Was ist Bioenergeische Analyse?", daß ihn der energetische Gesichtspunkt besonders interessiere. Das ist sicher ein berechtigter Standpunkt. In dem gleichen Artikel wird aber auch deutlich, daß er mit dem Übertragungswiderstand eines Patienten arbeitet, als seine „Übungen" nicht weiter helfen. Lowen hat diesen therapeutischen Hintergrund; bei anderen gerät der energetische Gesichtspunkt dagegen wohl leicht zum Absolutum, wenn ich der Kritik an der Bioenergetik von Jacques Berliner folge. Diese Kritik ist z. T. vielleicht überzogen, trifft aber wohl auch einen wichtigen Schwachpunkt der Bioenergetik, in der dann die Vereinseitigung des energetischen Gesichtspunktes zur Abwehr in „Krisensituationen" des Therapeuten gerät. Daß eine derartige Abwehr keine Eigenheit der Bioenergetik ist, sondern auch aus dem Erbe der Psychoanalyse stammt, dies in seiner geschichtlichen Verflechtung mit der Verführungstheorie aufzuzeigen, war Sinn dieses Artikels.

Freud sah das Problem früh. In den „Bemerkungen über die Übertragungsliebe" schreibt er: „Jeder bangt wohl zuerst vor den Schwierigkeiten, welche die Deutung der Einfälle des Patienten bereiten werden. Es steht ihm aber bevor, diese Schwierigkeiten bald gering einzuschätzen und dafür die Überzeugung einzutauschen, daß die einzigen wirklichen Schwierigkeiten bei der Handhabung der Übertragung anzutreffen sind." (G. W. X, S. 306) Das Problem theoretisch zu sehen ist noch leicht, sich den praktischen Konsequenzen wirklich zu stellen, aber sicher sehr viel schwieriger.

Die fortgesetzte Eigenanalyse, mit welchen Mitteln auch immer, erscheint mir als der einzige Weg, die therapeutische Beziehung wirklich ernst zu nehmen und zu verstehen, um einen Mißbrauch dieser Beziehung zu vermeiden. Ferenczis Tagebuch ist dazu ein eindrucksvolles und überzeugendes Dokument.

Regeln oder die Bildung von Kommissionen mit der Aufgabe der Aufstellung eines moralischen Kodex als Leitlinie für therapeutisches Verhalten - wie jetzt auch in der Bioenergetik zur Problemlösung versucht wird - helfen da wenig. Es können sich dadurch auch die Möglichkeiten verengen. Das ließe sich aus der Geschichte der Psychoanalyse lernen.

Literatur:

Balint, Michael: *Die Urformen der Liebe und die Technik der Psychoanalyse.* Stuttgart 1966, dtv 1988

Berliner, Jacques: *Ein kritischer Blick auf das theoretische Modell der Bioenergetischen Analyse.* Unveröffentlichtes Manuskript 1990

Ferenczi, Sandor: *Ohne Sympathie keine Heilung.* Frankfurt/M. 1985

Freud, Sigmund: *Bemerkungen über die Übertragungsliebe* (GW X)

Haynal, André: *Die Technik-Debatte in der Psychoanalyse.* Frankfurt/M. 1989

Lowen, Alexander: *Was ist Bioenergetische Analyse?* Niba Forum 1/91

Masson, Jeffrey M.: *Was hat man dir, du armes Kind, getan?* Reinbek 1984

Die Arbeit mit der sexuellen Übertragung*

Virginia Wink Hilton

Einführung

Für diesen Bereich der sexuellen Übertragung begann ich mich vor einigen Jahren durch eine Reihe von Gesprächen mit meiner Kollegin Vivian Guze zu interessieren. Wir diskutierten einige von verschiedenen Studenten (und in einem Fall von einem seit langem etablierten Therapeuten) falsch konzipierten Prozesse, die sich um sexuelle Themen drehten und fragten uns, wie hilfreich wohl die bioenergetische Ausbildung sein könne, wenn es sich um schwierige Probleme sexueller Natur handelt. Wir betrachteten alle von uns gemeinsam geleiteten Programme und stellten fest, daß wir unseren Studenten zwar beigebracht hatten, wie man das Becken öffnet und mit den daraus *direkt* entstehenden Reaktionen arbeitet, aber kaum, wie mit dem *Durcharbeitungsprozeß* sexueller Themen umzugehen ist. Außerdem schienen wir zu nachlässig darin, die Probleme der Gegenübertragung und des Ausagierens von Therapeuten direkt anzusprechen. Weil diese Themen so schwierig und so komplex sind und so tiefe Gefühle der Angst und Wut bis hin zu Schuld und Scham aufwühlen, ist es kein Wunder, daß sie von beträchtlicher Vermeidung umgeben sind. Wenn wir ihnen jedoch in unseren Ausbildungsprogrammen und Fortbildungen nicht die nötige Aufmerksamkeit schenken, geben wir die ganze Unklarheit und „Unbewußtheit“ weiter, was nur allzu oft wiederum zu einem Mißbrauch der Patienten führt und manchmal auch der Studenten. Außerdem *müssen* sich Therapeuten ja geradezu isoliert und alleingelassen fühlen, wenn sie mit entsprechenden Problemen und Fragen konfrontiert sind. Das ähnelt der Behandlung von Inzest in der Familie: das Gefühl ist da, aber keiner wagt es, darüber zu reden.

Ich möchte mit diesem Aufsatz also einen Anfang machen und eine Richtung für weitere Forschungen und Klärungen aufzeigen. Außerdem plädiere ich damit dafür, diesen Themen in unseren Ausbildungsprogrammen eine ernsthaftere und systematischere Aufmerksamkeit zu schenken.

* Dieser Artikel wurde zum ersten Mal auf der 8.Internationalen Konferenz des Internationalen Instituts für Bioenergetische Analyse in Ysermonde, Belgien, im Mai 1986 vorgestellt und im Konferenzbericht veröffentlicht.

Die Aufgabe der ödipalen Phase

Der Patient kommt mit seinen Bedürfnissen und Problemen zu einem Therapeuten. Er oder sie sucht damit Hilfe bei einer Autorität und ist bereit, eine intensive und enge Beziehung einzugehen. Von ihrem Wesen her begünstigt diese Situation die Elternübertragung. Irgendwann, wenn nicht sofort, werden ödipale Gefühle und ödipale Themen Teil der Übertragung.

Wenn wir mit der Sexualität und den sexuellen Gefühlen von Patienten arbeiten - ob nun des gleichen oder des anderen Geschlechts - müssen wir uns von Anfang an über die ödipale Phase und die ödipale Aufgabe im Klaren sein, egal mit welchem Entwicklungsstadium die Therapie begonnen wird.

Das etwa drei bis fünf oder sechs Jahre alte Kind erlebt, wenn sich nun mehr Energie auf seine Genitalien konzentriert, eine Intensivierung seiner Gefühle für den gegengeschlechtlichen Elternteil. Ebenso intensivieren sich seine Gefühle, etwas Besonderes und der oder die Einzige zu sein. Alle anderen werden als Rivalen angesehen. Die Konkurrenzgefühle werfen das Kind in den Konflikt mit dem gleichgeschlechtlichen Elternteil. Zweitens liebt es ihn aber auch und befürchtet drittens Repressionen. Unvermeidlich erlebt es vom Objekt seiner Wünsche Zurückweisungen. Während dieser aufgewühlten Zeit werden die Samen für sein Funktionieren als sexuell Erwachsener gelegt. Wenn der Konflikt in der Adoleszenz wieder auftaucht, verfestigt sich das Muster. Für ein normales, sexuell befriedigendes Leben, muß in *dieser* Entwicklungsphase folgende Aufgabe gelöst werden: *Unsere eigene Sexualität und unsere eigenen sexuellen Gefühle müssen anerkannt, bestätigt, vom ödipalen Objekt befreit und von uns selbst angeeignet werden. Wenn das geschehen ist, können wir uns angemessen ausdrücken und zur Erfüllung unserer Wünsche gelangen.*

Die meisten von uns bekennen wohl ohne Umschweife, diese Aufgabe kaum vollständig gelöst zu haben. Wir erlebten als Kinder und Jugendliche eher Verleugnung statt Anerkennung, eher Strafe statt Bestätigung oder wir wurden Opfer der unbefriedigten sexuellen Bedürfnisse unserer Eltern. Wir sind also wahrscheinlich in Mustern verfangen, die immer wieder versuchen, die Ursprungssituationen *zu wiederholen*, um doch noch zu bekommen, was damals nicht gegeben wurde oder die Verletzung, die wir damals erhielten, zu heilen und doch noch alles gut werden zu lassen. Ideal zur Erfüllung der Aufgabe wären folgende Voraussetzungen gewesen:

Der gegengeschlechtliche Elternteil ist sich seiner/ihrer Sexualität sicher; weil seine Bedürfnisse befriedigt sind, fordert er nichts vom

Kind. Die Botschaft ist klar und unmißverständlich: „Ich bestätige und akzeptiere Deine Sexualität und es freut mich, daß Du sie hast. Ich habe vor Deinen Gefühlen keine Angst und fordere nicht von Dir, *meine* Bedürfnisse zu befriedigen. Und ich bin *absolut* und *unzweideutig* nicht verfügbar. Deshalb kannst Du völlig sicher sein, *Deine* Gefühle haben und erleben zu dürfen. Ich kann mit ganzem Herzen Dein Hinausgehen in die Welt und Deine Suche nach dem richtigen Objekt für Deine Leidenschaft und Deine Liebe unterstützen".

Der gleichgeschlechtliche Elternteil versteht im Idealfall die Projektion der Bedrohung. In sich selbst jedoch sicher, ist seine/ihre Botschaft: „Es freut mich, daß Du mir ähnlich bist. Ich habe Freude an der Kraft Deiner Sexualität. Ich stehe hinter Dir und unterstütze Dich, wenn Du dem Objekt Deiner Wünsche gegenüberstehst. Ich habe Verständnis und Empathie für Dich, wenn Du zurückgewiesen wirst und einen Verlust erlebst. Ich freue mich mit Dir, wenn Du weitergehst, um woanders Freude und Erfüllung zu finden".

Ich brauche wohl kaum zu betonen: nicht viele Menschen haben etwas mit ihren Eltern erlebt, das diesem Ideal auch nur nahe käme. Aber genau dieses Ideal wollen unsere Patienten erleben, ob sie sich dessen bewußt sind oder nicht. Ist es möglich, ihnen eine ideale Beziehung anzubieten, in der sie ihre ödipalen/sexuellen Probleme durcharbeiten können, wenn wir diese selbst noch nicht bewältigt haben? Das ist nicht möglich. Hoffentlich gelingt uns zumindest, unsere eigenen Themen und ihren Einfluß auf die Beziehung *ausreichend wahrzunehmen*, so daß wir sie draußen halten können. Hoffentlich sind wir uns über die Natur der Aufgabe genug im klaren, damit wir nicht das Ursprungstrauma wiederholen. Was können wir tun? Wir können unsere Begrenzungen anerkennen und in eigener Therapie und Supervision Hilfe suchen. Und wir können die Tatsache anerkennen, daß sich diese Hilfe niemals erübrigen wird.

Was verursacht die Schwierigkeiten? Zuerst einmal glaube ich, daß vieles, was schief läuft - und zu allem von Mißbrauch bis völligen, unauflösbaren Verwicklungen führt - aus einem Mangel an Verständnis für das Wesen und die Kraft der Übertragung entsteht.

Das Wesen und die Kraft der Übertragung

Die Patient-Therapeut-Beziehung ist von Natur aus eine intensive und intime/enge Dyade, in der der Therapeut als derjenige angesehen wird, der die Kontrolle und die Macht hat. Der Patient befindet sich in der abhängigen Position. Es gibt keine Gegenseitigkeit, weil der Therapeut relativ wenig von sich selbst preisgibt und damit große, weiße Flecken hinterläßt, die zu Projektionen einladen. Die Zweiheit steht außerhalb des normalem sozialen Kontextes der beiden Personen, und jede wird vorwiegend vor dem Hintergrund der energiereichen Emotionen betrachtet, die entstehen. Es gibt keine direkten externen Vergleiche, keine externen Überprüfungen und keinen externen Ausgleich. Daß der Patient Aspekte des ersehnten Objekts auf den Therapeuten projizieren kann, bedeutet, daß die Übertragung das mächtigste Werkzeug für die Heilung und die Berichtigung des Falschen ist. Sie kann aber genauso Ursache der größten Zerstörung werden. Es ist nach menschlichem Ermessen sehr schwer, diese Macht *nicht* für den Versuch zu mißbrauchen, die *eigenen* ödipalen Verletzungen zu heilen. Je nachdem, was der Therapeut in seiner Kindheit erlebte, wird er entweder verführen oder zurückweisen.

Wenn sich der Therapeut der das Ich schmeichelnden und das Es kitzelnden Kraft der Bewunderung und Leidenschaft gegenübersieht, muß er sich daran erinnern, was der Patient bewußt wahrscheinlich nicht weiß: wenn die Patientin sich in den Therapeuten verliebt, mag sie (oder er) glauben und fühlen, daß sie (oder er) nun endlich im Therapeuten den idealen Partner gefunden hat. Und wenn die Liebe erwidert würde, wäre alles auf wunderbare Art und Weise gut und in Ordnung. Aber auf tiefer Ebene will die Klientin (der Klient) immer noch ihre Verletzung heilen, und wenn sie nun *gewinnt*, wird sie verlieren, wieder einmal.

Die ödipale Situation ist ein Verlierergeschäft. Mit den Worten einer Frau, die das erkannte:

„Ich verstand, daß ich, wenn ich meine sexuellen Probleme durcharbeiten wollte, einen männlichen Therapeuten finden mußte, in dessen Gegenwart ich absolut erregt... und gleichzeitig absolut sicher sein durfte, daß er's nicht ausnutzt. Er würde einfach nur da sein und sich an meinen Gefühlen erfreuen, ohne was für sich selbst rauszuholen. Genau das hatte ich von meinem Vater nicht bekommen. Ich machte mit zwei männlichen Therapeuten schlechte Erfahrungen. In den ersten verliebte ich mich, der zweite zog mich nur ungeheuer an. Und beide holten sich auf die eine oder andere Weise was von mir. Ich haßte sie, weil sie nicht verstanden, was ich wirklich brauchte".

Glauben Sie's oder nicht, die Reaktion auf diesen Bericht war manchmal: „Na ja, aber was hat sie denn erwartet? Wenn sie verführerisch war, hat sie doch nur bekommen, wonach sie fragte". Übertragung ist eine angemessene Sache. Das Ausagieren der Gegenübertragung ist es nicht. Was immer die Patientin einbringt, ist angemessen und er oder sie kann niemals Schuld daran sein, wenn dadurch die Thematik des Therapeuten aktiviert wird. Es ist nicht die Aufgabe der Patientin, den Therapeuten zu stabilisieren.

Wenn es auf irgendeiner Ebene ein Ausagieren gibt, wird die Patientin, ob sie nun verdeckt die Schuld zugeschoben bekam oder nicht, von sich aus fast immer die Schuld übernehmen. Denn genauso wie das Kind die Schuld auf sich nahm, um den mißbrauchenden Elternteil zu schützen, schützt nun die Patientin den Therapeuten. Und der Patient nimmt genauso wie das Kind an, daß der Therapeut ja wissen muß, was richtig ist: „Er tut es sicher zu meinem eigenen besten".

Vor ein paar Jahren hatte ich eine Patientin, die nach mehr als einem Jahr begann, über ihre vorherige Therapie zu sprechen. Sie hatte erst kurze Zeit mit einem Therapeuten gearbeitet, als beide eine starke gegenseitige Anziehung entdeckten, die schließlich ins Bett führte. Danach hatten sie über ein Jahr lang während jeder Therapiesitzung Sex miteinander. Zuerst war die Frau ziemlich aufgeregt und überwältigt. Allmählich begriff sie jedoch, daß sie ihren Therapeuten dafür bezahlte, daß er mit ihr ins Bett ging, denn abgesehen davon geschah nicht viel. Sie wurde wütend, hatte aber große Schwierigkeiten, ihn zu konfrontieren. Sie rationalisierte dann, fühlte sich hilflos und erfreute sich der Befriedigung ihres Ego. Schließlich gelang es ihr, sich aus der Beziehung zu lösen.

Als sie mir davon erzählte, waren etwa sechs oder sieben Jahre vergangen. Sie verstand nun, daß sie diese Geschichte verheimlicht hatte, um einerseits den Therapeuten zu schützen, andererseits wegen eines tiefen Gefühls von Schuld und Scham. Sie fühlte sich für das, was geschehen war, verantwortlich. Nachdem sie alles erzählte hatte, konnte sie ihre Wut spüren und ihr Gefühl wahrnehmen, betrogen und mißbraucht worden zu sein. Die Stärke dieser Gefühle hatte während der verflossenen Jahre kein bißchen abgenommen.

Ich möchte noch einmal wiederholen: *Die Patientin ist niemals an dem, was geschieht, schuld, genausowenig wie ein Kind.* Wir müssen uns daran erinnern, daß die Sexualität und die Gefühle der Patientin sich auf der Ebene einer Drei-bis-Fünf-bis-Dreizehnjährigen bewegen, auch wenn sie durch den Körper einer Erwachsenen ausgedrückt werden.

Dauer

Die sexuelle Übertragung muß nicht ausagiert werden, um stark, tief und langandauernd zu sein. Sie dauert, wenn sie nicht durchgearbeitet wird, ein Leben lang. Dieser Punkt wird oft übersehen.

Als ich über die Dauer von Übertragungen nachdachte, erinnerte ich mich an eine selbsterlebte Geschichte. Als Studentin begeisterte ich mich ziemlich für einen brillanten und in seinem Charisma ungemein einnehmenden Englischprofessor (eine Kombination, für die ich schon immer eine Schwäche hatte!). Ich wußte nichts Persönliches über ihn, außer daß er verheiratet war und ein paar Kinder hatte. Er war etwa Mitte Dreissig. Nach meinen Abschlußprüfungen sah ich ihn nicht wieder und dachte auch nicht weiter an ihn. Ein paar Jahre später ging ich für einige Jahre in eine Psychoanalyse, kann mich aber nicht erinnern, daß er jemals in meinen Träumen oder in der Therapie auftauchte.

Zwölf Jahre später war mein Ehemann Professor an einer nahen Schule. Eine seiner Kolleginnen war eine attraktive, alleinstehende Frau in meinem Alter. Eines Tages erhielten wir von ihr und von meinem alten Englischprofessor eine Heiratsanzeige. Sie können sich nicht vorstellen, welch inneren Gefühlstumult dieser Brief in mir auslöste. Ich kannte die Details nicht, dachte mir aber, daß diese Frau - die so alt war wie ich - ihn seiner Frau und seinen Kindern entrissen hatte. Tagelang war ich wütend, aufgeregt und entrüstet. Nun, um es klar zu machen: bei meiner Schulmädchen-Verliebheit in einen Mann, mit dem ich keinen näheren Kontakt gehabt hatte, hatte es sich um eine starke Übertragung gehandelt. Und erst zwölf Jahre später erlebte ich *wie* stark. Die Übertragung war nicht verschwunden, sie war noch nicht einmal schwächer geworden!

Ich denke nun an einen Therapeuten, der das Verhalten eines Kollegen, der seine Patientin verführt hatte, folgendermaßen kommentierte: "Wenn er mit ihr bumsen wollte, hätte er die Therapie beenden sollen!" Diese Aussage offenbart einen grundlegenden Verständnismangel für die Natur der Übertragung: *die Übertragung endet erst, wenn sie durchgearbeitet ist.* Die Therapie selbst zu beenden, ändert daran überhaupt nichts. Das stellt nur das Gesetz zufrieden.

Die Lehrer-Student-Beziehung

Ich habe eine Übertragungssituation dargestellt, die sich in einer Lehrer-Student-Beziehung ereignete, ein sehr häufig vorkommendes Phänomen. Weil unsere Lehr-Modalitäten soviel Therapie beinhalten, ist die Übertragung hier ein genauso hervorragender Faktor wie dort. Wir müssen deshalb die Verantwortung des Lehrers gegenüber dem Studenten genauso ernst nehmen. Die Normen einer Lehrer-Student-

Beziehung sind nicht dieselben, die Dynamiken *sind* es jedoch häufig. Die Emotionen können genauso heftig und die Konsequenzen von Ausagieren oder Mißbrauch genauso groß sein. Und wenn ein Lehrer eine Studentin sexuell erwählt, ob das nun ausagiert wird oder nicht, bricht die Hölle los. Alle Gefühle einer Familie schießen auf: Eifersucht, Wut, Betrug, Enttäuschung, Bitterkeit. Manchmal wird der „Elternteil" beschützt und das „Kind" beschuldigt und geächtet. Der ganze primäre Stoff wird evoziert, wenn nicht sogar in Szene gesetzt. Wenn sich Ausbilder oder Lehrer mit Studenten eingelassen haben, ist es *notwendig*, daß sowohl der Ausbilder als auch die Gruppe den Mut haben und sich alle Zeit nehmen, die sie für ein vorsichtiges Durcharbeiten all dessen benötigen, was aufgetaucht ist. Tun sie das nicht, bleibt der Gruppenprozeß enorm gestört und der Lernprozeß enorm behindert. Und das noch zusätzlich zu dem Schaden, den die Einzelnen ohnehin schon erleiden mußten.

Wir sind als Therapeuten und Trainer zuerst einmal und vor allem dafür verantwortlich, unsere eigenen ungelösten Themen zu verstehen und zu begreifen, so wie sie sich in der Gegenübertragung manifestieren.

Wie wir unsere Charakterthemen verstehen können

Unsere eigene persönliche Therapie ist die wichtigste Art und Weise, mit unseren persönlichen Themen bekannt zu werden. Aber unser Therapeut sieht natürlich nicht unvermittelt, wie wir in unserem sozialen Umfeld handeln.

Mir wurde in den vergangenen Jahren, in denen ich mit Gruppen zum Thema der sexuellen Übertragung gearbeitet habe, immer klarer, daß die Unbewußtheit darüber, wie jemand tatsächlich auf die sexuelle Energie eines anderen Menschen reagiert, sehr groß ist. Genauso fehlt oft eine ausreichende Selbstwahrnehmung über die durch Körpersprache und verbale Winke übermittelten Signale und Botschaften. Vor kurzem arbeitete ich z.B. mit einer Studentin, die einen sehr sinnlichen Körper hat, sich aber kaum mit ihm identifiziert. Sie fokussierte in ihrer eigenen Therapie völlig auf frühe narzißtische Themen. Sexuelles erschien fast überhaupt nicht. In der Supervision stellte sie einen männlichen Klienten vor. Sie nahm dabei ihr verführerisches Verhalten und die Auswirkungen auf ihn, als sie sich auf die Couch setzte und sich wie eine sinnliche Katze zurücklehnte, überhaupt nicht wahr. Die Sitzung wurde gefilmt. Als sie sie später anschaute, war sie ziemlich schockiert.

Ich benutze eine einfache Übung, die Studenten helfen soll, mit diesen Themen in Kontakt zu kommen. In einer Patient-Therapeut-Dyade bekommt der Therapeut die Aufgabe, sein Becken aufzuladen, ohne direkten Kontakt mit der Klientin aufzunehmen. Er muß nur zehn Minuten arbeiten. Die einzige andere Aufgabe ist, sehr aufmerksam für das zu sein, was bei seiner Arbeit in *seinem eigenen* Körper geschieht. In diesen zehn Minuten entdeckt er meist, daß seine Charakterthemen ins Spiel kommen. Es ist immer wieder erstaunlich, wie schnell charakteristische Reaktionen aktiviert werden: abblocken, anspannen, abschneiden, in den Kopf flüchten, überaktiv werden, verführerisch werden. Vielleicht erscheinen sie nur sehr fein, aber sie sind da.

Eine andere Technik ist das Rollenspiel. Auch diese Übung hilft festzustellen, wie die Charakterthemen in Form der Gegenübertragung den Prozeß beeinflussen. Außerdem erhält der Therapeut vom Patienten sehr wertvolle und direkte Rückmeldungen über die Effekte seiner Interventionen.

Was wir also bisher zur Arbeit mit sexuellen Themen gelernt haben ist: sie ist mit Angst beladen, überhaupt nicht leicht zu handhaben und sie bringt unseren eigenen „Stoff" hoch.

Klare Grenzen setzen

Von den Patienten des Rollenspiels kam immer wieder eine klare Rückmeldung: der Therapeut solle klare Grenzen setzen. Um zu verstehen, wie wichtig dies für die Therapie ist, müssen wir uns nur die Auswirkungen vorstellen, die unklare sexuelle Grenzen von Eltern auf ihr Kind haben müssen. Der therapeutische Prozeß läuft unweigerlich schief, wenn die Grenzen nicht klar und unzweideutig definiert sind. Hierzu der Bericht einer Frau:

„Beim Vorgespräch fand ich den Therapeuten attraktiv. Als ich ihm von meiner Kindheit erzählte, wies er auf ein paar Dinge hin, die wir gemeinsam hätten. Ich spürte das wie ein Band. In der dritten Sitzung sollte ich nach etwas greifen. Nach einigem Zögern überwand ich meine Schwierigkeiten, nahm seine Hand und spürte plötzlich die unglaublichsten Strömungen durch meinen ganzen Körper fließen. Ich fühlte mich offen und ausgedehnt wie noch nie im Leben. Er meinte, der ganze Raum sei mit Energie gefüllt. In der vierten Sitzung sagte ich, ich hätte zum ersten Mal einige ärgerliche, negative Gefühle gegen meinen Ehemann zugelassen. Er antwortete, er wolle seine Karten auf den Tisch legen: er sei von mir fasziniert. Ich sei die Art Frau, nach der er suche. Aber er werde seine Gefühle nicht ausagieren, weil das die Therapie ruiniere. Ich war sehr erschrocken! In der nächsten Sitzung hatte ich mich bereits hoffnungslos verliebt. Er machte niemals irgendwelche Annäherungsversuche, die wirklich sexuell genannt werden könnten. Aber nach meiner Stunde kam nie ein anderer Patient und er lud mich häufig ein, noch über Astrologie zu sprechen oder Musik zu hören. Einmal lagen wir Seite an Seite auf dem Teppich und lauschten Ravels *Bolero*.

In mir wütete ein ungeheurer Konflikt. Ich erlebte Gefühle immenser Leidenschaft für meinen Therapeuten, die ich in meiner Ehe nicht kannte. Psychologisch gesehen war mir klar, daß hier die Beziehung mit meinem Vater stark hineinspielte. Ich wußte, daß ich es nicht ertragen konnte, die Schuld einer Affaire mit meinem Therapeuten auf mich zu nehmen. So ging es über Monate. Ich kämpfte gegen meine Leidenschaft und wollte sie doch leben. Schließlich wollte ich ihm in einer Sitzung meine Liebe gestehen. Und er sagte mir, daß er nicht zu haben sei. Er hatte am Wochenende eine Beziehung erneuert, die kurz bevor wir uns getroffen hatten, auseinandergebrochen war. Ich war gelähmt, verletzt und fühlte mich betrogen. Von nun an veränderte sich sein Verhalten völlig. Nach meiner Stunde wartete immer schon ein anderer Klient. Ich versuchte zu verstehen und rational zu sein. Aber die Verletztheit wurde zu Wut, und ich konnte sie nicht zeigen. Schließlich wurde ein Supervisor hinzugezogen, der mich genug unterstützte, damit ich meine Gefühle herauslassen konnte. Im darauffolgenden Gespräch begriff mein Therapeut, daß er sich zwar entschieden hatte, mich nicht zu verführen, aber unbewußt gefühlt hatte, es sei in Ordnung, wenn ich ihn verführte! Und ich verstand, daß ich meine Kindheitserfahrung wiederholt hatte. *Ich* war dafür verantwortlich gemacht worden, die Grenzen einzuhalten".

Wir haben hier also eine Situation, in der der Therapeut verbale Grenzen, wie „Ich werde nicht mit Dir schlafen", setzt. Weil er jedoch unbewußt beschlossen hat, gerne verführt zu werden, läßt er unbewußt sozusagen die Tür offen und verführt seine Klientin in Wirklichkeit dazu, ihn zu verführen. Als er dann plötzlich nach der Rückkehr zu seiner Freundin wieder professionell wurde, definierte er wiederum die „Grenzen" ganz klar gemäß seinen Bedürfnissen und nicht gemäß denen seiner Patientin. Aber diese Frau brauchte, wie alle Patienten, *Sicherheit.* Patienten können ihre frühen Konflikte nicht durcharbeiten, wenn es keine *völlige Sicherheit* gibt. Sicherheit bedeutet, daß der Therapeut *unzweideutig und absolut* als Sexualobjekt *nicht zur Verfügung steht*, genausowenig wie der Elternteil unzweideutig nicht zur Verfügung hätte stehen *sollen*.

Ich möchte diesen Punkt anhand eines anderen Beispieles aus meiner eigenen Praxis noch ein wenig weiter ausführen. Wie wichtig es ist, genau und ständig - und nicht nur zu Beginn - auf die Grenzen zu achten, wurde mir bei einem männlichen Klienten ganz klar.

Wir arbeiteten sehr tief an ödipalen Themen. Es entwickelte sich eine sehr starke Übertragung. Während wir daran arbeiteten, kam es zu äußeren Veränderungen: Ich wurde seine Ausbilderin, blieb aber gleichzeitig seine Therapeutin. In der Therapiesitzung, die dem ersten Ausbildungswochenende folgte, diskutierten wir seine Reaktionen darauf. Wie ich erwartet hatte, waren Gefühle von Kleinkindrivalitäten in ihm aufgetaucht. Aber es gab auch andere, die ich nicht erwartet hatte. Wegen bestimmter Umstände mußte sich die Trainingsgruppe in meiner Praxis treffen, in meinem Zuhause. In meiner Küche gab es Tee und Kaffee, was sonst für meine Patienten nicht zur Verfügung steht. Mein Schüler/Patient hatte plötzlich mehr Zugang zu den Räumen, in denen ich lebte.

Und als wir Mittags auf dem Wege zu einem nahen Restaurant waren, geschah es, daß wir nebeneinander gingen. Diese zwei Ereignisse gaben ihm ein noch größeres Gefühl der Intimität mit mir. Außerdem glaubte er, daß ich mich als Ausbilderin zu ihm auf einer eher gleichberechtigten Basis befände. All dies führte zu folgenden Vorstellungen: wenn er erst einmal das Zertifikat hätte und wir Kollegen wären, würden wir uns vielleicht auf einer Konferenz treffen und eine Affaire miteinander haben. Die Umstände hatten sich also geändert und die Grenzen standen nicht mehr so fest wie vorher. Sie mußten wiederhergestellt werden.

Ich nahm also die Gelegenheit wahr, um ihm meine Meinung über die Wahrheit der therapeutischen Beziehung zu sagen: weil ich eine Therapeutin bin und Du ein Patient, können wir keine sexuelle Beziehung miteinander haben - nicht jetzt und nicht später - egal, wie sich die Begleitumstände auch verändern mögen. Ich glaube: wenn auch nur die geringste Hoffnung oder die geringste Illusion für die Zukunft verbleibt, gibt es keine Möglichkeit, hier und jetzt Deine ödipalen Themen *mit mir* durchzuarbeiten.

Als ich ihm dies sagte, begann er tief zu weinen. Und nach einer Periode, die schließlich in Trauer einmündete, spürte er, daß er die Illusion aufgab, eines Tages doch noch seine Mutter gewinnen und besitzen zu können.

Wenn wir uns nun die Auswirkungen unserer nebensächlichsten Worte oder Handlungen auf unsere Patienten und Schüler anschauen, könnten wir uns leicht von unserer Verantwortung *überwältigt* fühlen.

Auf der anderen Seite kann uns die Furcht vor den eigenen Gefühlen dazu verleiten, uns als Therapeuten abzuschneiden, zu entziehen und in unseren Interaktionen völlig unnatürlich und hochtrabend zu werden.

Viele von uns hatten Eltern, die auf diese Art und Weise mit ihren Gefühlen umgingen.

Aber dies ist *nicht* die Antwort.

Die Sexualität des Patienten anerkennen und bestätigen

Der wichtigste und entscheidende Teil beim Durcharbeiten sexueller Themen ist die Anerkennung und Bestätigung der Sexualität des Patienten. Das Kind braucht es, von den Eltern zu hören:

Du bist eine sexuelle Person.
Du bist attraktiv.
Deine sexuellen Gefühle sind gut.

Diese Bestätigung wird benötigt, bevor es so sein kann. Und im Rollenspiel (s.o.) wurde immer wieder deutlich, was der Patient vom Therapeuten *nicht* hören will: *Ich fühle mich von Dir angezogen.* Das ist unangenehm, verwirrend und bringt alles durcheinander.

Das Kind braucht Eltern, die seine Sexualität sehen und anerkennen, ohne sich darin zu verstricken. Von uns als Therapeuten verlangt dies, *mit unserer eigenen Sexualität verbunden zu bleiben.* Wir können den anderen nicht wirklich anerkennen und bestätigen, wenn wir von ihr abgeschnitten sind. Die Patienten spüren das.

Wenn der Patient über dem Stuhl liegt oder sich in einer Übung geöffnet und mit der Energie im Becken verbunden hat und seine sexuelle Energie mit diesem freudigen und ausdehnenden Gefühl spürt, müssen wir den Mut haben, mit unserer eigenen sexuellen Energie ganz verbunden, völlig präsent und dennoch absolut getrennt zu bleiben, ohne etwas vom Patienten zu wollen oder zu brauchen. *Das* ist die Bestätigung! Und *das* ist der bioenergetische Ansatz für die Arbeit mit der sexuellen Übertragung.

(Übersetzung: Bernhard Maul)

Zum narzißtischen Mißbrauch in der Therapie*

Roger Dreyfus und Heidi Haug

1. Einführung

In den letzten Jahren wird das Thema des sexuellen Mißbrauchs von Patientinnen[1] durch ihren Therapeuten - seltener von Patienten durch ihre Therapeutin - in der breiteren Öffentlichkeit diskutiert. Berufs- und Standesorganisationen befassen sich damit; populäre Zeitschriften und

* Die vorliegende Arbeit hat eine lange Entstehungsgeschichte. Sie begann im *European Leadership-Workshop for Bioenergetic Therapists 1988* in Wartensee, wo in einer Gruppe die Not von unglücklich verlaufenen Therapien, bzw. von nicht abgelösten Patientinnen zum Thema wurde. Immer deutlicher schälte sich dabei heraus, daß es sich um Opfer von narzißtischem Mißbrauch in der Therapie handelte. Die starke Wirkung dieser Erkenntnis provozierte uns, erstens eine ethische Kommission für die SGBAT zu fordern und zweitens den Artikel „On Narcissistic Abuse in Therapy" im *FORUM* 2/ 1989 zu veröffentlichen. Das unerwartete Echo innerhalb der Gesellschaft - z.T. aus eigener Betroffenheit - führte zu einem Arbeitstag der SGBAT im Februar 1990 über narzißtischen Mißbrauch in der Therapie. Etwa zur gleichen Zeit machte das Psychoanalytische Seminar Basel das Thema „Verführung in der Therapie" zum Thema eines Zyklus, der nun schon ins zweite Jahr geht. Material aus den Manuskripten, die uns von einigen ReferentInnen in verdankenswerter Weise zur Verfügung gestellt wurden, fanden Eingang in die vorliegende Arbeit und prägen ihren analytischen Charakter.- Daneben stand die Frage nach dem „guten" Therapeuten auch im Zentrum der mehrjährigen Kommissionsarbeit am Ausbildungsreglement für bioenergetische Therapeuten SGBAT sowie später der Kommission für ethische Fragen, die zur Ausarbeitung einer Berufsordnung der Gesellschaft und zur Einsetzung einer Ethikkommission führte. Vor allem die Arbeit in diesen beiden Kommissionen machte uns deutlich, daß es neben den reglementierbaren Forderungen an einen Therapeuten zum Schutze seiner Patientinnen einen weiten Bereich von subtilem therapeutischen Handeln mit weitreichenden Konsequenzen gibt, der nicht mit Bestimmungen, Regeln oder Codices gefaßt werden kann. Auch ein erfahrener Therapeut, der verantwortungsbewußt handelt, kann nicht umhin, seine Arbeit ständig zu reflektieren, zu diskutieren und zu kontrollieren, da es „therapeutisches" Verhalten gibt, das für ihn selbst schwer zu durch- und zu überschauen ist. Die vorliegende Arbeit dient dem Bemühen, einige dieser schwer „dingfest" zu machenden Mechanismen zu erhellen. Sie richtet sich an Leser, die sich fragen: Wie kann ich ein *guter* Therapeut sein, d.h. ein Therapeut, der „gut genug" ist?

[1] Mangels geschlechtsneutraler Bezeichnungen für die beteiligten Partner haben wir durchgehend die häufigste Kombination, nämlich die des (männlichen) Therapeuten und der (weiblichen) Patientin verwendet.

andere Massenmedien berichten darüber. In der folgenden Arbeit geht es den Autoren um eine besondere Form des Mißbrauchs, die unseres Erachtens viel verbreiteter ist. Wir betrachten einen inzestuösen Vorgang in der Therapie, der trotz seines weniger spektakulären Erscheinungsbildes tiefe seelische Schädigungen für die Betroffenen setzt. Die Folgen sind so destruktiv, daß sie zentrale emanzipatorische Wirkungen einer erfolgreichen Psychotherapie zunichte machen können. Wir bezeichnen diesen Geschehen als *narzißtischen Mißbrauch* in der Therapie .

Dabei betrachten wir den *sexuellen* Mißbrauch als eine speziell schwerwiegende und invasive Form des narzißtischen Mißbrauchs. Deshalb sind die Schädigungen der sexuellen Opfer nach unserer Erfahrung und aufgrund der Literatur (Heyne 1991, Rutter 1991) nicht nur auf der reiferen ödipalen, sondern immer auch auf einer früheren narzißtischen Ebene feststellbar. Entsprechend schwierig, leidvoll und gefährlich (Suizidalität) ist die Aufarbeitung solcher Verletzungen. Mißbrauchte Patientinnen fühlen sich aufgrund ihrer ursprünglichen Störung immer mitschuldig am Mißbrauch, dem sie zum Opfer fielen. Bis die Wut-, Hass- und Rachegefühle aufgearbeitet sind, werden sie über Jahre in Form von Schuld, Scham, Selbstzweifel und Hoffnungslosigkeit gegen sich selbst gewendet. Der „Täter“ wird geschützt, weil er zum Selbstobjekt geworden ist.

Was den narzißtischen Mißbrauch betrifft, identifizieren wir uns aber auch mit dem „Täter“, dem Therapeuten. Wie bewußt sind *wir* uns unserer eigenen narzißtisch motivierten Interventionen? Merken wir es jedes Mal, wenn wir unsere Patientinnen mit para- und nonverbalen Signalen positiv verstärken, mit einem Lächeln, einem Leuchten in unseren Augen beschenken? Was motiviert uns, ein angstmachendes Schweigen zu brechen? Ist es die unbewußte Belohnung für ein Verhalten, das unseren Narzißmus gefüttert hat? Oder ist es *unsere* Unfähigkeit, das Schweigen, das *wir* als Beziehungsabbruch erleben, auszuhalten?

Wo liegt die Grenze zwischen „normaler“ beruflicher Gratifikation durch einen Therapiefortschritt der Patientin und narzißtischem Mißbrauch? In Gesprächen mit Kollegen haben wir immer wieder bemerkt, wie schmerzlich diese Infragestellung für unser Selbstbild ist. Kein Wunder also, daß wir trotz sorgfältiger Suche wenig Fachliteratur zu diesem Thema fanden.

2. Definition

Unter narzißtischem Mißbrauch in der Therapie verstehen wir kollusive, d.h. den Beteiligten unbewußte Beziehungsmuster und Dynamiken zwischen Patientin und Therapeut, in denen die Befriedigung der narzißtischen Bedürfnisse des Therapeuten im Vordergrund stehen. Als Folge wird die Entfaltung des wahren Selbst (Winnicott) mit all seinen Schönheiten und Ungereimtheiten nicht nur nicht gefördert, sondern sogar behindert. Wenn wir die *Entfaltung des wahren Selbst und die Entwicklung der eigenen Lebendigkeit* für analytische Therapien als Ziel anerkennen, so ist jede kollusive narzißtische Beziehung ein Mißbrauch der Abhängigkeit der Patientin.

Jede noch so erfolgreiche Verhaltens- und Einstellungsänderung[2] stellt dann nur eine Modifikation des falschen Selbst dar und dient primär den narzißtischen Bedürfnissen des Therapeuten. Die Abwehr der Patientin wird gestärkt und verfeinert, jedoch nicht bewußt gemacht und relativiert.

Die Dynamik, in welcher die Entwicklung des einen Beziehungspartners der narzißtischen Befriedigung des andern (seines „expanded self") dient, ist als Möglichkeit in jeder Beziehung angelegt. Wo sie sich in einem Abhängigkeitsverhältnis - einem pädagogischen oder therapeutischen - entfaltet, wo also der schwächere - weil abhängige - Teil den Bedürfnissen, Erwartungen und Forderungen des Gegenüber nicht auf gleicher Ebene (Ich-Stärke, Macht ...) begegnen kann, ist die Gefahr des Mißbrauchs gegeben (Rutter 1991). Mißbrauch geschieht immer, wenn in einer solchen Situation Grenzen überschritten werden. Solche Übergriffe verunmöglichen *eigenes* Erleben, *eigenes* Entfalten, wahres Selbst. Es sind Grenzüberschreitungen und als solche immer *gewalttätig*. Mißbrauch und Gewalt gehören zusammen: Sie lähmen die Fähigkeit, eigene Entscheide zu treffen, sie „wahr"-zunehmen, zuzulassen, wachsen zu lassen, leben zu lassen ... („Seelenmord" nennt das U. Wirtz 1989). Solche Übergriffe sind umso gefährlicher, je mehr sie im Rahmen von Intimität passieren, da bei extremer Nähe die Fähigkeit des Zumachenkönnens, des Schützens eingeschränkt ist (Rutter 1991). Psychotherapie stellt eine Abhängigkeitssituation mit extremer Nähe und Intimität her. Grenzüberschreitungen durch den Therapeuten zwingen die Patientin zur Selbst-Aufgabe.

[2] Wir möchten damit den Wert verhaltenstherapeutischer und kognitiver Methoden in keiner Weise in Frage stellen, solange das Setting dafür transparent und das Therapieziel zumindest dem Therapeuten klar ist.

3. Beispiele narzißtischer Kollusionen

a) Grenzenlose Empathie

Das therapeutische *Verstehen* - eine der wichtigsten Voraussetzungen für eine Begegnung, in welcher Heilendes geschieht, also eine hohe therapeutische Tugend - ist zugleich der Ort, wo sich schwerer narzißtischer Mißbrauch, massive Übergriffe ereignen können. Zwar ermöglichen tiefe Einfühlung und umfassendes Verstehen des Therapeuten die nötige Regression, die symbiotische Abhängigkeit und Idealisierung, die Wiederbelebung und Durcharbeitung früherer Konflikte.

Aber Empathie, die nicht mit klarer Abgrenzung gepaart ist, wirkt nach Walter (1990) nicht emanzipatorisch und heilend, sondern schädigend. „Eine der elementaren Orientierungen, die den Analysanden (mit frühen Störungen) mit unklar abgegrenzten Müttern fehlt, ist das verläßliche Unterscheiden zwischen sich und andern. Wie kann man dem an-dern, jenseits der Grenze der eigenen Erfahrung und Kontrolle, seinen Raum so zugestehen, daß er als sein eigener erfahrbar bleibt? Viele der therapeutischen Übergriffe geschehen an dieser Grenze. Die Empathie kann zum Übergriff werden; die Wünsche für den andern sind immer Wünsche, die der andere für uns erfüllen muß." (Walter, a.a.O., S. 8)

Grenzenlose Empathie, also unabgegrenztes Verstehen, kann sich darin äußern, daß Sprache überflüssig wird. Wo aber Patientin und Therapeut ihre Gefühle und Gedanken gar nicht mehr aussprechen müssen, weil man sich ohne Worte („Worte sind so trivial") versteht, sind wir mittendrin in einer narzißtischen Kollusion. Und gerade für den narzißtischen Therapeuten kann dieses süße Gift symbiotischer Sprachlosigkeit eine gefährliche Verlockung zum Mißbrauch darstellen und magische Allmachtsbedürfnisse nähren. Er weiß, was sein Gegenüber fühlt und zu fühlen hat. Aber wo man nicht mehr fragen muß oder darf, breitet sich die Illusion großartigen Allverstehens und Einsseins aus. Sprache, Benennung (oder zumindest Versuche dazu) und vor allem *Fragen* sind wichtige Instrumente der Abgrenzung. Sie sind unabdinglich für die Ichfindung und Identitätsfestigung im Kampf gegen „die narzißtische Abwehr einer ununterscheidbaren Komplizenschaft" (Walter, a.a.O., S.10) und den „regressiven Strudel wechselseitigen Ichverlustes" (Grunert 1989, S.204). „Nur eine eigene gut abgrenzende, „aggressive" Identität des Analytikers hilft ... dem Analysanden, die eigene Lebendigkeit zu entdecken" (Walter, a.a.O.,S.10). „Jede Therapie verlangt das Nein des Therapeuten. ... Verhängnisvollerweise sind unter den Therapeuten nicht wenige, die zu wenig abgegrenzt sind in ihrer Selbstbesetzung, die ihrerseits die

Patienten narzißtisch „mitbesetzen“ als Teil von sich oder sich als Teil von ihnen“ (Walter, a.a.O., S. 12).

Wirkliches, d. h. therapeutisches Verstehen, das auf Erkenntnis und Wahrheit abzielt, ereignet sich immer im Getrennt-Sein, im Nicht-Eins-Sein. Bei allen in ihrer Kindheit narzißtisch mißbrauchten Patientinnen werden in der Therapie Wünsche nach Verschmelzung auftauchen. Als Therapeuten mit unserer eigenen narzißtischen Geschichte sind wir hier besonders gefährdet, unsere eigenen Bedürfnisse auf Kosten der Patientin zu befriedigen und damit das narzißtische Mißbrauchstrauma zu wiederholen.

Die narzißtische Kollusion, die sich durch grenzenloses gegenseitiges Verstehen auszeichnet, zeigt sich bei gut angepassten und begabten Patientinnen oft gerade in der Tatsache, daß die Therapie problemlos verläuft. Symptome, die die Patientin in die Therapie geführt haben, verschwinden. Fortschritte stellen sich ein. Kurz, beide Seiten empfinden die Therapie als sehr befriedigend.

b) Verhinderte Separation

Die *Idealisierung* des Therapeuten durch die Patientin am Anfang einer Therapie fördert die positive Übertragung, die als Vertrauensbasis nötig ist, damit die Beziehung die zu erwartenden - und nötigen - Krisen überlebt. Die symbiotische Identifikation mit dem idealisierten Therapeuten hilft der Patientin auch, die mit jeder Therapie verbundenen Gefühle von Scham, Schmerz und Selbstzweifel über die aufgearbeitete Lebensgeschichte durchzustehen; *er* hat es *auch* geschafft und *er*, der Idealisierte, akzeptiert sie mit all dem, was sie ihm gestanden hat.

Doch wenn der Therapeut die Idealisierung durch die Patientin zur Stützung seines eigenen narzißtischen Gleichgewichts braucht, wird er alles vermeiden, was zur - in der späteren Phase der Therapie unerläßlichen - Desidealisierung, Abgrenzung und „Ent-Zauberung“ führen könnte. So mag er ihr z.B. wichtige, aber unangenehme Deutungen vorenthalten. Damit versichert er sich zwar ihrer ewigen Liebe, sprich Abhängigkeit. Zugleich erschwert er ihr aber die Entwicklung gesunder aggressiver Impulse gegen ihn, die für eine innere Separation, ein Nein ihm gegenüber notwendig wären. Wenn die Patientin unbewußt spürt, daß er Separation schlecht erträgt, bleibt ihr keine andere Wahl, als in der Symbiose mit ihm zu bleiben.

Äußerlich kann sich dies darin zeigen, daß „nichts mehr läuft“, der Therapieprozess „zum Stillstand kommt“. Die Patientin bleibt aus Abhängigkeit, Liebe und evtl. Fürsorglichkeit für den Therapeuten in ihren alten symbiotischen Abwehrmustern stecken oder festigt diese gar durch die bestätigende Wiederholung ihrer Kindheitserfahrungen.

Oder um in der energetischen Terminologie zu sprechen: Sie wird die durch den Charakterwiderstand blockierten Energien weder freisetzen können noch über sie verfügen lernen.

In jeder Therapie sind Phasen von Zweifel und Übertragungswiderständen zu erwarten. Diese müssen aus der Geschichte der Patientin verstanden und gedeutet werden. Die *Widerstandsdeutung* ist ein integraler Teil der analytisch orientierten Therapie. Andererseits ist das „Nein" der Patientin eine gesunde Abwehrreaktion gegen Vereinnahmung und Ausdruck ihrer wachsenden Unabhängigkeit. Wenn dies vom Therapeuten nicht als emanzipatorische Entwicklung und als Therapiefortschritt begrüßt, sondern als Widerstand gedeutet bzw. abgewehrt wird, beginnt die Patientin zu Recht, an seinen Deutungen und seiner Unvoreingenommenheit zu zweifeln. Sie gerät in einen quälenden Zwiespalt: Soll sie ihrem „Gefühl" trauen oder den Interpretationen des Therapeuten? Ist ihre Wahrnehmung, daß „etwas nicht stimmt", richtig, oder handelt es sich um einen unbewußten Widerstand gegen Therapie und Einsicht, wie es der Therapeut behauptet? Beides ist möglich. Wenn nun der Therapeut darauf besteht, daß ausschließlich die Widerstandsdeutung stimmt, dann steht die Patientin vor dem unlösbaren Dilemma, entweder sich zu unterwerfen oder die Beziehung abzubrechen. Zumeist bedeutet dies die Wiederholung einer Situation aus der Kindheit, die der Therapeut nun mitagiert. Das kann aus verschiedenen Gründen geschehen: Er hat Angst vor Konrollverlust; sein grandioses Selbst wird bedroht; er befürchtet, die narzißtische Zufuhr durch die Patientin zu verlieren; oder - vielleicht das Schlimmste - es könnten sich Wut, Haß und Verachtung der Patientin über ihn ergießen, wenn diese - einmal frei in ihrer Wahrnehmung - sich des Mißbrauchs bewußt wird.

Manchmal zeigt es sich erst bei *Therapieende*, daß der Entwicklungprozeß vielleicht jahrelang auf einer narzißtischen Kollusion beruhte. Einigen Patientinnen gelingt es zwar, mit Hilfe von Phantasien oder Übergangsobjekten ihr narzißtisches Gleichgewicht zu erhalten. Sie klammern sich an die Illusion einer gelungenen Separation. Früher oder später erfolgt jedoch ein Einbruch. Andere setzen sich jahrelang mit dem quälenden Thema Therapieabschluß auseinander und fürchten, daß sie die Trennung nicht als überlebensfähiges Individuum hinter sich bringen werden. In beiden Fällen hat die Patientin im Verlaufe der Therapie eine Pseudo-Ganzheit aufgebaut, die von der narzißtischen Kollusion lebte.

Unter diesen Umständen führen Therapieabschluß bzw. Beziehungsende zu den (z. T. alten) Gefühlen von Leere, Hoffnungslosigkeit, Sinnlosigkeit, Verzweiflung, Entwertung, Scham und Schuld. Nicht selten darf sie „nicht merken“ (Miller 1981), daß sie mißbraucht worden ist. Sie schützt die Therapie und den Therapeuten und fühlt sich schuldig, daß sie in der Therapie versagt hat. Die Situation kann lebensbedrohlich werden. Erschwert wird sie durch das Zögern der Patientin, anderswo Hilfe zu suchen, einerseits aus Loyalität dem früheren Therapeuten gegenüber, andererseits und vor allem aus der Hoffnungslosigkeit, „therapieunfähig“ zu sein.

Beispiel 1: *Die 35-jährige Frau B. nahm während drei Jahren regelmäßig an einer bioenergetischen Therapiegruppe teil. Sie entwickelte in dieser Zeit eine verbesserte Beziehung zur eigenen Aggressivität, was sich in Partnerschaft und Beruf durch bessere Selbstbehauptung äußerte und sich für sie positiv auswirkte. Als aber Abschluß und Trennung zum Gruppenthema wurden, reagierte sie mit massiven Angstzuständen, Somatisierungen und schwerer depressiver Symptomatik. Der Gruppentherapeut befürchtete eine maligne Regression und überwies sie einer Kollegin zur Einzelbehandlung. Dort erst gelang es der Patientin, ihre unverarbeitete Separationsproblematik mit ihrer depressiven Mutter, die ihre Tochter bis in die Gegenwart narzißtisch mißbrauchte, wahrzunehmen. Sie brauchte mehrere Jahre, um diesen Trauerprozeß durchzuarbeiten und sich in der Folge auch von der Gruppe (als zweiter Mutter) innerlich abzulösen.*

In diesem Zusammenhang wurde zusätzlich deutlich, daß die ganze Gruppe untereinander und gemeinsam mit dem idealisierten Gruppentherapeuten bis zum Schluß in einer symbiotischen Beziehung gelebt hatte, ohne daß es zur notwendigen Entidealisierung und Separation gekommen wäre. Die anderen Gruppenteilnehmer überstanden das Ende der Gruppe, indem sie sich entweder an für sie lebensnotwendige Beziehungen zu ehemaligen Gruppenmitgliedern klammerten oder die gemeinsame Gruppenkultur als Übergangsobjekt weit über den Abschluß der Gruppe hinaus pflegten.

Beispiel 2: *Herr K., ein 42-jähriger Gymnasiallehrer, kam nach einem Suizidversuch notfallmäßig in Therapie. Dabei stellte sich heraus, daß er zwei Jahre zuvor eine zwölfjährige Analyse „abgeschlossen“ hatte. Anlass zu jener Therapie, die er mit 28 Jahren begonnen hatte, waren Beziehungsschwierigkeiten in der Ehe und Entwertungskrisen im Beruf gewesen. In der intensiven Psychoanalyse und im Zuge seiner starken Übertragung auf den Analytiker hatte er zunächst gute emanzipatorische Fortschritte gemacht: Er hatte sich von seiner Frau (aus einer verschlingenden Symbiose) getrennt und nach einiger Zeit ein Psychologiestudium begonnen. Nach erfolgreichem Abschluß des*

Studiums - und inzwischen neun Jahren Analyse - entschloss er sich zu einer analytischen Therapieausbildung. In der Zwischenzeit war er sozial immer mehr vereinsamt, weil er mit dem alten Freundeskreis wenig Interessen mehr gemein hatte. Von den wenigen verbliebenen Freunden auf einen Abschluß der Therapie angesprochen, reagierte er jeweils defensiv.

Schließlich gelang ihm der von ihm als qualvoll beschriebene Abschied von seinem Analytiker. Aber sein in der Therapie aufgebautes falsches Selbst brach zusammenund er stürzte in eine bedrohliche Depression mit suizidalen Nichtigkeitsgefühlen. Auch beruflich geriet er in eine Sinnkrise: Er war gezwungen, seine psychologische Arbeit und die Therapieausbildung aufzugeben, versagte aber auch im angestammten Lehrerberuf. Erst der verzweifelte Suizidversuch ermöglichte ihm, erneut therapeutische Hilfe anzunehmen. Diese zweite Therapie bei einer Frau war von Anfang an durch seine starken Abhängigkeitsängste gekennzeichnet. Nur mit vielen distanzsichernden, klaren Grenzsetzungen wurde es dem Patienten schließlich möglich, die kollusive, ungelöste Bindung an seinen früheren Analytiker - eine geradlinige Fortsetzung seiner durch narzißtischen Mißbrauch geprägten Beziehung mit seiner Mutter und später mit seiner Frau - zu erkennen, zu verstehen und in einem langwierigen und leidvollen Prozess durchzuarbeiten, um unabhängiger, freier und mehr „ganz" zu werden.

4. Inhärente Risiken durch Setting und Berufsmotivation

Eine unserer Thesen ist, daß die Situation der therapeutischen Beziehung den narzißtischen Mißbrauch geradezu herausfordert. Da entschließt sich ein Mensch nach langem Zögern und dem Versagen eigener Konfliktbewältigungsstrategien dazu, zu einem Unbekannten zu gehen und mit ihm seine innerste Not zu teilen.

Die Patientin trifft auf einen Therapeuten, der - um mit Bion zu sprechen - diesen Beruf wählte, „weil er der Einsamkeit entfliehen wollte und sich dann in einem sehr einsamen Job wiederfand." (zit. nach Beland 1989). Wahrscheinlich ist es ein Mensch, der „sich eher den Problemen anderer zuwendet als seinen eigenen" (Walter 1989). Zu solch einem Therapeuten kommt die Patientin mit ihren Ängsten, Hoffnungen und Erwartungen. Im Abklärungsgespräch legen zwei erwachsene Menschen das Setting fest. Je mehr die Patientin nun aber im Laufe der Therapie zu regredieren beginnt - und der Therapeut fördert dies durch das Setting und sein Verhalten -, desto mehr werden primitive infantile Vorstellungen und Phantasien in ihr wirksam, das innere Gefüge, die Interpretation der Realität kommt in Bewegung. In dieser Situation bieten der Rahmen der Therapie und der Therapeut eine Möglichkeit, sich neu zu orientieren. Hier liegt eine enorme Chance, die eingeschränkte neurotische Realität zu erweitern. Aber darin lauert auch eine große Gefahr, wenn der Therapeut seine Macht nicht frei von eigenen narzißtischen Interessen handhabt. Die therapeutische Arbeit beinhaltet das ständige Risiko einer dauernden bewußten oder unbewußten *Überforderung*. Nach Wenger (1990) unterscheiden wir *drei Bewußtheitsstufen* in der Laufbahn eines Therapeuten, die besondere Gefährdungen für narzißtischen Mißbrauch darstellen.

a.) Narzißtischer Mißbrauch mit Hilfe von „Techniken":

Eine erste Gefahrenkategorie besteht für den therapeutischen Anfänger. Er hat oft die Vorstellung, Hilfe, d. h. Therapie, bestehe vor allem im Handeln, im „die-Probleme-aus-der-Welt-schaffen"; er kann noch nicht klar zwischen Beratung und Therapie unterscheiden. Zudem gibt es kaum eine wirksamere Möglichkeit, sein Selbstwertgefühl zu steigern, als sich in den „Erfolgen" und der Bewunderung seiner Patientin zu spiegeln. Und gerade der Anfänger ist auf eine Stützung seines Selbstwertgefühls angewiesen, denn er lebt in einer sehr anspruchsvollen, überfordenden Situation:

Er hat vielleicht weder seine Therapie noch seine Ausbildung abgeschlossen und fühlt sich daher noch von Autoritäten (Therapeut, Ausbildner, Supervisor) abhängig. Gleichzeitig arbeitet er auf allen Ebenen an seiner persönlichen und beruflichen Selbständigkeit, an einer Identität, die in seiner Arbeit ständig gefordert ist. Diese Identität sollte ihm Halt, Sicherheit und Geborgenheit geben auf den spannenden, aber manchmal auch angstmachenden und gefährlichen Exkursionen in unbekannte und unentdeckte Gebiete: das Unbewußte seiner Patientin. Selbst noch Suchender sollte er Führer sein. Seine Situation ist der des Adoleszenten vergleichbar: Hin- und hergerissen zwischen der Faszination durch die machtvolle Selbst-Verantwortung seiner Arbeit und die überfordernde Angst in dem „einsamen Job", sucht er Halt in Idealisierungen. Er idealisiert seine eigene Therapie und seinen Therapeuten, seine Lehrer, seine Supervisoren, die therapeutischen Instrumente (Deutung, Intervention etc.). In dieser Situation wird er besonders dazu neigen, seine Unsicherheit durch Aktivität zu kompensieren, das Nichtaushalten des Nichtwissens durch therapeutisches und „technisches" Machen zu überspielen. Und da es hier um verletzliche Gefühle und Bedürfnisse innerhalb einer intimen

Abhängigkeitsbeziehung geht, wird das Machen leicht zum Übergriff, zum narzißtischen (Macht-) Mißbrauch.

Natürlich sind das nicht nur Gefahren für Therapeuten-Anfänger. Besonders zu Zeiten persönlicher und beruflicher (Identitäts-) Krisen lauert in unserer Arbeit die Versuchung, Unsicherheit mit „Machen" zu überspielen und die Verführung, unseren Selbstwert durch das narzißtische (Miß-) Brauchen zu festigen.

In hohem Maße sind wir als Körpertherapeuten - ganz besonders unter dem Druck unseres Ausbildungsziels - in Gefahr, technische Interventionen nicht im Interesse der Patientin anzuwenden. Das Menschenbild, das in der Bioenergetik - wie in der Psychoanalyse - stark vom medizinischen Pathologiedenken geprägt ist, ermutigt uns, ja verlangt von uns, daß wir die Patientin „gesund machen". Wir sind in Gefahr, uns am Idealbild eines „energetisch freiströmenden" Körpers, am „genitalen Charakter" zu orientieren und wenig Raum für die reichen Spielformen der Natur zu lassen, die sich in den kreativen Abwehrformen zeigen. Dabei könnte uns die Ehrfurcht vor diesen einmaligen Leistungen aus frühester Kindheit leiten, wenn wir mit einer Patientin ihren Körper auf muskuläre Blockierungen untersuchen, die ihre Lebendigkeit einschränken.

Überhaupt muß die ganze Frage des Betrachtens des (teilweise) entkleideten Körpers der Patientin, vor allem durch einen männlichen Therapeuten, im Lichte des narzißtischen Mißbrauchs (und erst recht des sexuellen!) neu überdacht werden.

Beispiel l: *Als Bioenergetik-Therapeuten haben die Autoren in der Ausbildung gelernt, beim Indikationsgespräch für ihre Bioenergetik-Gruppen die betreffende Patientin einem „Körperlesen" („bodyreading") zu unterziehen, um die Indikation für eine solche bioenergetisch abzusichern. Durch die Auseinandersetzung mit dem Thema des narzißtischen Mißbrauchs wurden wir unsicher. Heute empfinden wir dieses Vorgehen nicht mehr als problemlos. Eine Patientin (mit einer Geschichte sexuellen Mißbrauchs in der Kindheit und Adoleszenz) meinte denn auch am Ende einer dreijährigen Gruppentherapie, mit ihrem heutigen Selbstbewußtsein würde sie diese Invasion in ihre Intimsphäre durch einen Unbekannten nicht mehr widerspruchslos über sich ergehen lassen. Andere Gruppenmitglieder, Frauen wie Männer, pflichteten ihr bei.*

Beispiel 2: *Heyne gibt in ihrem Buch einer sexuell mißbrauchten Patientin das Wort, die in einer bioenergetischen Therapie war und lange Zeit nicht wußte, welche der zunehmenden Grenzüberschreitungen ihres Therapeuten noch zum körperorientierten Therapie-*

ansatz gehörten (Berührung, Kleider ausziehen etc.). Sie spürte zwar instinktiv, daß es qualitative Unterschiede bei den Berührungen gab, und ahnte, daß „etwas nicht in Ordnung" war, aber ihr „war oft unklar, wo die Grenzen liegen, was in einer Körpertherapie erlaubt ist und was nicht" (Fall Marion G., Heyne 1991, S. 86).

Diese Beispiele zeigen, wie wichtig es ist, daß Therapeut *und* Patientin sich klar darüber sind, was zwischen ihnen auf der Übertragungsebene abläuft, wenn mit dem Körper gearbeitet wird. Nur unter dieser Bedingung kann eine Einwilligung der Patientin zu einer körperlichen Intervention als „informierte Zustimmung" (siehe Berufsordnung der SGBAT) gelten. Zudem muß uns Körpertherapeuten immer bewußt sein, daß frühgestörte und körperlich mißbrauchte Patientinnen das Wahrnehmen ihrer Körpergrenze als ihrer natürlichen Grenze nie erworben oder dann verlernt haben. Hier sind trotz allfälliger verbaler Zustimmung Zweifel angebracht, und es ist vermehrt auf nonverbale Signale zu achten, die zusätzliche Informationen liefern können.

b. Mißbräuchliche Anwendung von Übertragungsdeutungen:
Das zweite Stadium sieht Wenger (1990) „gekennzeichnet durch eine Zunahme und Vertiefung des Verständnisses für das Übertragungsangebot" (a.a.O. S.8) der Patientin. Der Therapeut beginnt zunehmend, mit der Übertragung zu arbeiten, da sie ihm viel bewußter geworden ist. Die Gefahr in diesem Stadium besteht für den narzißtischen Therapeuten darin, selektiv für ihn angenehme positive Übertragungen eher als negative anzunehmen, aufzugreifen und damit zu verstärken. „Wie soll der Analysand aber seinen Haß und seine Verachtung bei uns *unterbringen* (von uns hervorgehoben), wenn wir meinen, uns immer als gütiger und weiser erweisen zu müssen als seine Eltern?" Wir sind doch „geneigt, auf seinen Haß und seine Verachtung primär mit negativen Gegenübertragungsgefühlen zu reagieren, *deren Überwindung Arbeit kostet"* (a.a.O. S.9).

c. Gegenübertragung und projektive Identifikation:
In der dritten Phase werden wir uns zunehmend unserer Gegenübertragungsreaktionen bewußt. Die Patientin wird versuchen, uns für ihre Wiederholungen als Mitspieler zu benützen (was bei uns eine projektive Identifikation bewirkt). Das ist ihr gutes Recht. Zu unserer Aufgabe als Therapeuten gehört es, daß wir uns als Übertragungsfigur ein Stück auf diese Wiederholung einlassen. Aber wir müssen uns unserer Rolle klar bewußt sein und die Patientin liebevoll auf ihre Wiederholung und

deren Ursprung aufmerksam machen, statt mitzuagieren (Weiss et al. 1986). Letzteres geschieht, wenn wir unsererseits auf diese projektive Identifikation reagieren, indem wir sie zur eigenen Konfliktlösung bzw. -abwehr benützen.

Vielleicht beginnt uns aufzufallen - oder wir werden von unseren Kollegen oder Supervisoren darauf aufmerksam gemacht, - daß sich gewisse Konstellationen in unseren Therapien wiederholen. Dies zeigt uns deutlich, daß wir unsere Reaktionen auf gewisse Patientinnen nicht einfach als projektive Identifikationen und damit als Problem der Patientin abqualifizieren können. Die Patientin hat bei uns Übertragungsgefühle ausgelöst, die primär mit *unserer* Restneurose, unseren unbearbeiteten Anteilen zu tun haben und nicht mit ihr. Vor allem, wenn die Patientin in einen Teil von sich vorstößt, den wir selber in unserer Therapie nicht vollständig bearbeitet haben, werden wir unsere Abwehr mobilisieren. Es ist also unerläßlich, klar zwischen Gegenübertragung im eigentlichen Sinne und projektiver Gegenidentifikation zu unterscheiden, da sonst die „Gegenübertragungs-Deutung“ wieder zum Machtmißbrauch werden kann, der dazu dient, die eigene Unzulänglichkeit abzuwehren. Die Tatsache, daß unsere Therapie nicht vollständig war, ist so schmerzhaft, daß wir geneigt sind, dies zu verdrängen (und die „Verursacherin“ unseres Unbehagens als „Überbringerin der schlechten Nachricht“ zu bestrafen).

Die Patientin ist dabei eindeutig in der schwächeren Position, vor allem, wenn sie mit ihrer Übertragung bei uns eine Gegenübertragungsreaktion ausgelöst hat. Doch muß hier nochmals ausdrücklich betont werden, daß dies nicht bedeutet, daß sie an unserer Reaktion „schuldig“ ist (obwohl sie als narzißtisches Mißbrauchsopfer nur allzu bereit ist, sich dafür schuldig zu fühlen).

Beispiel: *Ein Therapeut deutet seiner Patientin am Ende einer langen Therapie, in der die Separation infolge einer kollusiven Dynamik nicht stattfinden konnte, sie hätte ihn die ganze Zeit manipuliert, indem sie ihm Schuldgefühle gemacht habe. Für ihn war diese Behauptung ein Versuch, in der Kollusion, deren Ausmaß beide erahnten, sein Gesicht zu wahren. Für die Patientin war es eine sadistische Bestrafung dafür, daß sie nicht so gewesen war, wie er sie für seine Bedürfnisse gebraucht hätte. Er übersah - oder wehrte unbewußt ab -, daß es sich hier um zwei Vorgänge handelte: Einerseits hatte die Patientin in der Übertragung tatsächlich eine Wiederholung ihrer alten Kollusiongeschichte mit ihrer Mutter inszeniert, um die therapeutische Beziehung nach bewährtem masochistischem Muster zu kontrollieren. Andererseits mußte in seiner Geschichte unverarbeiteter masochistischer Mißbrauch* *geschehen sein, der ihn dazu bewogen hatte, sich ihr gegenüber schuldig zu fühlen und dadurch manipulierbar zu werden. Er hatte die Wiederholung mitagiert und sich mit seiner Deutung an ihr dafür gerächt. Zudem mißbrauchte er ihre Abhängigkeit zur Rettung seiner eigenen narzißtischen Unversehrtheit. Die Patientin blieb zurück mit Gefühlen von Schuld und Versagen („ich bin nicht therapiefähig").*

Die Erkenntnis der Unvollständigkeit unserer eigenen Therapie stellt natürlich unsere berufliche Tätigkeit in Frage. Unser (überhöhtes) therapeutisches Ich-Ideal erleidet Risse. Doch ohne Annäherung des (therapeutischen) Ich-Ideals an das Real-Ich „besteht wohl kaum die Möglichkeit, uns selber später je als, ‚gut genug' (Therapeuten) einzuschätzen" (Wenger, a.a.O. S.13). Damit können wir aber unserer Patientin auch nicht als alternatives Modell zu ihrem überhöhten narzißtischen Ich-Ideal dienen; sie muß mit uns in einer kollusiven narzißtischen Blase verharren.

5. Prophylaktische Überlegungen

Es kann sich nicht darum handeln, den narzißtischen Mißbrauch aus einer anklagenden Ueber-Ich-Position heraus als therapeutisches „Verbrechen" anzuprangern und zu ahnden. Das stünde uns nicht an und würde das Problem zudem vertiefen: Der Therapeut würde wahrscheinlich defensiv reagieren; die Patientin müßte ihren Therapeuten zum Schutze der eigenen narzißtischen Homöostase und aus Loyalität gegenüber dem „Vater" verteidigen. Der Konflikt wäre damit nach außen gegen den Ankläger verlegt, die notwendige interne Auseinandersetzung würde ausbleiben. Möglicherweise würde eine „Ganz-gut" versus „Ganz-schlecht"-Polarisierung provoziert, was einer Regression von der narzißtischen auf die Borderline-Ebene entspräche.

Obwohl, wie in jeder Kollusion, die moralische Frage nach Täter und Opfer, nach Verführer und Verführter problematisch ist, steht außer Zweifel, daß sich die Patientin in der Therapie über weite Strecken in einem kindlichen Abhängigkeitsverhältnis zu ihrem Therapeuten befindet. Sie hat ihm in seiner (Übertragungs-) Rolle ihr Innerstes preisgegeben (Rutter 1991) und erhofft, daß er derjenige sei, der auf ihr Angebot der neurotischen Wiederholung *nicht* eingehe (Weiss et al. 1986). Somit ist es *eindeutig* die Verantwortung des Therapeuten, kollusive Situationen und Mißbrauch zu erkennen und zu verhindern.

Was kann er tun? Wir sehen drei Ansatzpunkte, wobei es sich bei allem um einen ständigen Prozeß handelt, der also - definitionsgemäß - nie abgeschlossen sein kann.

a) Selbstkontrolle

Eine erste mißbrauchsprophylaktische Möglichkeit liegt im ständigen Bemühen um genügend Abstand und Über-Sicht in unserer therapeutischen Arbeit. Dazu können z. B. die sorgfältige Protokollierung der Sitzungen, zumindest aber regelmäßige Notizen beitragen. Sich Zeit zu nehmen zur Reflexion, zur Formulierung, zur Benennung des Erlebten, kann einen „Raum" der Auseinandersetzung, der Einsicht, ja innerlichen Supervision oder gar Selbstanalyse schaffen. Noch wirksamer wird die Selbstkontrolle durch das Anhören von Tonbandprotokollen oder das Ansehen von Videoaufnahmen.

Daneben kann natürlich das Studium von Fachliteratur, (anderer) Therapiekonzepte, Theorien und Techniken, kurz jede Art von Fortbildung in Psychotherapie für die Prophylaxe von narzißtischem Mißbrauch in der Therapie hilfreich sein, jedenfalls dort, wo sie zu einer konstruktiven Infragestellung des eigenen Tuns führt.

b) Supervision

All diese Selbsttätigkeit wird uns aber nicht den Gewinn von kritischer und hilfreicher Supervision ersetzen. Gerade wo wir in einer Therapie mit eigenen abgewehrten narzißtischen Wünschen und Bedürfnissen beteiligt sind, brauchen wir den liebevollen und wohlwollenden Spiegel eines Supervisors oder von Kollegen, also Peer-Supervisoren. Mit einem Bild: Wie können wir jemanden aus einer Gletscherspalte retten? Natürlich begeben wir uns zu ihm hin. Aber wir verlassen uns nicht allein auf unsere bergsteigerischen Fähigkeiten, wir lassen uns von unseren Kameraden mit dem Seil sichern.

Diese Seilschaft, in welcher die Supervision geschieht, muß einen Schonraum gewährleisten, der uns ermöglicht, uns mit unserer eigenen narzißtischen Bedürftigkeit zu spüren, zu zeigen, sie zu verstehen und zu verarbeiten. Dies setzt aber eine Atmosphäre des Vertrauens und der Sicherheit, nicht verurteilt zu werden, voraus. Andererseits ist es von Vorteil, mit verschiedenen Supervisoren zu arbeiten, da sich in einer bewährten Arbeitspartnerschaft blinde Flecken auch auf das Team ausbreiten können. (Wie weiter oben erwähnt, kann sich narzißtischer Mißbrauch in der Therapie gerade durch gegenseitiges Wohlbefinden auszeichnen.)

Beispiel: *Einer der Autoren ist seit 4 Jahren in einer Peer-Supervisionsgruppe mit KollegInnen, mit denen ihn schon die fünfjährige Ausbildung zum Bioenergetik-Therapeuten und eine dazugehörende Gruppensupervision verbindet. Die mit viel Selbsterfahrung verbundene Ausbildung hat zur Folge, daß man nichts mehr zu verstecken braucht, da man sich ja im weitesten Sinne schon „nackt" kennt. Diese*

Vertrautheit gibt einerseits die oben geforderte Geborgenheit, andererseits besteht die Gefahr gegenseitigen „Verschonens", einer narzißtischen Gruppenkultur mit gemeinsamen blinden Flecken.

Konkrete Vorschläge:

1.) Jeder Therapeut bemüht sich, sein Augenmerk vermehrt auf sogenannte „problemlose Therapien" zu richten, die er normalerweise nicht in die Supervision bringen würde, weil sie so gut laufen. Vorstellbar wäre z. B. eine routinemäßige jährliche Standortbestimmung jeder Therapie bei einem Supervisoren oder Kollegen.

2.) Der Gefahr, in der Supervision „blinde" Flecken auszulassen, könnte durch Tonbandaufzeichnungen gegengesteuert werden. Nach unseren Erfahrungen können audiovisuelle Mittel gerade für in Körpertherapie geschulte Therapeuten erstaunliche Einsichten über die interpersonelle Dynamik zutage fördern. Viele Kollegen berichten übereinstimmend, daß Patientinnen z. B. den „Eingriff" einer Videoaufnahme nicht nur gut „überstehen", sondern unser implizites Eingeständnis, nicht unfehlbar zu sein, als Entlastung erleben. Es gibt unseres Wissens keine Beweise dafür, daß eine realitätsgerechte Ent-Idealisierung des Therapeuten einer Therapie je geschadet hätte. Außerdem kann es von großem Nutzen für die Stärkung des beobachtenden Ichs sein, die Patientin ein Videoband ansehen zu lassen, sei es allein zu Hause oder in der Praxis.

Im übrigen können Videokamera oder Tonbandgerät in einer Therapie, in der Kollusionsverdacht besteht, eine konstruktive *triangulierende* Funktion übernehmen. Das objekivierende Medium kann von der Patientin bewußt oder unbewußt als raumschaffend und entwirrend erlebt werden. Medien können eine Art Zeugenfunktion übernehmen, vergleichbar der „Zeugenfigur", die A. Pesso (nicht zuletzt, um die Übertragung auf den Therapeuten etwas zu reduzieren) in seine psychomotorische Therapie eingeführt hat. Der Zeuge ermöglicht dem Patienten aber vor allem, durch Spiegelung seine geäußerten Gefühle besser wahr- und zu sich zu nehmen (Moser/Pesso 1991).

Wenn dem Therapeuten - vielleicht mit Hilfe seines Supervisors - bewußt geworden ist, daß er mit seiner Patientin in einer narzißtischen Kollusion verhängt ist, stellt sich die Frage nach deren „Behandlung". Hier könnte ein unbeteiligter Dritter (der möglichst weder dem Therapeuten noch der Patientin nahesteht und somit nicht als Partei auftritt) die Rolle eines „Paartherapeuten" übernehmen. Seine triangulierende Aufgabe bestünde darin, die kollusive Dynamik für beide Beteiligten transparent zu machen.

Beispiel: *In einer verzweifelten kollusiven Therapiesituation mit akuter Psychosegefährdung wirkte bereits der Vorschlag, einen „Helfer“ beizuziehen, entlastend und gestattete der Patientin, bei einer Freundin „das Schweigen zu brechen“, d. h. erstmals über ihre Therapie zu sprechen. Später betonte sie wiederholt, daß es die Bereitschaft des Therapeuten, sich mit seinem Anteil an der Beziehungskrise einem Außenstehenden zu stellen, gewesen war, die ihr erlaubt hatte, wieder ein Minimum an Vertrauen in die Therapie zu fassen. Das war eine erschütternde und korrigierende Erfahrung für die in ihrer Kindheit massiv narzißtisch mißbrauchte Frau: Eine realitätsgerechte Krisenbewältigung, d. h. hier eine Separation, in der beide Symbiosepartner überleben, wurde vorstellbar.*

3.) Eine noch intensivere Form ist die Live-Supervision. Nach unserer Erfahrung in Supervisions-Workshops bringt die Stress-Situation durch die Anwesenheit eines „elterlichen“ Dritten den Charakterwiderstand der beiden Beteiligten und damit eine allfällige kollusive Dynamik mit verschärfter Deutlichkeit zum Vorschein. Sie wirkt prophylaktisch im eigentlichen Sinne, indem sie auch potentielle Kollusionen aufzeigt.

Beispiel: *So konnten die beiden Autoren an dem unter * erwähnten Supervisionsworkshop beobachten, wie in Ausbildung und Therapie scheinbar gründlich bearbeitete Charakterstrukturen des „Therapeuten“ im Verlauf einer Sitzung mit einer „Patientin“ unter dem „Druck der Öffentlichkeit“ in alter Frische wiedererstanden. Daß diese ernüchternde Erfahrung für den Narzißmus des Therapeuten eine Belastung bedeutet, braucht hier wohl nicht erwähnt zu werden. Die geschützte Situation unter vertrauten Kollegen erlaubte aber, daß der „Therapeut“ zum Patienten der Gruppe werden konnte. Ein Stückchen Re-Therapie fand statt und wurde evtl. auch nach dem Kurs aufgrund des Erlebten weitergeführt.*

4.) Einige allgemeine Bemerkungen zur Supervision.
Wir und viele unserer Kollegen haben ausgezeichnete Erfahrungen damit gemacht, unseren Patientinnen schon beim Indikationsgespräch, beim Festlegen des Settings, offen zu erklären, daß wir wahrscheinlich ihre Therapie mit Kollegen besprechen und evtl. Medien einsetzen würden. Bei dieser Gelegenheit konnten auch Fragen betreffend Vertraulichkeit und Schweigepflicht beantwortet werden.

Es liegt auf der Hand, daß auch im Einsatz von Medien und Beizug von anwesenden Dritten die Gefahr für therapeutische Fehler und narzistischen Mißbrauch besteht. Deshalb muß man genau abwägen, was man damit auf der infantilen Ebene, in der Übertragung, bewirkt. Die Mittel müssen der Struktur der Patientin, dem Stand der Therapie etc. angepaßt sein.

Es erscheint uns bedenklich, daß einige Therapeuten Supervision als eine narzißtische Kränkung erleben, die sie zwar während der Ausbildung über sich ergehen ließen, aber nach Erreichen des „Reifezeugnisses“ (Graduierung, Praxisbewilligung) als zeit- und geldraubend aufgeben. Wir betrachten Supervision oder Peer-Supervision als notwendiges Instrument zur fortwährenden Qualitätskontrolle unserer therapeutischen Arbeit. Analog zu Freuds Postulat von der „unendlichen Analyse“ sehen wir Supervision als einen Prozess an, der nie zuende gehen sollte („lifelong supervision“).

c) Re-Therapie

Schließlich kann jede Supervision an die Grenze uns unbewußter und somit (noch immer) abgewehrter narzißtischer Verletzungen führen. Hier wird das aufmerksam-gemacht-werden durch den Supervisoren allein nicht helfen. Allenfalls läßt uns die Kontrolle mit dem hilflosen, ohnmächtigen Gefühl dieser Grenze zurück. Es bleibt die Selbstanalyse, die lebenslange Arbeit (die „unendliche Analyse“), vielleicht eine Re-Therapie, eine nächste „tranche“, für uns Bioenergetiker die ständige und immer wieder neue Körperarbeit bei einem vorzugsweise anderen Therapeuten. Denn letztlich schaffen nur die selbst verarbeiteten, losgelassenen, durchtrauerten Gefühle im Zusammenhang mit unseren eigenen narzißtischen Wunden unseren Patientinnen den nötigen Raum, ihrerseits ihre abgewehrten Gefühle zuzulassen, loszulassen, zu verarbeiten, zu versöhnen, zu integrieren, zu verwandeln.

6. Schluß

Bei der Auseinandersetzung mit dem narzißtischen Mißbrauch in der Therapie sind wir zum berufsinhärenten Überforderungsrisiko in der Psychotherapie gekommen, in dieser so zerbrechlichen und zugleich macht-vollen Abhängigkeitsbeziehung zwischen zwei Menschen. Hier geht es um Einsicht und Verständnis von tiefsten, verborgensten und angstmachenden Gefühlen, um narzißtische Wunden. Vom Therapeuten wird fast Unmögliches verlangt: Er muß sich betreffen lassen, verletzlich bleiben, aber immer zugleich auch draußen stehen, zuschauen, zu verstehen suchen (sein Gegenüber und sich selbst). Er muß dafür besorgt sein, daß Spaltung („ego split“) immer wieder geschieht und aufgehoben wird. Er wird vielleicht im Umgang mit den narzißtischen Themen der Patientin und ihrer Entwicklung - Empathie, Verschmelzung, Symbiose, Regression vs. Abspaltung, Separation, Individuation, Emanzipation - häufig mit seinen eigenen narzißtischen Wunden und Bedürfnissen konfrontiert. Es ist seine Aufgabe, sich für die narzißtischen Wünsche und Bedürfnisse der Patientin als Objekt zur Verfügung zu stellen, ohne sie zu befriedigen. Er soll nur dabeisein, wahr-nehmen, evtl. fragen und sein Verstehen anbieten, damit sie lernt, sich selber zu verstehen und zu lieben. Dabei kann er den fast unerträglichen Druck verspüren, für seine Patientin etwas zu tun, das sie selber (noch) nicht kann. Damit nähme er ihr zwar etwas ab, *aber auch weg*, überschritte ihre Grenzen, wahrscheinlich zum Wohle seiner eigenen narzißtischen Bedürfnisse. Wir sehen: Die therapeutische Arbeit mit narzißtischen Problemen führt den (narzißtischen) Therapeuten an eine Grenze von Überforderung.

Es kann sich nicht darum handeln, hier diese Überforderung überwinden zu wollen. (Das wäre wiederum eine narzißtische Größenphantasie.) Wir meinen, es gelte, mit dieser „Unmöglichkeit" (Freud) zu leben, vielleicht auch an ihr zu üben und zu wachsen (ohne narzißtischen Perfektionsanspruch). Dabei ist eine gute, aber kritische *Eigenbesetzung* hilfreich und nötig. Darüber hinaus erscheint uns nach wie vor das Gespräch mit anderen (Kollegen, Supervisoren) die zuverlässigste Prophylaxe. Wir brauchen einen geschützten Raum, in dem wir nachspüren, miteinander nachdenken, gemeinsam Fragen stellen dürfen über uns, unsere Arbeit und darüber, was ein Psychotherapeut sein könnte, der „gut genug" ist.

Literatur:

Anonyma: *Verführung auf der Couch.* Freiburg 1988.

Bion, W.R.: zitiert nach Beland, H., Vortrag im Pychoanalytischen Seminar Basel, Dezember 1989.

Cremerius, J.: *Maxime und Realität.* In: Anonyma, *Verführung auf der Couch.* Freiburg 1988.

Dreyfus, P.: *Verführung in der Psychoanalyse.* Vortrag im Zyklus „Verführung" des Psychoanalytischen Seminars Basel 1991.

Grunert, J.: *Intimität und Abstinenz in der psychoanalytischen Allianz.* In: Jahrbuch der Psychoanalyse, Bd. 25, Stuttgart - Bad Canstatt 1989.

Haug, H. und Dreyfus, R.: *On Narcissistic Abuse in Therapy.* In: Forum 2/1989 der Schweiz. Gesellschaft für Bioenergetische Analyse und Therapie. Basel 1989.

Heyne, C.: *Tatort Couch. Sexueller Mißbrauch in der Therapie.* Zürich 1991.

Lipp, H.P.: *Traumatische Neurosen. Eine Begriffsklärung.* Vortrag im Zyklus „Verführung" des Psychoanalytischen Seminars Basel 1990.

Miller, A.: *Das Drama des begabten Kindes.* Frankfurt 1979.

Miller, A.: *Du sollst nicht merken.* Frankfurt 1981.

Moser, T.: *Kompass der Seele. Ein Leitfaden für Psychotherapiepatienten.* Frankfurt 1984.

Moser, T./Pesso, A.: *Strukturen des Unbewußten. Protokolle und Kommentare.* Stuttgart 1991.

Rutter, P.: *Verbotene Nähe. Wie Männer mit Macht das Vertrauen von Frauen mißbrauchen.* Düsseldorf 1991.

Walter, U.: *Einführungsreferat am Arbeitstag der SGBAT zum Thema: Narzißtischer Mißbrauch in der Therapie.* Basel 1989.

Walter, U.: *Verführung und Verfremdung. Wo Es war, kann nicht Ich werden. Von der Zerstörbarkeit der Wünsche im psychoanalytischen Prozess.* Unveröffentlichtes Manuskript, erweiterte Fassung eines Vortrags im Zyklus „Verführung" des Psychoanalytischen Seminars Basel 1990.

Weiss, J.: *Unconscious Mental Functioning.* In: Scientific American. März 1990, S. 75 - 81.

Weiss, J., Sampson, H. and the Mt. Zion Psychotherapy Research Group: *The Psychoanalytical Process. Theory, Clinical Observation and Empirical Research.* Guilford Press 1986.

Wenger, V.: Vortrag im Zyklus „Verführung" des Psychoanalytischen Seminars Basel 1991.

Wirtz, U.: *Seelenmord. Inzest und Therapie.* Zürich 1989.

Der mißbrauchte Mann

Drei Arten von Mißbrauch bei einem Patienten mit nicht triangulierter Frühbeziehung

Sigrid Damm

Einleitung

Es soll über einen bei Therapiebeginn 40-jährigen Patienten berichtet werden, ich möchte ihn Gerold B. nennen. Er kam wegen Depressionen und zwanghaften Suizidvorstellungen. Er litt außerdem an schweren Störungen der Selbstwahrnehmung sowie massiven Minderwertigkeitsgefühlen und Zuständen symbiotischer Verschmolzenheit mit der Mutter. Er hatte schwerste Krampfadern. Eine fast vollständige Selbstäußerungshemmung erschwerte den Einstieg in die Therapie so, daß die Ehefrau mitkam, um im Erstgespräch für ihren Mann zu sprechen. Diese war dann, aus eigenen Gründen, auch einige Jahre bei uns in Therapie. Zu Beginn bestand das Familiengefüge aus drei Zweierbeziehungen: zwischen den Eltern, Vater und Tochter, Mutter und Sohn. In Herrn B.'s Lebensgeschichte waren drei verschiedene Formen von Mißbrauch aufgetreten: Realer Mutter-Sohn-Inzest im frühen Kindesalter bei nicht triangulierter Beziehung, aggressiv-destruktive Kindesmißhandlung und, als Voraussetzung für beides, eine extrem mißbräuchliche Form der Mutter-Sohn-Beziehung. Die Behandlung dauerte acht Jahre. Solch lange Therapiedauer ist bei Patienten zu erwarten, die schwerste Traumata erlebt haben, an fundamentalen Beziehungsstörungen leiden und darüber hinaus weitreichende Defekte basaler Ich-Funktionen aufweisen. Die Therapie wurde kombiniert durchgeführt: tiefenpsychologisch fundierte Einzelpsychotherapie parallel zu Mehrphasentherapie in der Gruppe (268 Einzel-, 206 Gruppen-, vier Familientherapiesitzungen). Die Gruppe wird von mir unter Assistenz einer Co-Therapeutin und eines Co-Terapeuten durchgeführt. Als Krisenintervention erhalten Patienten zusätzlich mehrstündige intensive Einzelsitzungen von mir oder einem der Co-Therapeuten, um heftige Dynamik schnell abzubauen.

Die Methode der Mehrphasentherapie wird im ersten Kapitel vorgestellt. Dann folgt die Lebensgeschichte des Patienten. Die drei Mißbrauchsformen werden in der Reihenfolge behandelt, in der sie in der Therapie aufgetreten sind.

Zunächst wird der reale Mutter-Sohn-Inzest und die Therapie der Folgestörungen beschrieben. Die Bearbeitung dieser Tabuverletzung war hochgradig schwierig und nahm besonders viel Zeit in Anspruch.

Sie wird am ausführlichsten geschildert. Anschließend wird der destruktiv-aggressive Mißbrauch und die diesen betreffende Therapie beschrieben. Die durch die Inzest-Verarbeitung gewonnene Ich-Stärke verkürzte jetzt den Prozeßverlauf.Auch durch die Züchtigungen waren schwere strukturelle Schäden entstanden.

Im Anschluß wird die Durcharbeitung der mißbräuchlichen Beziehung zwischen Mutter und Sohn geschildert. Diesem Kapitel geht ein Exkurs über Merkmale von Beziehungsausbeutung voraus. Beziehungsmißbrauch stellte das Milieu dar, in dem sich der inzestuöse und der destruktiv-aggressive Mißbrauch herauskristallisieren konnten. Auch das hochgradig ambivalente Beziehungsmuster des Patienten kommt hier zur Darstellung.

Den Abschluß bildet die Falldiskussion.

Das angewandte Verfahren

(Tiefenpsychologisch fundierte Einzelsitzungen kombiniert mit Mehrphasentherapie in der Gruppe)

Letztere ist eine Kombination aus Gruppenarbeit, Modellimprovisation und Regressionstechnik mit tiefenpsychologisch fundierter Langzeit-Einzelpsychotherapie. Die Methode steht den an psychosomatischen Kliniken angewandten nahe. Ihre Anwendung in der ambulanten Psychotherapie ermöglicht den Patienten den Verbleib im vertrauten Milieu mit dem Umfeld der persönlichen Beziehungen und der Fortführung der beruflichen Tätigkeit. Während die Mehrzahl der Psychoanalytiker vor 15 Jahren der Regression einen hohen Stellenwert bei der Veränderung intrapsychischer Steuerung zuschrieb, gilt schon der Begriff „Regression“ z.Zt. bei vielen modernen Psychotherapieforschern als fragwürdig. Man sieht das Korrektiv der psychischen Steuerung heute nur in der Bearbeitung des im „Hier und Jetzt“ auftauchenden Materials der Übertragungsbeziehung, die dann mit der schrittweise erlebten neuen Beziehungsform zwischen Patient und Therapeut verglichen wird. Dabei entstehe eine „korrigierende Erfahrung“, die die inneren Repräsentanzen und damit die Steuerung verändere. In unserer Arbeit werden nebeneinander beide o.g. Ansätze gleichwertig gemäß dem aktuellen Bedarf für den Fortgang des Prozesses verwendet: Gezielte Regression und der Vergleich der im „Hier und Jetzt“ der jeweiligen Übertragung aufscheinenden Erfahrung mit korrektiven neuen Beziehungserlebnissen werden therapeutisch genutzt. Mit dieser flexiblen Handhabung haben wir gute Erfolge erzielt.

Patienten habe eine Einzelsitzung und eine Mehrphasentherapie-Gruppensitzung pro Woche. Raum und Zeitpunkt für beide Settings sind verschieden. Die Gruppe umfaßt zwölf Mitglieder. Sie wird von mir unter Assistenz einer Co-Therapeutin und eines Co-Therapeuten geführt. Modellimprovisation (M-Gruppe) und Regressionstechnik (R-Gruppe) finden im turnusmäßigen Wechsel von zwei Monaten statt. Bei Bedarf werden Phasen von Familientherapie oder andere unterstützenden Maßnahmen zur Bewältigung aktueller Lebenssituationen angewandt. Dies geschieht, wenn im Alltag benötigte Ich-Funktionen noch zu undifferenziert sind. Beispiele: Arbeitsunfähigkeit, Prüfungsversagen.

Besonders geeignet sind Patienten mit psychosomatischen Erkrankungen, basalen Ich-Defekten, schweren frühen Objekt-Beziehungsstörungen, Grundstörung (Balint 1970), Borderline-Störungen (Kernberg 1988), Folgeerscheinungen Anaklitischer Depression (Spitz 1965), Real-Inzest (Hirsch 1987) schwer traumatische und andere Lebens- und Beziehungserfahrungen. Für die Behandlung so basaler Störungen legen die Ergebnisse der modernen Baby-Beobachtung Korrekturen der theoretischen Einordnung und auch neuartige Weisen klinischen Vorgehens nahe (Herbrügge 1991).

Die Einzelsitzungen in tiefenpsychologisch fundierter Langzeittherapie

In den Sitzungen werden Übertragungsbeziehung und Widerstand durchgearbeitet, ebenso die konkrete Lebenssituation und Material aus Gruppensitzungen. Therapieinhalte werden zur Lebensgeschichte in Beziehung gesetzt.

Die Gruppensitzungen

Zur Regressionstechnik (R-Gruppe)

Sie stellt eine Weiterentwicklung der Primärtherapie nach Janov dar (Janov 1974) unter Berücksichtigung psychoanalytischer Erkenntnisse und Methodik. In der Primärtherapie arbeitet man mit Techniken, die tiefe Regression ermöglichen und benutzt für diese spezielle Art der Aktivität das Verb „to primal". Im Deutschen hat es sich eingebürgert, für die gleiche Aktivität auch den gleichen Anglizismus zu übernehmen und die Anwendung dieser Techniken als „primaln" zu bezeichnen. Als „ein Primal" benennt man die Gesamtheit eines solchen regressiven Durchgangs mit allen dazugehörigen Inhalten, Affekten, Verhaltens- und Ausdrucksformen. Was im einzelnen darunter zu verstehen ist, wird wohl in der Fallschilderung deutlicher.

Regressionstechnik ist eine Therapie des Einzelnen in der Gruppe.

Die R-Gruppen-Sitzung ist aufgeteilt in die dreistündige Regressions- und die zweistündige Durcharbeitungsphase. Während der Regressionsphase liegen die Patienten im abgedunkelten Raum. Sie erleben Situationen und Konstellationen, die, meist in früher Kindheit, pathogen strukturierend wirkten. Anteile dieser „primären" Erlebnisse werden teilweise in veränderten Bewußtseinszuständen tief regressiv wieder durchlebt. Visuelle Eindrücke, Affekte, Gerüche, Wahrnehmungen treten auf.

Die Therapeuten beschäftigen sich für 20 - 40 Minuten mit dem einzelnen Patienten. Es wird gezielt körpertherapeutisch oder szenisch mit der bildhaft erlebenden Form der Wahrnehmung gearbeitet. Die Durcharbeitungsphase findet sitzend, im erleuchteten Raum, verbal statt. Sie dient dem Anschluß des regressiv Erlebten an das logische Denken und kritische Bewußtsein. Es wird gezielt an der Verknüpfung von „coenästhetischer", also ganzheitlicher und „diakritischer", also logisch unterscheidender Wahrnehmung gearbeitet. Dabei wird auch eine Distanzierung vom regressiv Durchlebten erreicht. Der Aspekt der Gruppendynamik ist reduziert zugunsten der oft schwierigen Verbalisierung des in der Regression Durchlebten.

Zur Modellimprovisation (M-Gruppe)

Modellimprovisation ist eine Weiterentwicklung der „Rhythmischen Erziehung", einer Form von Ganzheitspädagogik, die in den fünfziger Jahren Ausbildungsfach für Studierende der Kinder- und Erwachsenenpsychotherapie an der heutigen Stuttgarter Akademie für Tiefenpsychologie war. Urheber war Jaques-Dalcroze (Dalcroze 1921, Feudel 1949), mit dem u.a. Reich und Neil im Zentrum Hellerau bei Dresden zusammenarbeiteten.

Es wird modellhaft improvisierend mit basalen Ich-Funktionen gearbeitet. Inhalte sind: Körper- und Bewegungsgefühl, Körperwahrnehmung, die Fähigkeit anzufassen oder sich anfassen zu lassen, Atmung, Gehen, Stehen, Liegen. Ähnlich wie in Kindertherapien haben Patienten auch Gelegenheit, sich im kreativen Ausdruck zu erfahren: Sie malen, singen, tanzen, erfinden Musik, stellen Szenen dar. Umgang mit Raum, Zeit und deren Strukturierung bieten ebenfalls Auslöser für spezielle Reaktionen. Auch Einbeziehen von Material und Gegenständen gewährt Einblicke in Verhaltensmuster und Ich-Defekte. Wichtige Impulse entstehen aus der Arbeit mit Partnern: Führen - sich Führenlassen, sich Einfühlen - sich Abgrenzen (Feudel 1949). Kennzeichnend ist, daß die Teilnehmer mit Modellsituationen, die oft für tägliche Lebenssituationen stehen, frei improvisierend umgehen. Die Vielfalt der Modellsituationen, durch die die Patienten immer neu überrascht und zur spontanen Reaktion herausgefordert werden, schafft zahlreiche facettenartige Spiegelungsmöglichkeiten. An diesen werden oft tief-unbewußte Fantasien und Erlebnisbereitschaften deutlich (Becker 1981, Winnicott 1973). Die unerwartete Konfrontation mit abgewehrten eigenen Anteilen löst oft dramatische Wirkungen aus. Man kann geradezu von einer „Baggerfunktion" sprechen. Außerdem bietet die M-Gruppe auch pädagogische Möglichkeiten zur Nachdifferenzierung undifferenziert gebliebener basaler Ich-Funktionen (Kutter 1991). Verbale Durcharbeitung des zutage tretenden Materials erfolgt kontinuierlich im Gruppenverlauf. Sie nimmt mindestens die Hälfte der Sitzungszeit in Anspruch. Ohne diese würde das Erleben der jeweiligen Modellsituation entweder an der Oberfläche bleiben oder, bei Affektdurchbrüchen, die Durcharbeitung unvollständig sein.

Zur Methodenkombination

Mehrphasentherapie als kombinierte Therapiemethode steht den in psychotherapeutischen und psychosomatischen Kliniken angewandten Verfahren nahe. Durch die Kombination der Methoden werden den verbalem Kontakt zugehörigen Ich-Funktionen weitere hinzugefügt, die gruppen- und körpertherapeutische Ansätze einschließen und kreative Fähigkeiten ansprechen. Auf diese Weise werden manchmal Behandlungen möglich, wo sonst für ambulante Therapie kein Ansatz zur Verfügung stünde (Müller-Braunschweig in Hrsg.Brähler 1986, Müller-Braunschweig in Hrsg. Uexküll 1990).

Bei derartigen Kombinationen konstellieren sich multiple Übertragungen (Kutter 1982), die als schwer überblickbar und beherrschbar gelten. Unsere Erfahrung ist anders: Vielfältige Übertragungskonfigurationen werden bei entsprechender Übung durchschaubar. Ihre technische Handhabung ist, wie andere technische Maßnahmen, erlernbar (Damm in Kutter 1985). Speziell bei Patienten mit Borderline-Störungen wirkt eine Aufspaltungsmöglichkeit der Übertragung oft therapiestabilisierend (Kernberg 1985).

Fallbericht

Herkunftsfamilie und Lebensgeschichte

Herr B. wurde im letzten Krieg als Wunschkind zwischen Bombenangriffen geboren. Die Großmutter, die zu Babies ein gestörtes Verhältnis hatte, kommentierte sein verknautschtes Aussehen hämisch mit: „Waas?! Des isch'r?!" Mutter und Kind lebten mit im großelterlichen Gasthaus, weil der Vater Soldat war. Die Großmutter war unehelich geboren, als Kind von ihren Eltern fortgegeben. Ein Kind erlebte sie als „Lebenszerstörer". Kurz vor Geburt des Patienten verlor sie den einzigen Sohn im Krieg. Sie habe für den Rest ihres Lebens dann nur noch Schwarz getragen. Den Angstellten war es in Herrn B.s ersten Lebensjahr wegen des Todesfalles streng untersagt zu lachen.

So war seine frühe Kindheit wie von einer düsteren Wolke überschattet. Der Großvater sei liebevoll, weich, aber schwach gewesen. Die Mutter litt an schwersten Ausfällen der Impulssteuerung. In der Entwicklung durch ihre unehelich geborene Mutter geschädigt, ohne Stütze durch einen anwesenden Ehepartner, unter der drückenden Atmosphäre nach dem Tod des Bruders dekompensierte sie vielfältig. Ihre Struktur dürfte der von De Boor geschilderten „Entwicklungspsychopathie" nahegestanden haben (De Boor 1981). Sie war nicht imstande, als Subjekt zu anderen Subjekten Kontakt aufzunehmen und zu halten. Sachbezüge hatten eine höhere Wertigkeit als die heftigen, aber ambivalenten Bezüge zu Personen. Sie hatte die Beziehungsstörungen und krankhaften Fantasien von ihrer eigenen Mutter übernommen und entwertete beide Eltern sowie auch ihren Sohn. Herr B. konnte wegen der psychischen Störungen seiner Mutter seine „Kompetenz als Säugling" (Köhler 1990) nicht ausreichend weiterentwikkeln. Er wurde von seiner Mutter in eine lebenslänglich dauernde pervertierte Beziehung mit habitueller Abwertung und daneben symbiotischer Verschlingung genötigt. Letztere ging so weit, daß er sich vielfach von ihr als ununterscheidbar erlebte.

Die Mutter verachtete Männer und war zugleich von ihnen fasziniert. Sie sei hart und herrisch gewesen und im Gegensatz zu ihren Eltern hinter dem Geld her. Sie habe Herrn B. zwar gestillt, aber als Baby stundenlang schreien lassen. Als er laufen konnte, sei er mit in die Gaststube genommen worden, aber weiterhin schweren Deprivationen ausgesetzt gewesen. Er habe als kleines Kind hinter der Theke sitzen und dort ganz allein essen müssen. Er habe den Gasthof nicht allein verlassen dürfen, es sei aber auch niemand mit ihm fortgegangen. Überwältigt von entmischten Aggressionen, hat die Mutter den Sohn brutal geschlagen, ihn auch häufig „Krüppel" geschimpft. Bis zur Heimkehr des Vaters schlief er mit ihr in einem Bett. Dabei sei Kontakt und Verbundenheit mit der Mutter zustande gekommen. Es kam zu jahrelang andauernden inzestuösen Handlungen zwischen beiden. Sie verhielt sich dabei wohl vorwiegend passiv und ließ sich vom Sohn hocherotisch streicheln und betasten. Die Handlungen kamen nur im Dunkeln, ohne Blickkontakt zustande. Worte durften nicht verloren werden. Durch dies Verhalten erhielt die Mutter die Fakten in einem

Zustand ständiger Leugnung (Shengold 1963). Sie war sexuell ambivalent: Einerseits habe sie aus Prüderie strikt abgelehnt, auch nur eine Tasse Kaffee mit männlichen Kunden zu trinken. Andererseits habe sie nach Heimkehr des Mannes aus der Kriegsgefangenschaft diesen durch Verlangen nach täglichem Sexualverkehr überfordert.

Bei Rückkehr des Vaters war Herr B. sechs Jahre alt. Da die Mutter nur in symbiotischen Zweierbeziehungen leben konnte, wurde der Patient jetzt nicht nur aus dem Bett verbannt, sondern geriet auch in eine völlige Isolation. Ein Jahr nach Heimkehr des Vaters unternahm die Mutter aus Enttäuschung an ihrer Ehe an sich und einem neugeborenen Säugling einen dramatischen Doppelselbstmordversuch. Herr B. wurde später wieder in seine Rolle als ihr Double und Partner eingesetzt. Neben seiner eigenen Eifersucht zwang ihn nun auch der Druck der Mutter, den Vater als Feind zu erleben und zu bekämpfen.

Während Herrn B.s Adoleszenz war die Mutter wegen Depressionen und Wahnvorstellungen in einer psychiatrischen Klinik. Sie drückte dort brieflich inneres Erleben aus, was sie mündlich nie getan hatte. Bei ersten Liebesbeziehungen des Patienten verhielt sie sich wie eine eifersüchtige Ehefrau, unterschlug und beantwortete Post an ihn. Während des Studiums wurde eine Mitstudentin von ihm schwanger. Er heiratete sie. Im Abstand von fünf Jahren wurden ein Mädchen und ein Junge geboren, deren Säuglingspflege der Patient übernahm, was auch der Kompensation eigener früher Unversorgtheit entsprach. Wenige Jahre nach Herrn B.s Eheschluß erkrankte die Mutter an Polyarthritis. Er besuchte und pflegte sie bis zum Tode täglich. Angeblich habe er die Mutter als einziges Familienmitglied anfassen können, ohne ihr Schmerz zuzufügen. Sie verachtete und entwertete den Vater, weil er die Krankenpflege nicht ständig ertragen konnte. Schließlich hatte der Vater eine Freundin.

Therapieverlauf

Über die Arbeit der ersten 3 1/2 Jahre sollen hier der Kürze halber nur einige Themen erwähnt werden: Die von schweren Kontaktdeprivationen durchsetzte Säuglings- und Kleinkindphase, in der der Patient aber auch das „Ein und Alles" seiner Mutter war; der Haß auf den Vater bei dessen Rückkehr; die fehlende negativ-ödipale Identifizierung mit dem Vater nach Kohut (Kohut 1977); Schuldgefühle gegenüber dem Bruder im Zusammenhang mit der versuchten Selbst- und Kindstötung durch die Mutter; lastende Gefühle von Minderwertigkeit und Selbsthaß.

Zur Therapie des realen Mutter-Sohn-Inzests

Als Einstieg wählen wir die 72. M-Gruppensitzung. Folgende Modellsituation war gegeben: Die Patienten finden sich zu Paaren und setzen sich dann neben den liegenden Mitpatienten. Sie legen eine Hand auf den Rippenbogen des Partners und lassen das Eigengewicht ihrer Hand bei seiner Ausatmung zur Auswirkung kommen. Dann verspürt der Liegende einen leichten Druck der Hand, während bei der Einatmung der Sitzende die Hand selbst trägt, so daß sie sich nun leicht anfühlt.

Herr B. hatte eine Partnerin gewählt. Sie sagte im Gruppengespräch: „Das hast Du wunderbar gemacht, Gerold. Ich habe mich ganz geborgen dabei gefühlt." Er ging glücklich nach Hause und fühlte sich, wie so oft, glorios und unwiderstehlich (Forward 1978), aber auch wertvoll und zugehörig. Wenig später bei einer ähnlichen Modellsituation, zu der der Patient sich jetzt eine andere Partnerin gesucht hatte, reagierte diese im Gruppengespräch anders: „Du kannst das tierisch gut! Es hat mich über und über gekribbelt. Es hat mir aber furchtbar Angst gemacht. So was will ich nicht mit Dir. Es war wie Sexualität oder Erotik. So was will ich nur mit Fritz! Es kann einen ganz besoffen machen." Er reagierte mit einem Zusammenbruch, wollte die Therapie abbrechen, fühlte sich schlecht, schmutzig, war von Selbstmordgedanken gepeinigt (Hirsch 1987).

Ein anderes Mal, in der R-Gruppe, hatte Herr B. Gefühle totaler Abgetrenntheit. Passend zu seiner Mutterbeziehung meinte er, diese nur durch Anfassen der Co-Therapeutin überwinden zu können. Wir fassen Patienten bei der Körperarbeit wenig an, da wir dies oft für verfälschend halten. Hier entschloß sich die Co-Therapeutin aber doch, Herrn B. ihren Arm zum Anfassen zu überlassen. Sie fühlte sich durch die Art seines Zugriffs irritiert und sagte: Sie empfände seine Weise, sie anzufassen, als grenzüberschreitend und erotisch. So wolle sie nur von ihrem Mann angefaßt werden. Wiederum reagierte er zusammenbruchartig, wollte die Therapie abbrechen, hatte Selbstmordgedanken. Er empfand aber auch Wut. Er habe die Co-Therapeutin keineswegs erotisch anfassen wollen! Sie unterstelle ihm dies. Er wirkte fast wie in Trance. Er hatte keinerlei Bezug zur Realität dessen, was er mit seinen Händen tat. Der Abwehrmechanismus der Leugnung schien uns hier nicht in Kraft zu sein, sondern ein wesentlich totalerer, wir nannten ihn „psychischer Totstell-Reflex" (in der Falldiskussion wird hierauf näher eingegangen). Es scheint mir fraglich, ob er ohne die Solidarität mit Mitpatienten, die sich ebenfalls mit realer Mutter-Sohn-Inzest-Problematik auseinandersetzten, die Therapie nicht abgebrochen hätte. Ein unerschütterlicher basaler Anteil an Nibelungentreue, in der Übertragung auch mir gegenüber, ermöglichte die weitere Arbeit.

Als er bei einer späteren R-Gruppensitzung mit mir arbeitete, verspürte er wieder die Abgetrenntheitsgefühle ohne Körperkontakt. Auch ich erlaubte ihm, meinen Arm anzufassen. Er faßte zu, ließ wieder los und fragte mich ängstlich, was ich empfände. Ich sagte ihm, das sei jetzt unwichtig. Wichtig sei, was *er* jetzt empfände. Er streichelte nun meinen Arm überaus erotisch. Ich hatte das Gefühl, in die Hände eines versierten, professionell ausgebildeten Liebhabers geraten zu sein. Ich sagte nichts. Der Patient ließ plötzlich los, begann zum ersten Mal während seiner ganzen Therapie ungehemmt zu weinen und stieß immer wieder hervor: „Jetzt ist alles wieder gut!" In einem Glückstaumel ging er nach Hause. Er befand sich noch darin, als er zur nächsten Einzelsitzung kam. Als ich ihn fragte, was wieder gut sei, wußte er keine Antwort. Wir konnten herausarbeiten, daß er sich wertvoll fühlte, in Kontakt, der ganzen Welt zugehörig, wenn sein Anfasswunsch akzeptiert wurde. Vor der Heimkehr seines Vaters aus dem Krieg habe er sich oft so gefühlt.

Es fiel mir schwer, meine Ungeduld im Zaum zu halten, denn an diesem Patienten wurde mir der nicht fantasierte, sondern reale Mutter-Sohn-Inzest erstmalig bekannt. Es stellten sich jedoch zunächst Trennungsschmerz-Gefühle anläßlich der Rückkehr des Vaters aus dem Kriege ein. Er hatte ja danach kommentarlos aus dem Bett der Mutter verschwinden müssen und war in völlige Isolation geraten. Er haßte und beneidete den Vater, sah die erotischen Angebote der Mutter an diesen und sah auch, wie sie nach einem Jahr den Rock, den sie kokett über's Knie hochzuziehen pflegte, für immer resignativ über ihre Waden hinabstreifte. Als die in ihren Wünschen nach erotisch-sexueller Symbiose enttäuschte Mutter ihrem und dem Leben des Säuglings ein Ende zu machen versuchte, reagierte Herr B. mit: „Ich hätte die Mutter davon abhalten müssen!" Buchstäblicher „Terrorismus des Leidens" hat ihn parentifiziert und depersonalisiert (Ferenczi 1933).

Es flammten dann Ich-ferne promiskuöse Durchbruchshandlungen auf. Herr B. fand sich z.B. auf einer Reise mit einer Kollegin unvermittelt in einem Doppelzimmer. Er schrieb der Co-Therapeutin erotische Karten. Da er eigene kindliche Eifersucht vollständig verdrängt hatte, verstand er zunächst nicht, daß seine Frau eifersüchtig wurde. Schrittweise lernte er, mit Eifersucht bewußter umzugehen. In der Regression zeigte sich, daß er keine Worte herausbrachte. Es war wie ein Bann, nicht sprechen, nicht hinschauen zu dürfen. Beides hätte bedeutet, daß etwas wahr gewesen wäre, was nicht wahr sein durfte. Erstmalig zeigten sich aggressive Reaktionen auch uns Therapeuten gegenüber (Shengold 1963).

Unter heftigem aktuellen Druck, in der Sterbephase seines Schwiegervaters, konnte er zum ersten Mal deutlich die inzestuöse Situation fühlen: Wie er die Mutter angefaßt hatte, wie es ihn sexualisiert hatte, Bauch und Genitalbereich der Mutter anzufassen. Der Druck in der Realität paßte zum Druck in der inzestuösen Beziehung zwischen Mutter und Sohn. Material zum heavy-petting zwischen Mutter und Sohn floß jetzt reichlich. Herr B. konnte nun regredieren, ohne die Ursprungssituation in der Realität wiederholen zu wollen. Um die Regression nicht zu stören, saß ich weit weg. Er atmete schnell. Ich wußte nicht, ob er Angst fühlte oder was sonst in ihm vorging. Als ich später fragte, was er bei diesem Hechel-Atem in sich wahrgenommen habe, sagte er: „Es war wie ein Orgasmus. Mein Gott! Wenn meine Mutter sich sexuell so gestaut gefühlt hat, wie ich soeben! Auch der Co -Therapeutin gegenüber habe ich solche Gefühle gehabt!" Erst von jetzt ab blieb die bewußte Beziehung Herrn B.s. zu den inzestuösen Vorkommnissen erhalten.

In der folgenden Einzelsitzung stieß er plötzlich weinend hervor: „Ich bin nicht schlecht, Frau Damm!" Ich antwortete ihm, daß er einer der ethischsten Menschen sei, die ich kenne und sich daran auch nichts ändern würde, wenn sich bei ihm „etwas Schlechtes" herausstelle. Immer deutlicher entsann er sich an die Wärme des gleichen Bettes mit der Mutter, ehe der Vater aus dem Krieg heimgekommen war. Ein anderes Mal sagte er: „I bin so a Sau!" Immer mehr krampfhaftes Schamverhalten fiel von ihm ab. Es ist noch zu erwähnen, daß er es im Zusammenhang mit Verkrampfungen im Zwerchfell- und Bauchraum schaffte, seinen Unterleib überhaupt nicht mehr zu fühlen. (Bei unseren männlichen Patienten mit Real-Inzest entfällt das Körpergefühl in Unterbauch und Genitalien). Im selben Maße, in dem die erotischen Berührungen an Bauch, Schenkeln und Genitalien der Mutter wahr sein durften, verschwanden Depersonalisations- und Derealisationsgefühle des Patienten.

Nach Durcharbeitung der Tatsache, daß sein Empfinden, in eigener Initiatve gehandelt zu haben, Täuschung war, trat Wut gegenüber der Mutter auf (Shengold 1963). Er begann zu fühlen, daß in Wahrheit die Mutter Regie geführt hatte, um einen möglichst vollwertigen Partner zu haben. Er fühlte sich betrogen und ausgebeutet. Jetzt begann er, eigene Bedürfnisse, eigenen Ärger zu spüren, sich abzugrenzen. Nun endlich war die psychische Überwältigung durch die inzestuösen Erlebnisse so weit überwunden, daß vollständiger Umgang mit dem Trauma möglich zu werden begann. Symbole für die Inzestproblematik konnten gebildet werden. Er brachte folgenden Traum:

„Ich sah einen Mann im Cafe mit einer als Mann verkleideten Frau tanzen. Auch Peter war da (ein Gruppenmitglied, das gleichzeitig an eigenen Inzestproblemen arbeitete). Der verkleidete Mann irisierte und war manchmal eine Frau. Ich sagte Peter, ich hätte sehr den Wunsch, daß dieser Mann/Frau singen möge. Peter, der sich mit Vertragssachen auskennt, sagte: 'Natürlich singt sie. Sie steht doch unter Vertrag'. Mir kam der Vertragszwang hart vor. Ich hatte das Gefühl, Singen, Erotik und Bett sei das gleiche. Ich hatte den unbezähmbaren Wunsch, die Frau zu entkleiden und erotisch anzufassen." Die im Traum sich zeigende „Mann-Frau" war für Herrn B. seine Mutter, manchmal aber auch er selbst. Bei männlichen Inzestopfern fanden wir neben auffallend maskulinem Rollenverhalten Wunschfantasien, ein Mädchen zu sein und dadurch das erotisch-sexuelle Problem in Mutters Bett zu entschärfen (Ferenczi 1988).

Der Traum wurde nicht vergessen. Zusammenspiel von Erinnern, Fühlen und Denken war nun möglich. Die letzte wichtige Äußerung in diesem Zusammenhang war: „Ich lebe nicht mehr davon, irgendwelche Menschen ganz toll zu finden. Frauen, auch manchmal Männer. Ich habe mir immer gewünscht, daß alle nur einfach Menschen sind und ich auch ein Mensch unter Menschen. Aber jetzt, wo es da ist, merke ich, daß es eine Portion Leere enthält, Menschen nicht mehr zu glorifizieren."

Ich sagte ihm, daß Überspringen der Generationsschranke nach oben immer mit Vorstellungen von glorifizierten Partnern und Gloriosität der eigenen Person gekennzeichnet sei. Auch gehe struktureller Wandel stets mit Leeregefühlen einher. Ich hoffte, daß die Leere sich als Freiraum für eine neue Art zwischenmenschlicher Beziehungen erweise.

Die Durcharbeitung der Inzest-Problematik hat nicht nur die Depersonalisations- und Derealisationserscheinungen signifikant reduziert, sie hat auch die eheliche Dynamik verändert: Herr B. begann, sich seiner Frau gegenüber als abgegrenzte Person zu fühlen. Er ist nicht mehr ihr Paladin. Auch die sexuelle Beziehung ist anders. Früher hatte er seine Frau erotisch verwöhnt oder bedient. Dabei waren eigene Gefühle kaum aufgetreten. Wenn dies der Fall war, hatte er sich als Schwein gefühlt. Er hatte nie an Störungen der erektiven Potenz gelitten. Jetzt lernte er eigene Geneigtheit oder Abgeneigtheit kennen im Rahmen der Schwankungen der psycho-sexuellen Paarbeziehung - und damit auch der Potenz.

Bei den Deprivationen, die Herr B. zu ertragen hatte, wundert es nicht, daß ihm körperliche Zweisamkeit unverzichtbar erschien. Hier konnte er Nähe erleben. Er konnte unmißverständlich spüren, daß er der wichtigste Mensch für seine Mutter war. Er lernte die zärtlichen Handgriffe und Gesten, die sie schön fand, streichelte ihr wie ein Liebhaber Bauch und Genitalgegend. Dies bewirkte Gloriositätsgefühl (Shengold 1963, 1980, Forward 1978). Aufgrund der nächtlichen

Gratifikationen hielt Herr B. die täglichen Deprivationen aus. Sexualangst und Schuldgefühl nahm er nicht wahr, jedoch schwerste Depressionen wegen Kontaktverlust nach Rückkehr des Vaters. Im Zusammenhang mit der überwältigenden Inzestproblematik zeigte der Patient später schwere Schuld- und Schamgefühle, sowie Selbstzerstörungs- und Suizidtendenzen. Er fühlte sich depersonalisiert. Besonders auffallend waren Denkstörungen und ein persistierendes Gefühl, „Watte im Kopf" zu haben. Herr B. hatte sich intellektuell dumm gemacht, um Wünsche, Ängste und Konflikte aus der sexuellen, ihn zugleich überbewertenden und entwertenden Bindung an die Mutter nicht wahrnehmen zu müssen. In der Durcharbeitung des Real-Inzests und des Absturzes aus seiner grandiosen Erfahrung fand er zu seiner Selbstevidenz zurück. Nach Überwindung der inzestuösen Problematik kam sein Sexualleben in Gang.

Wir Therapeuten empfanden die Therapie damals als unheimlich und befremdend. In unseren regelmäßigen Besprechungen über laufende Therapien nahm sie viel Raum ein. Für unsere Gegenübertragung stellten die Phasen stickig-schwüler erotischer Übertragung und die Hartnäckigkeit der Leugnung des Inzesttraumas eine schwere Belastung dar. Wir fühlten uns ohnmächtig gemacht, ohne dies deuten zu können, da ja der Zwischenbereich des Symbolisierens, Übertragens und Denkens fehlte und Herr B. stattdessen agierend, suizidal oder mit Therapieabbruch reagieren wollte. Statt Wünsche, Bedürfnisse, Ängste, Abwehr in Übertragung und Symbolen darzustellen, agierte er wie in Trance ungesteuert aus, wurde Opfer oder Täter, oder der psychische Totstell-Reflex klinkte ein. Dieser bewirkte immer wieder, daß wir uns entweder genasführt und damit zornig, oder im Irrtum und damit verwirrt und schuldig fühlten.

Zur Therapie des aggressiv-destruktiven Mißbrauchs

Nach Durcharbeitung des Real-Inzest-Anteils wurden die aggressiven Mißhandlungen zum Thema. Nun war die Entmythologisierung der Mutter fortgeschritten, so daß auch die fast Lebensgefahr auslösenden Prügelstrafen wahr sein durften.

Herr B. malte zwei Bilder seiner Mutter: In einem floß ein Auge von Tränen über, der Mund schwamm blutrot in den Bildrand. - Das zweite zeigte einen Glutball-ähnlichen Unterleib, der von zwei schwarzen Händen gehalten und zugedeckt wurde. Er brach in Weinen aus. Als ich fragte, ob Weinen immer noch leichter sei, als der Umgang mit den aggressiven Händen oder dem roten Mund und Bauch, weinte er stärker. Plötzlich stieß er hervor: „Sie hat mich doch vor dem Tod um Verzeihung gebeten!" Das Verzeihungsversprechen wirkte lange blokkierend. Es schien das projizierte eigene „Schlechte" der Mutter aufgehoben zu haben. Nach der Bearbeitung konnte er sich plötzlich aggressiver Gewaltanwendungen erinnern. Seine Mutter habe wie ein Raubtier auf ihn eingeschlagen, sei ihm wie ein reißender Wolf vorgekommen. Früher hatte er nur von der Großmutter gewußt, daß sie häufig gesagt habe: „Du schlägst den Bua noch z'Tod!" Für die Mutter verkörperte ihr Sohn, stellvertretend für den Großvater, „Männer, die an allem schuld sind".

In der R-Gruppe stieß er in der Rolle seiner Mutter brennend, aber verhalten hervor: „I muaß di schlage, mei Kind!" Wieder war eines der von der Mutter eingesetzten Tabus zu durchbrechen. Er fühlte Schläge, kindliche Ausgesetztheit, Ohnmacht. Er war jetzt so selbständig, daß er auch zu Hause primaln konnte. Dabei fiel ihm auf, daß er allein lauter sein konnte als bei uns. Er nahm seinen Regressions-Alleingang auf Band auf. In der Einzelsitzung sprach er vom Tonband und von seinen Ängsten vor der Lautstärke seiner Stimme darauf. Auf meine Frage, ob er mir das Band vorspielen wolle, erschrak er. Nach innerem Kampf entschloß er sich dazu. Ich war über die Lautstärke erstaunt, weil ich seine Sprechweise nur als leise und gepreßt kannte. Er wünschte, sich in der Gruppe so äußern und verhalten zu können, wie wenn er alleine regredierte. Mehrmals kam er mit diesem Vorsatz hin, aber es ging nicht: Er empfand sich deshalb als Feigling. Schon Babyschreie durfte Herr B. früher nicht laut werden lassen. Er lag stundenlang allein in der Dachwohnung. Schreie und Signale fanden keine Resonanz.

Ich schlug vor, das Band während der Regressionsphase einzuschalten, damit die Gruppenmitglieder so seine laute Stimme kennenlernen könnten. Damit sei vielleicht sein Lautstarkwerden besser vorbereitet. Er brachte es wieder mit. Als ich fragte, ob er es einschalten wolle, sagte er: „Ich kann mich doch hier nicht so breit machen. Außerdem ist so was nicht üblich." Ich fragte ihn, ob er sich der lauten Stimme wohl auch vor den anderen schäme. Er sagte: „Ja, sehr. Es ist aber gar nicht einzusehen, warum. Ich fühle mich als Feigling, wenn ich es nicht endlich riskiere!" Ich fragte ihn, ob er sich auch der grellen, bizarren, ungesteuerten, manchmal auch psychotischen Ausbrüche seiner Mutter geschämt hätte. Er sagte: „Ja. Es kam immer ganz unvermittelt. Hinterher wurde von allen so getan, als sei nichts gewesen. Am schlimmsten war es, als sie mit dem Säugling aus dem Fenster gesprungen war. Es war später wie nicht mehr wahr." Ich fragte, ob er denn die gleiche oder eine andere Aggressivität als seine Mutter hätte, immerhin sei die Mutter psychotisch gewesen - er nicht. Er wirkte erstaunt und wagte nun, das Band einzuschalten.

Bei der Durcharbeitung kam die Band-Situation zur Sprache. Einige

Patienten waren fasziniert von Stimme und Gehalt. Die Eindringlichkeit hatte sie zum eigenen Primaln angeregt. Einer fühlte sich gestört „wegen der Konserve". Er schlug vor, der Patient solle lieber spontan hier wagen, laut zu sein. Antwort: „Wenn ich das bloß könnte!" Ich sagte, daß mich seine Band-Stimme an ein Neger-Spiritual erinnert hätte. Er möge doch die Neger! Mir war die Einführung von Nuancen aggressiver Äußerung in die Gruppe wichtig, weil ich wußte, daß der Patient sich daheim durchaus traute, heftig aggressiv zu werden. Auch hier zeigte sich, wie das Opfer dazu neigt, selbst auch wieder Täter zu werden (Lichtenberg 1991). Das brachte ihn dann erneut in die Rolle eines „ungesteuerten Wilden" und damit in Nähe zur Person seiner Mutter.

Viel Wut zeigte sich nun bei Herrn B.: Wut im Autostau, auf die Ehefrau, den Vermieter, auf die Therapeuten. Explosive Wut wurde offenkundig, die auch unversehens gewalttätig werden kann. Es fiel ihm voll Schmerz ein, wie er sein Baby geschüttelt und geschlagen hatte, als es nicht zu schreien aufhörte. Notwehraggression als Baby-Gefühl gegenüber der Mutter wurde Thema. Die Atmosphäre bei Co-Therapeutin, Therapeutin und Ehefrau wurde im Zusammenhang mit Übertragunsgefühlen aggressiv aufgeladen. Er sagte in der R-Gruppe: „Die Weiber dürfen einfach alles!" Auch Vernichtungsängste und -tendenzen wurden bearbeitet. Im Zusammenhang mit Neid, weil seine Frau eine Weiterbildung begann, tyrannisierte und entwertete er sie, wie er es von seiner Mutter kannte. Er begann aber auch, sie da zu konfrontieren, wo sie eigenmächtig oder uneinfühlsam war. Den Co-Therapeuten empfand er nun als Triangulierung und fördernde Rückenstütze. Er nahm bei ihm zusätzliche intensive Einzel-Sitzungen.

Er begann, sich körperlich und seelisch aufzurichten, wirkte authentischer und empfand sich so. In der R-Gruppe konnte er laut werden und übertriebene Selbstkontrolle reduzieren. Die Arbeit an der Angst, sich wie die Mutter bloßzustellen, ermöglichte, gesunde Wut und Selbstdurchsetzung von destruktiven Durchbrüchen zu unterscheiden. Dies führte zur Reflexion über seine aggressiven Bereitschaften und den Umgang damit. Er konnte sich bei Gruppe, Therapeuten, seiner Frau, Schülern und Kollegen überzeugender durchsetzen. Seine unkontrollierten Durchbrüche verringerten sich. Jedoch konnte er Unmutsäußerungen lange Zeit schwer dosieren und unterdrücken.

Zur Therapie der mißbräuchlichen Beziehung

Eltern-Kind Beziehung gibt es als gesunde, als defizitäre (in der die Eltern wegen eigener Ausfälle ihre Rolle nur teilweise wahrnehmen können) und als mißbräuchliche (in der elterliche Macht das abhängige

Kind ausbeutet). Im Gegensatz zu strafrechtlich formuliertem Mißbrauch ist mißbräuchliche Beziehung begrifflich schwer, strafrechtlich gar nicht faßbar. Im Strafgesetzbuch ist formuliert, daß bei sexuellem Kindesmißbrauch „Beziehungstäter“ am Werk sind, der Mißbrauch sich also innerhalb vertrauter Beziehungen abspielt. Wie Beziehungen aussehen, die durch solche Abartigkeit gekennzeichnet sind, ist nicht beschrieben. Vor Fortsetzung der Fallschilderung soll deshalb ein Einschub erfolgen, in dem wesentliche Merkmale von Beziehungsmißbrauch aufgezeigt werden.

Exkurs über signifikante Kennzeichen von Beziehungsmißbrauch

Die für ein Individuum spezifische Form des Selbsterlebens und Kontakthabens wird von Lebensbeginn an durch Hin- und Hertransport von Szenen, Gesten und diesen zugehörigen Stimmungshintergründen geformt. Moderne Baby-watcher setzten die Arbeit von R. Spitz mit systematisch durchgeführten Mutter-Kind Beobachtungen fort. Diese wurden von Säuglingsforschern ausgewertet. Nach den Ergebnissen dieser Forschungsarbeit speichert das Gedächtnis sowohl „prozedurale“ als auch „szenische“ Erinnerungen (Lichtenberg 1990, 1991, Stern 1991). Nachgewiesenermaßen sind Mutter und Kind als selbständige Subjekte miteinander in Kontakt, beide als Sender und Empfänger.

Dies ist möglich, weil das Kind mit einer bisher unbekannten Grundausstattung von Motivationen, Affekten, Signalgebung und Empfang, der sog. „Kompetenz des Säuglings“ (Köhler 1990) geboren wird. Zu dieser Grundausstattung gehören z.B. Bindungs- und Aversionsbereitschaften. Die Inbesitznahme dieser Kompetenzen kann erheblich verändert oder gestört werden, wenn die Umgebung auf kindliche Bedürfnisse und Signale inadäquat oder manipulierend antwortet.

Im schlimmsten Falle kann eigene Initiative und Selbstwahrnehmung verschüttet werden und Depersonalisation entstehen, so z.B. als Folge mißbräuchlicher Beziehung (Winnicott 1976). Im *Drama des begabten Kindes* beschreibt Miller eine vom Opfer aus gesehen relativ „gutartige“ Form psychischen Mißbrauchs. In *Du sollst nicht merken*, beim Onkel des Wolfsmannes, schildert sie eine relativ „bösartige“ mit psychotischem, vielleicht suizidalem Ausgang für das Opfer (Miller 1980, 1981). In *Der Anfang ist unsere Heimat* zeigt Winnicott die Auflehnung eines Jungen gegen die Entstehung eines partiellen Anteils von falschem Selbst (Winnicott 1990).

Unterschiede zwischen gesundem Kontaktverhalten und Beziehungsmißbrauch sind schwer zu formulieren, Übergänge sind fließend. Häufig sind nur Anteile einer Beziehung als mißbräuchlich zu bezeichnen. Die Differenz zur gesunden Beziehung besteht weniger in den einzelnen Kontaktmitteln, als in den Voraussetzungen und Zielen, denen diese dienen. Kernfrage ist: Wird das Kind als Person selbst wahrgenommen und beantwortet? Oder wird es benutzt, um für Zwecke des Agierens und der Abwehr von Fantasien und Affekten seiner Beziehungspersonen, meist den Eltern, eingespannt zu werden? Je vollständiger Kinder ausgebeutet, in vorbestimmte Rollen suggestiv genötigt werden, die eigene Person, Selbstschätzung, Selbstwahrnehmung, Kompetenz, Realitätssicht verleugnen müssen, umso mehr handelt es sich um Mißbrauch.

In kleinem Umfang geschieht solcher neben gesundem Kontaktverhalten täglich. Sobald jedoch ständig unbewußter Zwang ausgeübt wird, daß die Beziehung so und nur so laufen muß, handelt es sich um Manipulation, selbstentfremdende Mißachtung der Eigenständigkeit anderer Personen und also um echten Beziehungsmißbrauch. Dieser ist dann besonders gefährlich, wenn er bereits in den frühesten, kontaktstrukturierenden Phasen begonnen hat. Mißbildungen des Selbstbildes, der Selbstwahrnehmung, der Wahrnehmung der Welt und des Kontaktverhaltens bleiben dann lebenslänglich als unbewußt steuernde Elemente vorhanden (Winnicott 1974). Häufig erleben wir schwere, strukturelle Folgen mißbräuchlicher Beziehung im Umgang mit Patienten, deren Lebensgeschichte Real-Inzest oder Unehelichkeitsproblematik einschließt (Hirsch 1987). Wir sahen sie jedoch auch bei Abhängigkeit von latent oder manifest psychotischen Eltern oder Geschwistern.

Der therapeutische Umgang mit Beziehungsmißbrauch und seinen strukturellen Folgen ist oft deshalb schwierig, weil die Selbst- und Fremdwahrnehmung und auch der affektive Bezug der Patienten basal gestört ist. Weder sie selbst, noch ihre Partner sind meist in der Lage, verborgene, aber wirksame Mechanismen wahrzunehmen, die die Beziehungen stören. Auch Gruppenmitglieder und Therapeuten fangen lange nur Stimmungen oder Schwingungen auf, die im Raum zu schweben scheinen, ohne daß die Störungen im Beziehungsverhalten faßbar werden. Dies ist so, weil eben weniger die Kontaktmittel im einzelnen pervertiert sind, als deren Ursache, Zweck und Ziel im ganzen. Wegen der nebulos schwierigen Durchschaubarkeit bieten die gruppentherapeutischen Anteile der Mehrphasentherapie mit ihrer Mobilisierung spontaner Expressivität für Patient und Therapeut oft wichtige Einblicke in die unbewußte Codierung infolge psychischen Mißbrauchs. Prozedurale Grundmuster zeigen sich in der Tiefenregression, aber auch blitzlichtartig in Modellsituationen. Letztere bieten durch Spiegelungen seitens der Gruppenmitglieder auch Möglichkeiten zu ersten Konfrontationen. Diese werden von den Patienten oft zunächst als Unterstellung zurückgewiesen. Ein schweres Tabu, meist im Zusammenhang mit Psychoseabwehr der Eltern, scheint hier wirksam zu sein. Massive Ängste der als Kinder „unsicher-ambivalent gebundenen" Patienten (Köhler 1991) erschweren im verschlungenen Dickicht der Beziehungsformen das Vorankommen: magische Angst vor destruktiver Rache der frühen, Entlarvung tabuierenden Beziehungspersonen besteht neben Angst vor Depersonalisation und Real-Angst vor Psychose oder suizidalen Tendenzen. Es zeigen sich aber zunehmend auch Ängste vor eigenen basalen Ich-Defekten und der Unfähigkeit, auf neue, andersartige Weise nahe Beziehungen herstellen und pflegen zu können.

Behandlung von Patienten, die früh depersonalisiert und in selbstentfremdende Rollen verwickelt worden sind, ist manchmal kompliziert. Die gespeicherte „Beziehungs-Prozedur" wird in der Regel unbewußt nicht nur passiv, sondern auch aktiv ausgeübt. Lichtenberg begründet dies so: Das traumatische Erleben werde doppelt in der Großhirnrinde codiert als „the doing" und als „the done." Er meint damit, daß die Benutzung einmal aus der Sicht des Opfers codiert wird, daneben aber auch als das Gesamtgeschehen zwischen Täter und Opfer (Lichtenberg 1991). Aus diesem Grund könne der bekannte Vorgang später sowohl aus der Perspektive des erleidenden Opfers, als auch aus der des verursachenden Täters reinszeniert werden.

Patienten reagieren auf Konfrontation mit von ihnen selbst ausgeübten mißbrauchsartigen Beziehungsmustern besonders bedroht. Therapeutischer Umgang mit prozeduralem Beziehungsmißbrauch ist für sie sehr verwirrend, weil dabei die scheinbar so sicheren Selbst-, Objekt- und Beziehungsbilder in Frage gestellt werden. Die innere und äußere Welt scheint damit ins Wanken zu kommen, präpsychotische Gefühle treten auf. Es bedarf also der Behutsamkeit und Rücksichtnahme seitens der Therapeuten, aber auch ihrer Konsequenz. Die Belastbarkeit des Patienten muß abgeschätzt werden, ohne daß das Ziel verfehlt wird, ihn aus seinem Beziehungsdickicht schrittweise zu befreien und echten Kontakt zu ermöglichen. Meist können früheste Verführungs- und Benutzungserfahrungen erst therapiert werden, nachdem wesentliche Ich-Funktionen des Behandelten durch Bearbeitung anderer Inhalte gestärkt sind. Oft kann die Auseinandersetzung mit so tief die Identität betreffenden Problemen erst spät in der Therapie ohne Zusammenbruch und letztlich erfolgreich durchgestanden werden.

Zur Therapie des Beziehungsmißbrauchs

Schon der inzestuöse und aggressiv-destruktive Mißbrauch war nur unter dem Gesichtspunkt eines übergreifenden mißbräuchlichen Musters der Gesamtbeziehung zu verstehen. Dieser konnte zum damaligen Zeitpunkt aber noch kaum thematisiert werden. Der im folgenden geschilderte Therapieabschnitt beschäftigt sich nun vorwiegend mit diesem Themenkomplex. Der Beziehungs-Mißbrauch des Herrn B. durch seine Mutter ist schwer zu schildern. Er betrifft exakt, was Lichtenberg als „das prozedurale Element" bezeichnet (Wolf, A. Ornstein, P. Ornstein, Lichtenberg, Kutter, 1989). Der Kontakt fand nicht zwischen zwei eigenständigen, gleichwertigen Individuen statt. Die Selbstbestimmung des Patienten war also verloren. Er war weitgehend depersonalisiert. Die Mutter hatte ihren Sohn in Verhaltensrollen manipuliert, die sie zur eigenen Balance brauchte. Sehr emotionale Blicke, Gesten, Tonfärbungen der Worte, Zu- und Abwendungen, Körperausdrucksweisen, Lachen, Weinen, Schimpfen, Schläge, hocherotische Berührungen waren die Kontaktmittel.

Durch diese wurde er seit Lebensbeginn von der Mutter in Rollen verwickelt, in denen sie ihn als Mitspieler für ihr inneres Drama zur Selbstregulation brauchte. Die gemeinsamen unbewußten Inszenierungen betrafen vor allem die psychischen Folgen der Unehelichkeit als unbewußte Fantasien schwerer Scham, Schuld und Schande, aber auch unbeherrschbarer sexueller Triebhaftigkeit. Diese Problematik mußte durch ausgedehntes Verdeckungs- und Verheimlichungsverhalten getarnt werden. Im Zusammenhang mit bei der Großmutter erworbener Beziehungsproblematik wurde Herrn B. von seiner Mutter nahegelegt, ihr liebster Mensch, Liebhaber und Paladin zu sein, aber auch ohnmächtig, wertlos, geradezu hündisch. Als er letzteres primalte, verspürte er brennende Scham. Glühendheiß fiel ihm ein, daß eine ehemalige Geliebte „sein hündisches Verhalten" kritisiert hatte.

Als nächste Folge psychischen Mißbrauchs tauchte in der Therapie die von der Mutter geschürte realitätsfremde Eifersucht auf. Als die Co-Therapeutin einem anderen Patienten neben ihm den Kopf hielt, versetzte er ihr einen, wie er meinte, „lustigen Schubs", der so stark war, daß sie umfiel. Dies Verhalten fiel besonders auf vor dem Hintergrund, daß Körperkontakte in unserer Arbeit sehr sparsam eingesetzt werden und Übergriffe dieser Art gar nicht erlaubt sind. Besonders schwierig war der Umgang mit dem Vorfall wegen Herrn B.s verdeckenden Verhaltens, in dem er seine durch Eifersucht und Neid ausgelöste Aggression als „lustiges Spiel" tarnte. Er sagte auch Terminabsprachen kurzfristig ab, wenn ein Mitpatient in seinen Augen zuviel von unserer Zuwendung erhalten hatte.

In Gruppen- und Einzelsitzungen wiederholte Herr B. mit uns die Tatsache, daß Beziehungsverhalten einerseits rollen- und symbolhaft agiert, andererseits strikt von Wahrnehmung und Logik getrennt gehalten werden mußte. Anders als bei dem von Basch geschilderten primären Leugnungsverhalten, „disavoval“ (im Unterschied zu „denial“ als späterem Leugnungsverhalten) waren die Affekte unseres Patienten nicht mehr von seiner Wahrnehmung isoliert (Basch 1991). Sie waren sehr heftig, wurden aber auf andere Beziehungen verschoben. Vor allem durfte die Beziehungsmanipulation selbst nicht wahr sein. Konfrontationen damit wies er als Unterstellung zurück. Ohne Spiegelung durch die jeweiligen Modellsituationen und Gruppenmitglieder wäre seine Abwehr kaum zu durchbrechen gewesen. Die Indirektheit im Verhalten von Herrn B. wurde deutlich, als er sein riesiges, seine Inzestmutter darstellendes Bild im Flur neben dem Gruppenraum aufhängte. Es zeigte die Mutter in glühenden Farben, nackt, auf schwachen, eingeknickten Beinen. Die Genitalzone war übermächtig dargestellt. Anstelle des Gesichts befand sich ein Hakenkreuz. Dies Bild hing lange dort, ohne zur Sprache zu kommen. Es war da, ohne wirklich wahr sein zu dürfen. Die Tabuierung wirkte so stark, daß sie auch von den Gruppenmitgliedern gewahrt wurde. Auch für den Patienten selbst war es „wie nicht da“.

Seine Mutter hatte Symbiose, ja Zwillingshaftigkeit gebraucht und dem Sohn eindringlich nahegelegt, wie sie zu sein: genauso verstrickt, genauso leidend. Er fürchtete schließlich sogar,wie sie ein psychiatrischer Fall zu werden und auch an Polyarthritis zu sterben. Die Verschmolzenheit mit ihr war während der gesamten Therapie Thema. Ihr Todestag war dem Patienten stets gegenwärtig. Gegen Therapieende sagte er: „Seltsam, andere haben ein Geburtstags-Syndrom - ich habe ein Todestags-Syndrom“. Auch das Grab der Mutter besuchte er oft. Im Rahmen der in der Therapie erfolgenden Ablösung rief er schließlich leidenschaftlich: „Ich bin so froh, Mutter, daß ich leben darf, auch wenn Du sterben mußtest! Wie gut, daß ich gesund und froh sein darf, auch wenn Du krank und traurig sein mußtest!“

Die Mutter pflegte auch mit Beziehungsabbruchs- und Entwertungsverhalten zu quälen. Sie scheint Herrn B. in der frühen Kindheit besonders lange allein gelassen zu haben, wenn er ihren Bedürfnissen nicht genug entgegengekommen war. Die Störung seiner Hingabefähigkeit zeigte sich in einer Modellsituation, in der Partner sich gegenseitig führten. Dabei nahm Herr B. erstmalig wahr, daß er sich nicht anvertrauen kann. Dies verhinderten die frühen Deprivationen, aber auch das Beziehungsmuster der Mutter, die ihn als stark und partnerartig führend brauchte. Aggressionen des Patienten gegen den Vater wurden dabei verstärkt. Sie hatten zwei Quellen (s. Lebensgeschichte): Eigene übergroße Eifersucht und den Druck der Mutter, ihn als Feind zu bekämpfen. Da unter solchen Umständen die Überwindung des Ödipus-Komplexes mit Vater-Identifizierung und Erreichung der Latenz-Phase in der Kindheit nicht möglich war, konnte eine vollständige psycho-sexuelle Substruktur nicht erworben werden. Der Patient hatte nicht gelernt zu triangulieren. Erarbeitung von Mehrpersonen-Beziehung nahm viel Raum in der Therapie ein. Die Leugnung von „Nebenbuhlern" war so extrem, daß der Patient sie leibhaftig in der Gruppe erleben mußte, um an sie glauben zu lernen.

Das Ausmaß der Selbstentfremdung durch die Rollen, die er zu spielen hatte, durfte nicht wahr sein. Er mußte alles verzeihender Gefährte, Komplize für jeden Fall oder Opfer sein, auch immer wieder Großartigkeit zeigen. Er schaffte all dies mit Leib und Seele um den Preis, eigene Bedürfnisse, Gefühle, Frustrationen nicht wahrzunehmen. Depersonalisation war so Voraussetzung für den Beziehungsmißbrauch und letzterer stellte die Grundbedingung für beide weitere Mißbrauchsformen dar.

Wie von Lichtenberg beschrieben, hat Herr B. von seiner Mutter seinerseits auch gelernt, andere durch mimische und gestische Zeichen so virtuos ins Mitspielen unbewußt-gewünschter Rollen zu verwickeln, daß diesen Hören, Sehen und der Überblick verlorengeht. Schwerwiegend wirkte dies in seiner Familie. Dies Beziehungsverhalten war besonders bewußtseinsfern und deshalb schwer durchzuarbeiten. Unsere Gegenübertragungsgefühle waren oft von Verwirrtheit und Befremden gekennzeichnet. Wir schienen uns in einem Nebel verschlüsselter und verschlungener Botschaften zu bewegen, deren Entschlüsselung wohl einst Katastrophen in Form psychotischer Durchbrüche der Mutter hätten bewirken können. Seine Manipulationsfähigkeit nutzte der Patient anläßlich von Neidgefühlen gegenüber seiner Frau, als diese einen beruflichen Aufstieg begann. Er brachte sie unvermerkt in Situationen, in denen sie auf ihn wartete, nach Worten, Nähe, Liebkosungen, Sexualität lechzte, durch seine Interesselosigkeit entwertet schien. Wenn sie sich wehrte, traf sie die Schuld an den ehelichen Spannungen. Schließlich schwankte sie zwischen folgsamängstlicher Reglosigkeit, wütenden Durchbrüchen und Verzweiflung.

Erschütternd zeigte sich schließlich die generationsübergreifende Wirkung der Beziehungsmuster: Beim Heimholen der Tochter vom auswärtigen Studienort, wollte Herr B. eine frühere Geliebte besuchen.Unter anderem wollte er dabei erfahren, ob er noch anfällig für inzestuös gefärbten Kontakt sei. Die aktuell mit Verlust eines eigenen Beziehungspartners ringende Tochter stürzte daraufhin - ähnlich der Großmutter -, brach sich Kiefer und Arm, begab sich in eine psychiatrische Klinik. Sie wollte plötzlich nicht mehr heimgeholt werden. (Zu den Ursachen hierfür gehörte sicherlich auch eine damals wieder deutliche Rückzugstendenz ihrer Mutter bei Überforderung.) Später sagte sie: „Diese Frau hat den Vater ganz allein für sich gehabt!“ Die Tochter hatte sich dem Vater in der Berufswahl angeglichen und sich auch durch Fortbildung seiner Ex-Geliebten ähnlich gemacht. Die „Untreue“, die er vermeintlich dokumentierte, belastete ihre Beziehung zu ihm und stellte einen zusätzlichen tiefgehenden Objektverlust dar (Asseyer 1991). Es zeigte sich, daß sie, wie ihr Vater, eine Tendenz hat, unerreichbare Partner zu lieben, deren kurzfristige Nähe beseligend scheint und deren Verlust in den Tod treibt. Diese schwere Krise gibt ihr jedoch vor dem Aufbau eigener Partnerbeziehungen die Chance, nun selbst eine Therapie zu beginnen. So umstellt von Mutterbild-Anteilen in der vergangenen, wie in der gegenwärtigen Situation reagierte Herr B. noch einmal mit suizidalen Fantasien. Er konnte jetzt aber auch sein Bild von der Inzestmutter erstmalig offen bearbeiten. Durch immer vollständigere Bewußtheit möchte er die Weitergabe pervertierter Beziehungsmuster unbedingt beenden.

Der Umgang mit den unbewußten und verdeckten, aber sehr machtvollen Beziehungsmanipulationen des Patienten konnte immer deutlicher erfolgen. Beim Co-Therapeuten erlebte er es manchmal als ungefährlicher als bei der Co-Therapeutin und mir, sich mit diesem Material zu konfrontieren. Ihn begann er schließlich mehr und mehr nach eigenen manipulierenden Verhaltensnuancen zu fragen, z.B. ob er jetzt wieder „sein Siegerlächeln hätte.“ Er begann, dieses Lächeln als Indikator für Gefühle von Gloriosität und erotischer Über- oder Allmacht zu nutzen, die er inzwischen zu fürchten gelernt hatte. So erkannte er schrittweise die feinen Mittel, mit denen er Beziehung manipulieren kann und strebt immer mehr an, direkten Kontakt aufzunehmen. Die Zeiten sind vorbei, in denen das nicht Ausgesprochene, mit anderen beredten Signalen Gesagte nicht wahr ist. Wenn jetzt der Patient in seine nuancenreichen Pantominen Mitmenschen verwickelt - geschickt, wie er es gelernt hat - darf der therapeutischen Arbeit zugänglich werden, was wirklich anliegt. Je mehr Bewußtheit sich zur Fähigkeit von Ausdruck und Beeinflussung gesellt, desto mehr wird aus der Not eine Tugend, aus der ursprünglichen Verstricktheit eine gesteuerte Fülle der Ausdrucksmittel. Es liegt auf der Hand, wie wesentlich die Durcharbeitung dieser Problematik auch für die eheliche Beziehung als nächste, intimste und zeitintensivste menschliche Bindung war. Während dieser Phase fühlten wir Therapeuten uns oft äußerst unbehaglich, weil als Tabu-Brecher.

Die Arbeit an der mißbräuchlichen Form der Beziehung leitete schließlich direkt über zu deren prozeduralem Beginn und knospenhaftem Ansatz in der Säuglingsphase. Der Patient verspürte mehr und mehr, wie ihm seine Mutter von Anfang an keinen Raum und buchstäblich keine Luft zum freien Atmen, Lachen, Weinen, Schreien, Strampeln gelassen hatte. Seine zeitweise vorhandene Sehnsucht nach einer Atemtherapie und seine zugleich suchtartigen und abgewehrten Wünsche, wenigstens gelegentlich mittels einer Zigarette Luft tief einsaugen zu können, wurden ihm nun verstehbar. Die Arbeit an Gefühlen primärer Beziehungsleere dauert an. Diese waren vorher durch erotisiertes oder aggressivisiertes Kontaktverhalten überdeckt (Basch 1991, Lichtenberg 1991). So schließt sich der Kreis zum Beginn der Therapie. Das Therapieende ist in Sicht. Jetzt kann der Patient sich endlich fragen, was Stettbacher im Rahmen der Tiefenregression als letzten Schritt vorschlägt (Stettbacher 1990): „Was hätte mir damals besser getan, als das von mir Erlebte?" „Was hätte ich damals wirklich gebraucht?" Er kann nun auch in seinem täglichen Leben Erfahrungen zulassen und anstreben, die dieses „Bessere" beinhalten, nämlich gesunde, authentische Beziehung zwischen gleichwertigen Personen.

Falldiskussion

Es wurden die letzten fünf Jahre der achtjährigen Therapie eines Patienten besprochen, in denen drei Formen schweren Mißbrauchs durch die Mutter durchgearbeitet worden sind: Reale Mutter-Sohn-Inzesterlebnisse bis zum Alter von sieben Jahren, schwer destruktiv-aggressive Züchtigungen sowie subtiler, aber hochwirksamer Beziehungsmißbrauch, der Herrn B. sich selbst weitgehend entfremdete.

Als fast unlösbar-schwierig erwies sich das Mutter-Sohn-Inzest-Problem. Es geht ja dabei um die Überschreitung des strengsten Tabus der Gesellschaft. Da in derzeitigen Inzest-Veröffentlichungen oft Einzelaspekte des Themas absolut gesetzt werden, so daß stark differierende Wertungen vorherrschen, hier kurz eine aus unserer praktischen Erfahrung gewonnene theoretische Anmerkung. Beim realen Mutter-Sohn-Inzest und nicht triangulierter Frühbeziehung fallen fast alle zum Trauma bezugnehmenden Ich-Funktionen aus, die beim fantasierten Inzest in Funktion sind. Fantasieren, Symbolisieren, Träumen, Gefühlsreaktionen, Verschieben, Übertragen fehlen ebenso wie Erinnern, Verbalisieren, logisches Denken und Realitätsprüfung. Wir betrachten diesen Funktionsausfall als Abwehr und benutzen dafür den Terminus „psychischer Totstell-Reflex". Die Patienten erscheinen abwechselnd, als hätten sie das Trauma nicht, oder sie agieren es wie in Trance, im Wiederholungszwang aus.

Ohne die mehrphasentherapeutische Gruppenarbeit, die Möglichkeit zur Übertragungsaufspaltung, zur gezielten Tiefenregression, ohne die überraschenden Modellsituationen, die Ich-dystones Material mobilisierten, ohne Stütze und Spiegelung durch Gruppenmitglieder hätte dies Problem in unserer Therapie wohl nicht gelöst werden können. Auch die gleichzeitige Therapie der Ehefrau bei uns war für den Behandlungserfolg wichtig.

Als die in der Anfangsphase gewonnene Ich-Stärke ausreichte, begann die Inzest-Problematik sich in für Herrn B. überraschenden Situationen in der M-Gruppe darzustellen. Auch in der Übertragung trat sie nun auf. Der Patient spaltete den Aspekt jedoch noch für lange Zeit vom Bewußtsein ab. Agieren, Erkrankungen, Ängste, Suizidgedanken und Therapieabbruchwünsche zeigten sich. Die Therapie verlief hochgradig spannungsgeladen. Auch Übertragung und Gegenübertragung waren davon gekennzeichnet. Lange wurde die Problematik von der Person der Mutter getrennt gehalten und auf die Co-Therapeutin, später auf eine Geliebte projiziert. Als der Zusammenhang der hoch-erotischen Reaktionsbereitschaften mit der Mutter schließlich deutlich wurde, hatte Herr B. schwerste Schuld- und Schamgefühle zu verarbeiten. Zu diesen addierten sich die Schuldgefühle der Mutter, die ihn bei ihrem Tode durch ein „Verzeihens-Versprechen" gebunden hatte. Die Aufarbeitung dieser Problematik ermöglichte dem Patienten eine Art „Selbstgeburt". Erstmalig konnte er eigene Wünsche, Ängste und Bedürfnisse wahrnehmen, statt der Befriedigung von Bedürfnissen anderer zu dienen. Auch die eheliche Beziehung trat in eine neue Phase: Aus Abhängigkeit von seiner Frau wurde Beziehung zwischen zwei Partnern mit eigenständigen Bedürfnissen und Reaktionen.

Nach Fortfall des psychischen Totstell-Reflexes waren die verarbeitenden Ich-Funktionen so weit entlastet, daß der bis dahin zähe Verlauf zügiger voranging. Jetzt durften auch die destruktiv-aggressiven Mißhandlungen wahr sein. Die leise Stimme von Herrn B. und seine Neigung zu Heiserkeit erwiesen sich als Ausdruck seiner strukturellen Angst vor Aggression und Verstoßung (Bauer in Hrsg. Uexküll 1990). Er litt an Vernichtungsangst nach Erfahrung teils lebensbedrohlicher Züchtigungen. Neben ängstlich-zurückhaltendem Verhalten zeigten sich heftige destruktiv-aggressive Durchbrüche. Die Streitsucht konnte bis zu Tätlichkeiten gehen. Er lernte Identifizierungen mit seiner aggressiven Mutter kennen und steuern, aber auch aggressive Bedürfnisse als gesunde Anteile von Selbstdurchsetzung verstehen. Er erlebte die Zwanghaftigkeit, mit der seine Mutter ihn geschlagen hatte und seine eigene reaktive Notwehraggression. Der Patient wurde erstmalig der gesamten Skala seiner Lautstärken mächtig. Die Authentizität wuchs weiter. Jetzt wurden die Co-Therapeutin und ich für ihn Repräsentanten der „Weiber, die einfach alles dürfen". Der Co-Therapeut hingegen wirkte als entlastende, rückenstützende, Triangulierung fördernde männliche Instanz.

Mißbräuchliche Beziehung betrifft weniger einzelne Verhaltensweisen. Unterscheidungskriterien liegen eher in Zwecken und Zielen, denen die Gesamtbeziehung dient. Als Mittel zum Zweck für die Mutter sollte der Patient deren übermächtige Bedürfnisse stillen und ihre, statt eigener Ziele verfolgen. Die Mutter beutete ihn zur Abwehr eigener Entwertungs- und Gespaltenheitsproblematik durch Delegation aus. Rollen, die er übernehmen mußte, lassen sich auf Fantasien und Gefühle, die die Unehelichkeitsproblematik in der mütterlichen Familie betreffen, zurückführen. Drei Themenkreise sind wahrnehmbar:

1. Er mußte positiven Beziehungs- und Kontaktwünschen nachkommen, als dringend benötigtes Selbst-Objekt der Mutter dienen, ideale Mutter-Kind- und ideale Partnerbeziehung darstellen, Nibelungentreue zeigen, Paladin und Kavalier sein. Er mußte sie beschützen, für sie kämpfen, glorios sein, symbiotische Verschmolzenheit verkörpern, den Vater hassen, Vater und Bruder isolieren, ihr recht geben.
2. Er mußte Träger unerträglicher negativer, abgewehrter Anteile ihrer selbst werden: Sündenbock sein, Schuld tragen, sich schämen, Schande und lebensunwertes Leben verkörpern, ihr Opfer sein, hündisch vor ihr kriechen, sich häßlich, dumm, klein und entwertet fühlen.
3. Er mußte Träger ihrer sexuellen Ambivalenz werden: Ihr in ständiger Sehnsucht zugetan sein und ihre Bedürfnisse nach Zärtlichkeit und Erotik befriedigen, aber sich auch als entbehrlich wegwerfen lassen. Für ihre aufgeputschten erotisch-sexuellen Fantasien mußte er verfügbar sein, aber auch für Prüderie und Sexualabwehr, z.B. durch Bespitzeltwerden wegen seiner Onanie.

Vor allem durfte er nicht merken, welche Funktionen er ausübte, denn die Probleme der Mutter durften ja nicht wahr sein, sonst drohte ihre Psychose manifest zu werden. Es liegt auf der Hand, daß ein solches Paket von Funktionsübernahmen nur bei maximaler Entpersönlichung und Nichtbeachtung der Realität geleistet werden kann. Depersonalisation und Derealisation waren also ursprünglichste Leitmerkmale der Wesensstruktur von Herrn B.

Der geschilderte Beziehungsmißbrauch anstelle primärer, empathischer mütterlicher Liebe und Beziehung bildete eine Art Matrix, in der sich der real-inzestuöse und der destruktiv-aggressive Mißbrauch überhaupt herauskristallisieren konnte. Somit stellte die Durcharbeitung des inzestuösen und des aggressiven Aspekts schon eine - wenn auch nicht bewußte - teilweise Aufarbeitung des Beziehungsmißbrauchs dar. Danach konnte Herr B. der Identitätskrise besser standhalten, die durch Bearbeitung von Beziehungs- und Persönlichkeitsverfälschung entsteht.

Wie alle Patienten mit ähnlicher Vorgeschichte wurde er nicht nur manipuliert, sondern lernte auch, andere zu manipulieren. Besonders kamen Personen der Gegenwartsfamilie in Frage, solange diese noch keine stabile Beziehung zum eigenen Selbst-Sein und keine klare Ich-Grenzen hatten. Der Patient kann diesen manipulativen Wesenszug inzwischen wahrhaben. Er kann jetzt bewußter handeln, Zeichen und Winke geben und empfangen, ohne andere indirekt für ihm unbewußte Ziele einzuspannen.

Bei Herrn B. fanden wir anfänglich Unfähigkeit, seine affektiven Erlebnisse wahrzunehmen, verbal zu symbolisieren und damit die „narrative Entwicklungsstufe" zu erreichen (Stern 1991). Er konnte sich also selbst sprachlich nicht darstellen. Für das Erlangen dieser Fähigkeit bietet die Mehrphasentherapie wirksame Ansätze. Ähnlich der Spieltherapie von Kindern, enthält sie Angebote zu präverbaler Symbolisierung von konkretem Erleben im Rollenspiel und gestaltendem Handeln. Auch die Selbstwahrnehmung wird in anschaulichen Szenen im Gruppengeschehen gefördert. Das Angebot legitimen Inszenierens der inneren und äußeren Beziehungs- und Erlebnisbereitschaften und deren Verbindung mit verbaler Durcharbeitung und kritischem Bewußtsein ermöglichte Herrn B., schrittweise mehr und mehr Selbstevidenz und Selbstkohärenz zu entwickeln. Die Therapie ist in der Abschlußphase.

Zur psychosozialen Prävention als Ergebnis der Therapie-Erfahrungen

Nachdem ich mehrere Patienten mit ähnlicher Problematik behandelt habe, erscheint es mir abschließend als dringlich, auf Schäden der psycho-sexuellen Entwicklung hinzuweisen, die Kindern drohen. Die komplizierte Situation, in der sich zahlreiche Familien bei der Sexualerziehung befinden, läßt sich an einigen Beispielen skizzieren: Kindertherapeuten berichten über Eltern, die sich habituell erotisch von Kindern aller Altersstufen berühren lassen. In der Therapie eines phobisch kranken Jungen zeigte sich z.B., daß die Mutter in der Sauna ihre Schamlippen vom kleinen Sohn streicheln ließ. Wir sahen auch in einer familientherapeutischen Sitzung erotische Ohren-Kußspiele zwischen Mutter und Sohn, begleitet von beiderseitig kicherndem: „Nicht-nicht-nicht!", neben über normale Zärtlichkeit hinausgehenden Berührungen. Dem Vater hingegen wurde Zärtlichkeit und Erotik fast demonstrativ vorenthalten. Es war nicht verwunderlich, daß der Sohn später weinend zum Vater sagte: „Ich hab so Angst, wenn ich für Mama gegen Dich kämpfen muß!"

Von ähnlichen kindlichen Beziehungsmustern erfuhr ich in der Therapie einer Jugendlichen. Mancherorts werden zwar libertine Aufklärungsansichten vertreten, aber trotz allem Respekt vor Meinungsvielfalt und dem verständlichen Wunsch, Kinder harmonisch auf späteres Sexualleben vorzubereiten, spricht die klinische Erfahrung deutlich gegen unüberlegten Aktionismus. Auf der Suche nach angemessenen Leitlinien scheint es lebensgerechter zu sein, Sexualität nicht isoliert überzubetonen, sondern sie als Teilbereich innerhalb konstanter Beziehungsgefüge zwischen ausgereiften Persönlichkeiten zu verstehen. Angesichts oft komplizierter Verhältnisse in Familien, hoher Scheidungsraten und alleinerziehender Elternteile ist Aufklärungsarbeit vonnöten, damit gesundes Sexualleben von sexuellem und Beziehungsmißbrauch klar unterschieden werden kann. Zumindest Schäden, die aus Unwissenheit von Erziehern entstehen, könnte so vorgebeugt werden.

Literatur:

Asseyer, H.: *Objektverlust und psychotische Regression.* Psyche 4, 1991

Balint, M.: *Therapeutische Aspekte der Regression - Die Theorie der Grundstörung.* Stuttgart 1970

Basch, M. F.: *Verdrängung und Verleugnung, eine neue Bestandsaufnahme. Vorträge auf dem Kongreß: The Sense of Self-Development, Pathology, Treatment.* München 1991

Bauer, H. H.: *Entwicklungsstörungen der Stimme.* In: Uexküll, Thure von (Hrsg.): Psychosomatische Medizin. München-Wien-Baltimore 1990

Becker, H.: *Konzentrative Bewegungstherapie.* Stuttgart-New York, 1981

Becker-Toussaint H., De Boor C., Goldschmitt O., Lüderssen K., Muck M.: *Aspekte der psychoanalytischen Begutachtung im Strafverfahren.* Baden-Baden 1981

Ferenczi, S.: *Ohne Sympathie keine Heilung - Das klinische Tagebuch von 1932.* Frankfurt 1988

Feudel, E.: *Der Durchbruch zum Rhythmischen in der Erziehung.* Stuttgart 1949

Forward S., Buck C.: *Betrayal of innocence. Incest and its devastation.* Los Angeles 1978

Damm, S.: *Eine an Janov's Primärtheorie orientierte neuartige Methode der Gruppentherapie auf psychoanalytischer Grundlage.* In: Kutter, Peter (Hrsg.): Methoden und Theorien der Gruppenpsychotherapie. Stuttgart 1985

dies.: *Wiederkehr perinataler Traumatisierung in Lebensgeschichte und Therapie einer Patientin mit psychosomatischer Erkrankung.* In: Janus Ludwig (Hrsg.): Erscheinungsweisen pränatalen und perinatalen Erlebens in den psychotherapeutischen Settings, Heidelberg 1991

dies.: *Mehrphasen-Intensivtherapie mit einem Paar als Krisenintervention bei lebensbedrohlich-akutem Zustand von Asthma bronchiale.* Kongreßbericht des Psychoanalytischen Lehr- und Forschungsinstituts „Stuttgarter Gruppe". Stuttgart 1991

Haugaard, J., Reppucci, N. D.: *The sexual Abuse of Children.* San Francisco, London 1988

Hirsch, M.: *Realer Inzest.* Berlin-Heidelberg 1987

Janus, L.: *Die Psychoanalyse der vorgeburtlichen Lebenszeit und Geburt.* Pfaffenweiler 1989

Janov, A.: *Das befreite Kind.* Frankfurt 1974

Kernberg, O.: *Schwere Persönlichkeitsstörungen - Theorie, Diagnose Behandlungsstrategien.* Stuttgart 1988

Köhler, L.: *Neuere Ergebnisse der Kleinkindforschung - ihre Bedeutung für die Psychoanalyse.* Forum der Psychoanalyse, Berlin-Heidelberg 1990

ders.: Vortrag: Ergebnisse und Auswirkungen der Säuglingsbeobachtung auf Theorie und Praxis der Psychoanalyse, Jahrestagung des Arbeitskreises DGPT/VAKJP Leverkusen 1991

Kohut, H.: *Narzißmuß - Eine Theorie der psychoanalytischen Behandlung narzißtischer Persönlichkeitsstörungen.* Frankfurt 1976

ders.: *Überlegungen zum Narzißmus und zur narzißtischen Wut.* In: Die Zukunft der Psychoanalyse. Frankfurt 1975

Kutter, P. (Hrsg.): *Praktikum der Gruppenpsychotherapie.* Stuttgart 1982

Lichtenberg, J. D.: *Klinische Relevanz der Säuglingsbeobachtung für die Behandlung narzißtischer und Borderline-Störungen.* In: Psyche 10. Stuttgart 1990 ders.: *Modellszenen. Affekte und das Unbewußte.* In: Wolf, Ernest S., Ornstein, A., Ornstein, P., Kutter, P.: Selbstpsychologie. München-Wien 1959

ders.: *Ein Motivations-systemischer Ansatz zum Problem des Hasses.* Vortrag auf dem Kongreß: Sexualität und Aggression im Lichte der Selbst-Psychologie. Dreieich 1991

Müller-Braunschweig, H.: *Köperorientierte Psychotherapie - Reichweite der psychoanalytischen Therapie.* In: Uexküll, Thure von (Hrsg.): Psychosomatische Medizin. München-Wien-Baltimore 1990

ders.: *Psychoanalyse und Körper.* In: Brähler, E. (Hrsg.) Berlin-Heidelberg 1986

Shengold, L: *The parent as sphinx.* In: J Am Psychoanalysis Ass. 11, New York 1963

Spitz, R. A.: *The first Year of Life.* New York 1965

ders.: *Nein und Ja - Die Ursprünge der menschlichen Kommunikation.* Stuttgart 1958

ders.: *Die Entstehung der ersten Objektbeziehungen.* Stuttgart, 4.Auflage 1988

Stettbacher, J. K.: *Wenn Leiden einen Sinn haben soll.* Hamburg 1990

Stern, D.: *Interaction between the Interpersonal, Theoretical, Clinical and Developmental Implications.* Vorträge auf dem Kongreß: The Sense of Self. Development. Pathology. Treatment. München 1991.

Wolf, E. S.: *Das Selbst in der Psychoanalyse: Grundsätzliche Aspekte.* In: Ornstein A., Ornstein P., Lichtenberg J. D., Kutter P. (Hrsg.): Selbstpsychologie. München-Wien 1989

ders.: *Narzißtische Lust und andere Schicksale der Sexualität.* Vortrag auf dem Kongreß: Sexualität und Aggression im Lichte der Selbst-Psychologie 1991

Winnicott, D. W.: *Vom Spiel zur Kreativität.* Stuttgart 1973

ders.: *Reifungsprozesse und fördernde Umwelt.* München 1974

ders.: *Von der Kinderheilkunde zur Psychoanalyse.* München 1976

ders.: *Der Anfang ist unsere Heimat.* Stuttgart 1990

Der Stein auf der Brust *oder:* Athena aus dem Haupte des Zeus

Eine körpertherapeutische Annäherung an die Pathologie des weiblichen Narzißmus*

Dagmar Hoffmann-Axthelm

In mancher Hinsicht steht es erfreulich um die Sache der Frau. Denn die Frauen sehen je länger je weniger ein, warum sie ihr Licht unter den Scheffel stellen, zu Hause die langweilige Hausarbeit ausführen oder im Erwerbsleben weniger verdienen, dafür aber die unattraktivere Arbeit verrichten sollen, warum sie sich mit im Vergleich zu den Männern bescheideneren Ausbildungen begnügen und höherkarätige Berufsperspektiven in Hinblick auf Ehe und Kinder von vornherein ausschließen sollen. Und die emanzipierten unter den Männern unterstützen sie auf diesem Weg. Die neuen Väter bemühen sich vermehrt um Halbtagsstellen, binden sich die Schürze um und rühren im Kochtopf, wechseln Windeln und schwenken den Staubsauger. Im übrigen achten sensible Eltern bei der Erziehung ihrer Kinder vermehrt darauf, die männlichen Anteile ihrer Töchter und die weiblichen ihrer Söhne zu fördern, und so sollten eigentlich Menschen heranwachsen, die von Geschlechterrivalitäten und entsprechenden Machtspielen nicht mehr so viel halten wie frühere Generationen.

Auch im gesellschaftlich-politischen Rahmen tut sich manches. An den Universitäten und in den Parlamenten gibt es Frauenquoten, Frauen erobern traditionelle Männerberufe, werden Lokführerin, Straßenbahnschaffnerin oder Pilotin, und in der Schweiz schleiften die Appenzellerinnen unlängst ein zählebiges patriarchalisches Bollwerk: per Gerichtsbeschluß erstritten sie sich das Wahlrecht. Trotz mancher gegenläufiger Windstöße weht der Zeitgeist heute frauenfreundlicher als in früheren Jahren.

Getragen vom Wind dieses Zeitgeistes leben immer mehr Frauen ihren Narzißmus auf der Sekundärstufe im Sinne einer nach außen hin häufig attraktiv erscheinenden Tätigkeit. Manche dieser Frauen wirken auf den ersten Blick sehr autonom, sie spielen z.B. die erste oder zweite Geige im Orchester, sie arbeiten als Goldschmiedinnen, Lehrerinnen, Ärztinnen oder Juristinnen, sie verbinden ggf. ihre Tätigkeit mit einer

* Dieser Aufsatz ist die veränderte Fassung eines Vortrages, den ich im Sommer 1991 anläßlich der *11. Psychotherapiewoche in „Breitenstein“* in Ermatingen am Bodensee gehalten habe. Mein Dank gilt Margit Koemeda-Lutz und Jens A. Koemeda für die freundliche Anregung und Einladung.

eigenen Familie - sie haben eigentlich alles. Und so werden sie häufig genug von anderen Frauen beneidet, die beispielsweise ihr Hausfrauendasein unzufrieden macht; und trotzdem kommen sie in die Psychotherapie, oft mit der Klage, sich unausgefüllt, leer, depressiv zu fühlen, unter Konzentrationsstörungen oder Migräne zu leiden.

Es sind dies Klientinnen, die - um es in der Sprache Winnicotts auszudrücken - unter der Last des Falschen Selbst den Kontakt zum Wahren Selbst verloren haben und denen, obwohl sie lauter gute und wichtige Dinge tun, der tiefere Sinn ihres Daseins abhanden gekommen ist. Eine längere psychotherapeutische Forschungsreise fördert in der Regel als Ursache dieses Übels eine tiefverwurzelte Identifikation mit männlichen, vom Vater und einer patriarchalisch strukturierten Gesellschaft erlernten Wertvorstellungen und den damit einhergehenden unbewußten Verrat an der eigenen, weiblichen Identität zu Tage.[1]

Väter und Töchter

Dies ist eine alte Geschichte, die schon den Griechen geläufig war. In der klassischen Antike wurde nicht nur das Drama des Ödipus im Sinne des Mutter/Sohn-Inzestes mythologisch gestaltet, sondern auch das Gegenbild, die - narzißtische - Verführung der Tochter durch den Vater. Dies Thema war den Griechen so wichtig und so präsent, daß sie diese Dynamik auf zwei ihrer größten Götterfiguren übertrugen: auf den Gottvater Zeus und seine Tochter Athena.[2]

Der Mythos erzählt die Geschichte von der Geburt der Athena, der jungfräulichen Schutzgöttin Athens, der Göttin der Weisheit und klugen Kriegsführung, der Künste und des Handwerks, aus dem Haupte

[1] Klar und eindrücklich hat kürzlich Christa Rohde-Dachser: *Expedition in den dunklen Kontinent. Weiblichkeit im Diskurs der Psychoanalyse.* Heidelberg etc. 1991, dies Patriarchats-Dilemma als strukturierendes Prinzip der psychoanalytischen Theorie dargestellt: Die auf der Idealisierung der männlichen und der Entwertung der weiblichen Sexualität basierende Theoriebildung läßt das psychoanalytische Modell als getreuen Spiegel der patriarchalischen Gesellschaft erscheinen. Ferner u.a. zum Thema Nancy Chodorow: *Das Erbe der Mütter. Psychoanalyse und Soziologie der Geschlechter.* München 1985; Christiane Olivier: *Jokastes Kinder. Die Psyche der Frau im Schatten der Mutter.* München 1989; Ursula Wirtz: *Seelenmord. Inzest und Therapie.* Zürich 1989, 256ff. et passim.

[2] Zum folgenden vgl. Herbert J. Rose: *Griechische Mythologie. Ein Handbuch.* München 1955, 46f.

des Zeus: In erster Ehe war Zeus verheiratet mit Metis, was soviel wie „Weisheit" oder „guter Rat" bedeutet. Es gab aber eine Prophezeiung, nach der Metis neben der Tochter auch einen Sohn gebären sollte, der seinem Vater Zeus an Weisheit überlegen wäre und alle Götter beherrschen würde. Um dem vorzubeugen, verschlang Zeus zunächst die Metis, als sie schwanger war und befahl daraufhin dem Hephaistos, ihm den Kopf mit einer Axt zu spalten. Dieser tat, wie ihm geheißen, und aus dem Haupte des Zeus entstieg strahlend und in voller Rüstung - wie ein göttlicher Gedanke - Athena. Entsprechend ihrer so wunderbaren Geburt aus dem väterlichen Kopf wurde Athena die Lieblingstochter ihres Vaters - eine nur ihm ergebene, allen anderen Männern gegenüber unnahbare, jungfräuliche Göttin.

Ihre Kindheit verbrachte sie, die ja ohne Mutter aufwachsen mußte, beim Meergott Triton, wo sie zusammen mit dessen Tochter Pallas erzogen wurde. Die beiden Mädchen wurden Freundinnen und spielten viel miteinander. Dann aber, als sie sich einmal im Kampfspiel übten, gerieten sie in Streit; Pallas holte mit ihrer Waffe gegen Athena aus, Zeus griff ein, indem er die Triton-Tochter für einen Moment ablenkte, und in diesem Augenblick tötete Athena ihre Freundin im Zorn. Anschließend betrauerte sie den Tod der Pallas und nannte sich seither aus Reue Pallas Athena.[3]

Versuchen wir, - wenn es denn statthaft ist, mit Göttern so umzuspringen - die Beziehung Zeus/Athena mit dem geläufigen psychodynamischen Vokabular zu umschreiben, so läßt sich Zeus als eine extrem narzißtische Persönlichkeit beschreiben, fixiert auf die Phase der Omnipotenz, unfähig zu rivalisieren und Limitierungen seiner Macht zuzulassen; gefangen im Borderline-Konflikt, mit den Menschen, die ihm nahestehen oder nahekommen, entweder zu verschmelzen oder sie zu vernichten.

Auf der anderen Seite findet sich Athena bei ihrer Geburt in der Situation, durch väterliche Schuld ohne Mutter aufwachsen zu müssen. Ihre Möglichkeiten, weibliche Objekte zu introjizieren, sind minimal. Der einzige Versuch, eine geschwisterliche Beziehung mit einer Spielkameradin aufzubauen, aus der sich eine Spiegelübertragung hätte entwickeln können, endet auf Grund einer überstarken Identifikation zwischen Vater und Tochter tödlich. Eine Chance zur Triangulierung hat sie nie. Sie gehört mit Haut und Haaren dem Vater. Hier macht sie, so kriegerisch sie sonst ist, keinerlei Versuche, sich abzugrenzen, zu rivalisieren oder den Vater für einen anderen Mann zu verlassen. Der Vertrag zwischen den beiden sieht vor, daß sie

[3] Rose: a.a.O., 109.

jungfräulich bleibt, d.h. durch ewige Treue an den Vater gebunden ist. Athena ist weise und mächtig, aber nicht weiser und nicht mächtiger als Zeus. Sie stellt für seine Allmachtsansprüche keine Gefahr dar und bleibt in stolzer Hingabe die Lieblingstochter bis ans Ende aller Göttertage.

Die Götter sind charakterologische Momentaufnahmen. Athena ist eine stolze, kluge, unnahbare Gestalt, die immer sie selbst bleibt, die sich nicht in Beziehungen verstrickt und die unter ihrer Einsamkeit nicht leidet. Steigt man jedoch herab vom Olymp, so sehen die Dinge bekanntlich anders aus. Hier führt die Hingabe an einen narzißtischen Vater zwar oft genug zu enormen Leistungen, aber diese Leistungen kompensieren eine unstillbare Sehnsucht nach Nähe und Anerkennung. Sie sind eine unbewußt erfolgende chronifizierte Liebesgabe an einen introjizierten Vater, der diese Liebesgabe in den Jahren der Kindheit seiner Tochter zwar bewußt oder unbewußt hervorgelockt haben mag, der sie dann aber nie den kindlichen Bedürfnissen entsprechend gewürdigt hat; sei es, daß er nicht genug darauf eingegangen ist, oder umgekehrt: daß er die Tochter als kleine Erwachsene gesehen und für seine narzißtischen oder auch sexuellen Bedürfnisse benutzt hat. Die Tochter wird daraus die traurige Bilanz ziehen, sie sei nicht gut genug, und wird sich anstrengen, noch lieber, noch besser, noch klüger oder was auch immer zu werden. Sie wird einen narzißtischen Persönlichkeitsstil entwickeln, der ihr gleichzeitig helfen wird, ihre in der Vaterbeziehung nicht ausgereiften ödipalen Bedürfnisse abzuwehren. Wahrscheinlich wird sie unter permanentem Leistungsstress zu leben lernen und schließlich oft genug bei Gefühlen von Sinnlosigkeit, Depression und Leere ankommen. Ist in der Therapie diese Schicht einmal bearbeitet, dann wird darunter in der Regel tiefe Verzweiflung und Wut gegenüber dem erfolgten Mißbrauch sowie Trauer über das ungelebte Selbst zum Vorschein kommen.

Auf der Körperebene führt dies Erleben zu parallelen Befunden: Ein Kind, das sich mit offenem Herzen an einen geliebten Erwachsenen wendet, das von diesem auch dazu ermutigt werden mag, das aber als Antwort auf seine Hinwendung immer wieder eine Enttäuschung oder gar Verletzung seiner Integrität erlebt, wird früher oder später resignieren; es wird als Reaktion auf dieses Erleben mißtrauisch und oberflächlich werden, sein Herz verschließen und sich einen Brustpanzer zulegen: Im Herz- und Brust-Bereich wird sich die Muskulatur verspannen, sie wird schwerer durchlässig werden für feinere Körperwahrnehmungen und emotionale Regungen und ganz allmählich zu einer Mauer der Empfindungslosigkeit erstarren.

Eines Tages wird der ganze Bereich wie betäubt sein - er wird nur noch funktionieren, ohne daß dies von der Körperempfindung her noch wahrgenommen werden kann. Der Atem wird flach sein und damit wird es zunehmend schwierig werden, Emotionen zu fühlen, die sich bei transparenter Körperwahrnehmung einstellen: Gefühle von Sehnsucht, Abhängigkeit, Hingabe. Stattdessen finden wir Stolz auf Autonomie und Unabhängigkeit, der in *dem* Stadium, in dem die Klientinnen in unsere Praxis kommen, in der Regel zu einem Zustand der Leere und Isolation gefroren ist und der - weil ihm eine körperliche Erstarrung zugrunde liegt - körperlich wenig oder gar nicht mehr erspürbar ist.[4] Über längere Zeit wird es in der Therapie dementsprechend zunächst darum gehen, den Panzer spüren zu lernen: Früher oder später werden die Klientinnen dann langsam anfangen, Körperempfindungen von Spannung und Schwere wahrzunehmen, die manche von ihnen in das Bild kleidet, sie hätte „einen Stein auf der Brust".

Im kompensierten Zustand zeigt eine Abwehr wie die hier zur Diskussion stehende narzißtische Struktur in der Regel folgendes Bild: Sehr wache, energetisch überversorgte Sinnesorgane bei sonstiger eher schwacher Körperpräsenz und -wahrnehmung. Solange der Panzer in Nacken und Brust als solcher noch nicht erspürt ist, fühlen diese Menschen wenig Pulsieren im Körper, sind aber umso heller im Geist, stets wachsam und auf der Hut vor zu viel Nähe, von der sie Übergriffe und Gefährdung ihrer Identität befürchten. Die Griechen müssen das gewußt haben, als sie Athena mit Helm, Brustpanzer und einem - wie es bei Homer heißt - „hellen Blick" ausstatteten; und als sie ihr auf den Brustpanzer das Haupt der Gorgo setzten, das jeden versteinert, der ihr zu nahe kommt.

Hinter dieser Angst vor emotionalem Kontakt steckt freilich nicht nur eine durch zu viel oder zu wenig Nähe gekennzeichnete Erfahrung mit einem väterlichen Objekt, sondern - als weiteres prägendes Element - eine nicht ausreichend tragfähige Beziehung zur Mutter. Denn in der Therapie kommt unter einer offenkundig ödipalen Störung, die der Athena-Typus - so möchte ich diese Frauen nennen - häufig aufweist, regelmäßig eine gestörte Mutterbeziehung zum Vorschein, die ihrerseits naturgemäß mit einer Störung der Geschlechtsidentität einhergeht. Mit anderen Worten: Der narzißtische und auch sexuelle Mißbrauch der Tochter durch den Vater ist nur *ein* Akt des Dramas; ein anderer Akt hat eine Mutter/Tochter-Beziehung zum Thema, die daran krankte, daß die Mutter der Tochter dasjenige Maß an Schutz und Zuwendung nicht vermitteln konnte, das notwendig gewesen wäre,

[4] Zu dieser Struktur grundlegend Alexander Lowen: *Der Verrat am Körper.* München 1980.

um der Tochter zu ermöglichen, sie als ausreichend gutes weibliches Identifikationsobjekt zu nutzen. Vielleicht wurde die Mutter - wie die Metis - vom Vater verschlungen, vielleicht war es auch umgekehrt: daß sie dem Vater keinen Raum ließ und ihn dominierte und kastrierte. Die kleine Tochter wendet sich - nicht ausreichend identifiziert mit der Mutter - also mit ihren narzißtischen und libidinösen Bedürfnissen an den ggf. narzißtisch und sexuell frustrierten Vater in der Hoffnung, hier ihre Abhängigkeits- und Abgrenzungswünsche sowie das Gefühl, ein wertvoller Mensch zu sein, ausreifen lassen zu dürfen. Dabei ist natürlich auch der beste Vater überfordert. Denn eine stabile weibliche Identität kann nur im engen Kontakt zu einer mütterlichen Frau gedeihen. Ist dann aber der Vater - so wie Zeus - narzißtisch zudem noch sehr bedürftig, so wird er die kindliche Zuwendung und Bewunderung genießen und aus eigenen Defiziten heraus die kleine Tochter bewußt oder unbewußt mißbrauchen.

Die Verführung kann auf geistiger Ebene stattfinden: In ihrer Sehnsucht nach Nähe und Spiegelung wird die Tochter die Bedürfnisse des Vaters um den Preis ihres eigenen, weiblichen Selbst aufnehmen und zu dem werden, was er in ihr sehen will: zu einer bewundernden Frau, einer kompetenten Wissenschaftlerin, einer erfolgreichen Künstlerin oder was auch immer. Aber sie wird - bewußt oder unbewußt - scheitern, da sie nicht aus eigener, sondern aus „geborgter" Kraft lebt. Eine meiner Patientinnen hörte als Kind ihren sonst gänzlich zurückgezogenen Vater sagen, daß er gern zeichnen und malen würde, wenn er Zeit dazu hätte. Daraufhin besuchte sie später scheinbar aus eigenem Entschluß die Kunsthochschule. Sie schloß das Studium erfolgreich ab, mußte aber bald spüren, wie wenig sie die künstlerische Tätigkeit ausfüllte, so daß sie das Ganze schließlich ratlos abbrach.

Ein Fallbericht

Athena lebt in der Gestaltung der Griechen die narzißtische Position in extremer Gegenposition zur Hingabe, stolz, einsam und frei, nur ihrem Vater in Gehorsam verbunden. Solchen Frauen begegnen wir in unserem Sprechzimmer, aber auch dem Gegentypus: Frauen, die sich hingebungsvoll ihrer Familie oder ihrer Arbeit oder beidem widmen, deren Hingabe sich im Laufe der Therapie aber häufig als Selbstaufgabe enthüllt. Wie ja überhaupt die Hingabefähigkeit des Kindes, das von den Eltern oder einem Elternteil mißbraucht wurde, ein Verrat am Selbst ist und entweder zur Selbstaufgabe oder zur Selbstblockierung und Isolation führt. Von einer Klientin, bei der sich die Elemente von

Autonomie, Hingabe und Selbstaufgabe in einem Maße vermischten, das mich lange Zeit in Verwirrung brachte, möchte ich hier berichten. Ich möchte diesen Bericht ziemlich ausführlich gestalten, weil ich hoffe, bei dieser Gelegenheit praxisbezogen zu zeigen, wie wichtig bei gewissen narzißtischen Strukturen die Verbindung *beider* Konzepte ist: des Körperkonzeptes und desjenigen der therapeutischen Beziehung. Beide Ebenen waren unverzichtbare Bestandteile dieser Therapie. Ohne das „Grounding in der Beziehung" - um mich eines Wortes von Stanley Keleman zu bedienen - hätte der positive Verlauf ebenso in Frage gestanden wie ohne die intensive Körperarbeit, die der Patientin half, ihre Existenz immer wieder aus Bereichen von Wahn und Panik auf den Boden der Realität zu bringen.

Die narzißtische Struktur dieser Klientin stand freilich am Anfang der Therapie nicht im Mittelpunkt der Arbeit. Ein überwältigendes Mißbrauchs-Schicksal machte zunächst die Bearbeitung ödipaler Themen notwendig. Frau K., wie ich die Klientin nennen möchte, ist eine inzwischen 46-jährige Kinderkrankenschwester, Ehefrau und Mutter zweier erwachsener Kinder. Sie war zum Zeitpunkt dieser Falldarstellung seit knapp fünf Jahren bei mir in Therapie, nachdem sie einige Jahre zuvor über drei Jahre hinweg eine Psychoanalyse gemacht hatte, die sie dann aber abbrach. Als sie die Therapie bei mir anfing, arbeitete sie als Therapeutin mit schwer gestörten Jugendlichen.

Beim Erstgespräch wirkte Frau K. auf mich ungewöhnlich gesund. Sie war und ist eine attraktive Frau mit wachem Blick, die sich intelligent und gewandt ausdrückt, die lebenskluge Ansichten hat und und die mir eine Menge gesunden Menschenverstand zu haben schien. In ihrer schwierigen Arbeit kam sie offensichtlich sehr gut zurecht. Über ihre persönlichen Verhältnisse, ihre Ehe und die Beziehung zu den Kindern sprach sie nur kurz und in dem Sinne, daß dort alles in Ordnung und sie glücklich und zufrieden sei.

Der Grund ihres Kommens waren wilde Vergewaltigungs- und Mord-Alpträume, von denen sie zwei- bis dreimal in der Woche heimgesucht wurde und aus denen sie schreiend und schweißgebadet - und sehr zur Beunruhigung ihres Mannes - erwachte. Diese Träume führte sie bereits im Vorgespräch darauf zurück, daß sie als 8-Jährige über ein halbes Jahr hinweg regelmäßig von ihrem Vater sexuell mißbraucht worden war. Scham und Schuldgefühl hierüber waren so überwältigend, daß sie in den drei Jahren ihrer Psychoanalyse ihrer Therapeutin nichts davon berichtet hatte. Der einzige Mensch, dem sie sich anvertraut hatte, war ihr Mann - und dies erst kurz bevor sie zu mir in die Therapie kam.

Frau K. ist das zweite von vier Kindern. Nachdem das älteste Kind ein Mädchen war, hatten sich die Eltern einen Jungen gewünscht - sie war also schon bei ihrer Geburt eine Enttäuschung und prädisponiert für eine männliche Identifikation. Zudem kam sie vier Wochen zu früh zur Welt und blieb einige Zeit allein - in Watte gehüllt - im Spital. Als die Patientin gerade ein Jahr alt war, kam bereits das nächste Kind, diesmal der ersehnte Kronprinz, und nach drei weiteren Jahren wurde nochmals eine Schwester geboren.

Frau K. fühlte sich von jeher zugunsten ihres jüngeren Bruders von ihrer Mutter vernachlässigt und ausgenutzt. Aber sie war der heimliche Liebling ihres Vaters. Während sich alle anderen Geschwister eng an die Mutter banden, war sie der Rebell in der Familie, und als solcher auch schon vor dem Inzest mit dem von seiner Ehe offensichtlich tief enttäuschten Vater eng verbunden. Vater und Tochter hatten, als Frau K. fünf Jahre alt war, einen Schlittenunfall, wobei der Vater einen Schädelbruch erlitt. Zwar kam er mit dem Leben davon, aber in der Folge brach eine manisch-depressive Psychose durch. In einer solchen depressiven Phase begannen die Vergewaltigungen. Der Vater holte sie an gewissen Abenden aus dem Zimmer, das sie mit den beiden Schwestern teilte und befahl ihr, im Wohnzimmer zu schlafen. Nachts kam er dann und mißbrauchte sie. Sie lag - im Wissen was kommen würde - zusammengerollt am Bettende und flehte ihn an, sie in Ruhe zu lassen. Dann ließ sie alles „wie ein Stein" - so ihr Bericht - über sich ergehen. Sie narkotisierte ihr Bewußtsein, kann sich nur noch an starke körperliche Schmerzen erinnern, nicht an den eigentlichen Sexualakt. Danach mußte sie auf Anweisung ihres Vaters das Laken reinigen und wurde am Morgen von der Mutter beschimpft, daß sie wieder ins Bett genäßt habe. Niemand in der Familie zeigte je eine Reaktion, die Mutter nicht, die Schwestern nicht. Nur der Vater äußerte sich: Er drohte, falls sie etwas sagen würde, sie umzubringen.

Nach einem Aufenthalt des Vaters in einer psychiatrischen Klinik hörten die sexuellen Übergriffe auf. Aber Frau K. blieb seine heimliche kleine Geliebte. Er nannte sie „meine kleine Hure", schenkte ihr heimlich Schmuck, den sie aber nicht tragen und niemandem zeigen durfte, und sie lernte, die Nachtseite ihres Vaters zu verdrängen und liebte die Tagesseite mit Leidenschaft: sie brachte ihn zur Straßenbahn, wenn er zur Arbeit ging, holte ihn wieder ab, wobei sie lange Wartezeiten in Kauf nahm, und trug in sich ein Bild von einer idealen magischen Partnerschaft mit dem Vater und natürlich auch die Kehrseite: eine abgrundtiefe Verachtung gegenüber der Mutter und den von ihr abhängigen Geschwistern. Schon aus jener Zeit erinnert sie sich an zwei Zustände, die ihr bis heute zu schaffen machen: Aufschäumende und jubelnde Omnipotenz, wenn sie in innerem oder äußerem Kontakt mit dem Vater war und Verzweiflung und Isolation, wenn sie allein war, beschimpft und verachtet von ihrer Mutter, der sie nichts recht machen konnte. Sie lief dann an einen in der Nähe gelegenen See und fand Trost in der Phantasie, wie schuldig sich alle fühlen würden, wenn sie sich umbrächte.

In der Pubertät wurde sie anorektisch, was sie sehr genoß. Sie wog 45 Kilo und fühlte sich über den Menschen und Dingen „schwebend“, attraktiv, aber unnahbar. Sie machte dann die Ausbildung als Kinderkrankenschwester, heiratete, die Kinder kamen, wuchsen heran, alles relativ unauffällig, bis auf die Tatsache, daß sie mit Ekel und Horrorphantasien auf jede Art sexueller Stimulation reagierte. Da sie aber der Meinung war, eine Ehefrau sei zu Sex verpflichtet, betäubte sie ihren Ekel über Jahre erfolgreich, indem sie Kurse in Autogenem Training besuchte. Sie lernte, körperlich da zu sein und mitzuspielen, aber mental auf Reisen zu gehen. Sie sagte zu mir: „Während ich mit ihm schlief, schaute ich uns von der Zimmerdecke her zu und empfand gar nichts.“ Das hat fast 20 Jahre lang so funktioniert.

Bei Therapiebeginn waren also die Alpträume neben unspezifischen Schmerzen in der Magengegend die einzigen akuten Störfaktoren in diesem von außen betrachtet nahezu perfekt wirkenden Leben mit einem aufgeschlossenen Ehemann, der auch Hausmanns-Pflichten übernahm, mit netten Kindern und einer interessanten Arbeit. Im zweiten Therapiejahr wurde diese positiv-tüchtige Abwehrschicht brüchig und zeigte sich immer mehr als eine geradezu virtuos gehandhabte Fähigkeit zur Anpassung an die bestehenden Verhältnisse und an die Bedürfnisse des Ehemannes. Darunter wurde allmählich ein sehr einsames kleines Mädchen spürbar, das nur dann ein Recht auf Liebe und Aufmerksamkeit beanspruchen durfte, wenn es sich buchstäblich mit Haut und Haar in den Dienst des oder der anderen stellt, identifiziert mit deren Bedürfnissen und Wertungen. Es zeigte sich immer mehr, wie nahezu lebenserhaltend diese Abwehr war. Denn zu einer zuverlässigen Identitätsbildung und damit zu einer autonomen Einschätzung, wer sie sei und was sie wolle, hatte es nicht kommen können: Zunächst die Frühgeburt, dann die frühe Ablehnung durch die Mutter, dann die Überwältigung durch den Vater hatten das Gefühl für die Evidenz des Selbst schon früh und dann immer wieder neu gestört.

Lange war Frau K. gefangen zwischen dem Wunsch, ihr Leiden daran, daß sie nicht wisse, wer sie sei, weiter zu verleugnen, und der Tatsache, daß sich ihr Selbst doch immer wieder meldete. Oder auf der Objektbeziehungsebene ausgedrückt: Lange hielt sie die Verschmelzung mit dem leidenschaftlich geliebten positiven Aspekt des Vaterobjektes aufrecht und limitierte damit, so gut es ging, den horrifizierenden negativen Aspekt. Athena wollte den Zeus nicht verlassen, denn dann hätte sie sich nicht nur mit dessen auf Eigennutz basierenden Besitzansprüchen auseinandersetzen müssen, sondern auch mit ihrer Einsamkeit und Richtungslosigkeit sowie mit dem Faktum, daß sie von der Mutter alleingelassen worden war, was einen zweiten Konflikt kreieren würde: Gefühle von Haß und Verachtung der Mutter gegenüber und die gleichwohl vorhandene Sehnsucht nach einem guten mütterlichen Objekt. Der Kompromiß, den Frau K. zu jener Zeit in der Therapie fand, sah nicht gut aus: Trotz und Verweigerung mir gegenüber, tiefer Groll der Herkunftsfamilie gegenüber und vor allem heftige Suizidphantasien.

Natürlich veränderte der Konflikt auch das Klima in der eigenen Familie. Mit dem Ehemann kam es zu massiven Schwierigkeiten im sexuellen und narzißtischen Bereich: Frau K. fühlte sich als Sexualobjekt benutzt und konnte den anwachsenden Ekel auch mit Autogenem Training nicht mehr kontrollieren. Und auch sonst gewann sie den Eindruck, sie werde von ihm nicht als eigenständige Persönlichkeit gesehen, sondern für seine Intentionen vereinnahmt. Von den Kindern fühlte sie sich ausgenutzt und zum lebenden Supermarkt degradiert. In der Therapie war das an sich ein Fortschritt, denn das körperliche und psychische Selbst wurde zunehmend wieder spürbar und gab seine Signale. Andererseits schien die Familie zu zerbrechen. Um ein zu schlimmes Chaos zwischen regressiven und aktuellen Konflikten zu vermeiden, suchte das Paar eine Ehetherapie auf, die sich dahingehend auswirkte, daß man sich vorübergehend trennte und der Ehemann auszog. So wurde es wieder möglich, das kleine Mädchen bei der Suche nach seiner geraubten Identität zu begleiten.

Parallel zu diesem Geschehen gelangte die Therapie an einen wichtigen Schnittpunkt: Die bisherige Hingabe an den Ehemann, an den zunehmend als auslaugend empfundenen Beruf und an die Kinder erwies sich bis zu einem gewissen Grade als Selbstaufgabe. Je mehr Frau K. sich gestattete, ihre aggressiven Gefühle der Familie gegenüber als zuverlässiges Barometer für den maßgeblichen Ausdruck ihrer psychischen Verfassung zu brauchen, desto klarer sah sie, wie sie sich ringsum ausnutzen ließ und wie wenig Energie und Willensstärke sie besaß, ihre eigenen Ziele zu benennen und zu realisieren.

Dies war für die intelligente, lebenskluge Frau eine schwere narzißtische Kränkung. Nicht zu wissen, was sie wollte, sich selbst nicht aus eigener Kraft aus dem Sumpf herausziehen zu können, machte große Angst und führte zu schweren Selbstanklagen: „Ich bin gestört, ich bin nicht normal". Von mir Hilfe anzunehmen, wäre gleichfalls eine zu große Kränkung und Bedrohung gewesen: Auf der Übertragungsebene war ich diejenige, die sie potentiell dadurch ausnutzte, daß ich in meiner narzißtischen Bedürftigkeit eine gute Therapeutin sein wollte und sie als gute Patientin brauchte, womit sich wiederum ein altes Muster spiegelte: Die Mutter, die ihr Kind als Spiegel für die eigene Tüchtigkeit braucht.

Die körperliche Befindlichkeit, die Frau K. zu jener Zeit ausstrahlte, spiegelte die Angst und Isolation der Klientin auf ihre Weise: Frau K. ist eine schlanke, hochgewachsene Frau. Während sie sich in entspannten Situationen aufrecht hält und ihr Gegenüber mit lebendigem und offenem Blick anschaut, fällt ihr Körper in Streßsituationen nach vorn in sich zusammen, der Rücken wird krumm, die Schultern ziehen sich hoch; der Blick wird leer und schaut am Gegenüber vorbei, der Kiefer verspannt sich und die Zähne sind meist aufeinandergebissen. Das Becken ist bis zur Unspürbarkeit zusammengezogen und die Beine wirken leblos. Der Atem ist flach. Emotional signalisiert der Körper in Bezug auf die innere Befindlichkeit Schutzbedürfnis, Einsamkeit und Hoffnungslosigkeit, nach außen ein deutliches *Noli me tangere.*

In dieser schwierigen Zeit kamen mir zwei Dinge zur Hilfe. Erstens die Erfahrungen mit meinem eigenen verschütteten Wahren Selbst und dessen Wiederbelebung. Und zweitens der körpertherapeutische Zugang, der eine Arbeit buchstäblich mit Körper und Seele möglich machte. Wenn ich auf meinen eigenen Prozeß zurückblicke, wie er in den verschiedenen Einzeltherapien und Gruppenerfahrungen der letzten nahezu zwanzig Jahre verlief, so ist die wichtigste Heilungsquelle die Entdeckung und Pflege des Wahren Selbst gewesen. Ich konnte mir selber zuschauen, wie dieser Teil von mir, angerührt zunächst durch Menschen und Dinge, erwachte und zum Schwingen gebracht wurde und je länger je mehr nach eigenen Ausdrucksmöglichkeiten suchte. Hier war viel Scham, viel Scheu, viel Selbstentwertung zu überwinden und viel Angst vor neuen Verletzungen, aber auch das Glücksgefühl zu ernten, authentisch zu sein, die eigene Wahrheit zu erfahren und ihr nach Möglichkeit nachzuleben. Und ich durfte erkennen, was man in Büchern zwar lesen, dort aber nicht am eigenen Leibe erfahren kann: Daß das Gewahrsein der eigenen Identität letztlich *wirklich* der Zustand ist, von dem eine tiefe Zufriedenheit ausgeht.

Es gab Zeiten in der Therapie mit Frau K., da hatte ich das Gefühl, wir säßen auf einem riesigen Schrottplatz. Das einst so attraktive Leben meiner Klientin war zusammengebrochen: Der Mann war wutentbrannt ausgezogen, die Kinder schwierig, sie total überarbeitet in einem Job, der ihre letzten Kräfte aufzehrte - weit und breit nichts Positives. In solchen Stunden saßen wir einander gegenüber: Meine Klientin in trotzig erstarrter Verzweiflung schweigend und spürbar durch alle Poren Selbsthaß ausatmend, alle Kontaktangebote zurückweisend. Ich ratlos und voller Angst, sie würde sich umbringen: von einer Autobahnbrücke stürzen, die sie sich schon lange für ihren Suizid ausgesucht hatte. Meine Versuche, Kontakt aufzunehmen, quittierte sie in jener Zeit entweder gar nicht oder mit Hohn. Zum Glück konnte ich mich in solchen Situationen gut an mein eigenes Mißtrauen erinnern - an die Überzeugung, Zuwendung und Zuneigung im therapeutischen Rahmen sei schon von daher nicht echt, sondern von klinischen Erwägungen diktiert, weil sie sich in der Therapie und nicht im wirklichen Leben ereigneten. Und so probierte ich es - oft sehr unbeholfen - immer wieder.

Der Weg ging dann über Übergangsobjekte, die in sich den Funken des Wahren Selbst hatten. Eines dieser Übergangsobjekte war die *Zauberflöte*. In all der scheinbaren Selbstzerstörtheit, die die Therapie zu jener Zeit spiegelte, blitzte plötzlich etwas auf: Frau K. erzählte mir, wieviel ihr die Musik von Mozarts *Zauberflöte* bedeute, und wir schauten das auf zwei Ebenen an: Zum einen vom Inhalt her, als Spiegel ihrer Geschichte: Die Hingabe an den übergroßen Vater Sarastro und die Loyalität gegenüber der mißbrauchenden Mutter, beides Bindungen, die Pamina nur durch den Gang durch Feuer und Wasser lösen kann, und das heißt im übertragenen Sinn: durch eine Entscheidung, die ihr entweder die Individuation oder den psychischen Tod in Form ewiger Abhängigkeit bringt. Neben den inhaltlichen Identfikationsmöglichkeiten wurde aber auch deutlich, wieviel Frau K. das Musikerlebnis an sich bedeutete, wie es unmittelbar zu ihrem Herzen sprach und ihr Trost und Ruhe gab. Niemand hatte sich in der Familie je um klassische Musik gekümmert - hier also kam etwas ganz eigenes zum Vorschein, etwas, was Frau K. aus sich heraus spürte und was von daher nicht korrumpiert war.

Es gab noch mehr solcher Blitze, die in ihrer Summe allmählich dazu führten, daß in der dunklen Verzweiflung langsam ein Lichtschein von Hoffnung am Lebenshorizont sichtbar wurde. Ich will hier nur noch einen dieser Blitze erwähnen. Eines Tages erhielt ich einen Brief von Frau K, in dem sie mir schrieb, wie sehr sie wieder von Suizidimpulsen heimgesucht werde. Sie wolle aber leben und bitte mich, ihr einen Stein zu bringen, damit sie irgendetwas in der Hand habe, wenn die Verzweiflung wieder über sie käme. Das war natürlich ein Geschenk großen Vertrauens an mich. Ich suchte und fand einen Stein, bemalte ihn ein wenig und brachte ihn in die nächste Therapiestunde mit. Auf energetischer wie auf psychischer Ebene hat dieser Stein den verhängnisvollen Kreislauf außer Kraft zu setzen geholfen. Energetisch kreisen die destruktiven Energien nicht mehr nur im Körper, sondern werden über den Stein nach außen abgeführt. Und auch psychisch kreist die

Patientin jetzt nicht mehr nur um sich und ihr Unglück, sondern nimmt mich vermehrt in ihr Leben mit hinein. Was ehedem ihr „Stein auf der Brust", ihr Unglück war, wurde zu „unserem" Stein und damit zu einem gemeinsamen Wissen um ihre Ängste, um Haß, Scham und Trauer, aber auch um die Hoffnung, aus all dem herauszukommen.

Entsprechend begann zu jener Zeit auch die konstruktive Arbeit am Brustblock - am „Stein auf der Brust". Und damit komme ich zum zweiten Element, das in dieser Therapie sehr geholfen hat, der Körperarbeit. Meine Klientin hatte eine sehr ausgeprägte Verspannung im Bereich von Herz und Brust. Immer, wenn ich sie fragte, wie sie sich körperlich fühle, sagte sie, ihr sei so schwer, der Brustbereich fühle sich an wie ein Stein. Wir verstanden bald, daß dieser schwere Stein seine Funktion hatte: Er schützte vor dem Durchbruch einer enormen Panik, vor jener Panik, die sich immer wieder in den Alpträumen meldete. Und er blockierte das Fließen vieler noch ungeweinter Tränen.

Zunächst versuchte ich, diesen Block auf die in der Bioenergetik übliche Art zum Schmelzen zu bringen. Ich bat die Patientin, sich selbst Kontakt zu geben, was aber nicht viel auslöste. Dann fragte ich sie, ob ich *meine* Hand an die bewußte Stelle legen dürfte. Sie war einverstanden, und ich bat sie, in die Hand hineinzuatmen. Es ist dies die Arbeit am „Containment" des Herz- und Brustbereiches, eine Arbeit, die darauf zielt, die durch die verspannte Muskulatur entstandenen Blockierungen zu lockern und dem Körper mehr Lebens- und Atemraum zu schaffen. Im glücklichen Fall erlebt das Körperselbst bei dieser Containment-Arbeit nach und nach eine Verlagerung der Grenzen nach außen - repräsentiert durch die Hand der Therapeutin. Die eigenen Muskeln spüren, daß keine Gefahr droht, daß die Grenzen gewahrt sind, und können sich lockern. Im Effekt fließt mehr Energie, die sich je nachdem in Emotionen wie Freude, Trauer, Wut, Glück oder sonst etwas umsetzen kann.

Im Falle von Frau K. war diese Arbeit notwendig, aber schwierig. Denn zunächst entfachte jede Berührung im Brustbereich ein unerhörtes Maß an Panik. Meine Hand wurde zum Repräsentanten des eindringenden Vaters, und die Berührung wirkte sich als Wiederholung des Inzesttraumas aus. Je besser sich aber im Laufe der Zeit unsere Beziehung gestaltete, desto kooperativer konnten wir hier nach einem Weg suchen. Wir vereinbarten - und praktizierten diese Strategie dann mit Erfolg - eine Art verhaltenstherapeutischen Desensibilisierungs-Arrangements: daß ich ihr mit meiner Hand Kontakt im Brustbereich gäbe und sie dort so lange ließe, wie die Wirkung entspannend sei. Sobald sich die Panik wieder meldete, erhielte ich ein Zeichen und zöge die Hand zurück. Sie erholte sich, käme wieder zu sich und in ihren

Körper, und sofern sie bereit sei, machten wir das Ganze nochmals.

So gelang es Frau K. im Laufe der Zeit, ihre Panik zu bewältigen und ihre Trauer zu spüren. Sie lernte, den Aspekt der Bedrohung auszuhalten und der Realitätskontrolle zu unterwerfen, und gleichzeitig weitete sich der Brustbereich aus und der Körper begann, wieder durchlässig zu werden für differenziertere Empfindungen. Gleichzeitig wandelte sich auf der Übertragungsebene die negative Mutterübertragung zu einer positiv gefärbten Spiegelübertragung, etwa nach dem Motto: „Zwei Frauen, die ernsthaft und kollegial an einem gemeinsamen Ziel arbeiten". Beides, das Schmelzen des Brustblocks und die nun durch Freundlichkeit und Vertrauen geprägte therapeutische Beziehung, ermöglichten die Wahrnehmung und das Zulassen tieferer Gefühle: Frau K. entdeckte ihren Schmerz über die mißbrauchte Hingabe und es gelang ihr immer häufiger, „von Herzen" - die Sprache weiß um diese Dinge - darüber zu weinen.

Bald darauf ereignete sich im Ansatz so etwas wie eine zweite Geburt. Und diesmal nicht aus dem Kopf, sondern aus dem Schoß, also im Kontakt mit klareren weiblichen Identifikationen. Erkennbar wurde diese Schoßgeburt zuerst auf der Ebene des sekundären Narzißmus. Frau K. arbeitet seit längerem wieder in ihrem alten Beruf als Kinderkrankenschwester. In diesem Rahmen besuchte sie einen Fortbildungskurs und bekam dort den Auftrag, ein Referat zur psychischen Situation der Wöchnerin, des Neugeborenen und des Pflegepersonals zu halten. Sie fühlte bald, daß das *ihr* Thema war. Sie bereitete sich gründlich vor und ging das komplexe Gebiet differenziert, aber ohne jeden Fachjargon, sehr auf der Basis ihrer persönlichen Erfahrungen in ihrer Therapie und in der Praxis des Spitals an. Ich durfte das Manuskript lesen und war sehr berührt und beeindruckt von der intensiven, offenenen, klaren und warmherzigen Art der Darstellung.

Aber: Es war eben keine Kopfgeburt, kein Gedankengebilde, das mehr oder weniger ohne Zutun des eigenen Selbst, aus der Identifikation mit väterlichen Bewertungen entstanden wäre. Es war eine Eigenschöpfung, aus eigener Verantwortung, eigener Intuition und eigenen Wertvorstellungen geboren. Und das machte natürlich Angst. Immer wieder wollte sie alles hinschmeißen. Der Zwang zur Wiederholung und die Angst vor dem neuen Eigenen war so groß, daß sie sogar ihren Mann bat - die beiden verstanden sich inzwischen wieder besser - ihr den Vortrag zu schreiben.

Der hat sich hierfür nicht einspannen lassen, und sie hielt ihren Vortrag mit großem Erfolg. Sie bekam viel positiven Feedback, die Kursleiterin ließ sogar durchblicken, dies sei ggf. etwas zum Publizieren - aber Frau K. war doch nicht glücklich. Im Gegenteil, sie hatte einen

Zusammenbruch, wurde krank und fühlte sich anschließend leer und mutlos. Herz und Brustbereich schienen wieder zum altbekannten Stein erstarrt zu sein. Denn wie sich herausstellte, erlebte Frau K. die Situation, so viel Neues und Positives diese auch mit sich brachte, doch als eine Wiederholung: Sie hatte den Vortrag aus ihrem Wahren Selbst erarbeitet. Sie sagte: „Ich habe das alles aus meinem Herzen geschrieben". Und natürlich war der Wunsch da, es möge die Zuhörerinnen auch auf dieser Ebene erreichen. Das tat es zwar zum Teil, aber natürlich nicht bei allen.

So bekam sie neben ernsthaften auch recht viele routinierte, eher gleichgültige Komplimente zu hören, die ihr wie Hohn und Ablehnung erschienen: Denn einerseits verfügte sie - mythologisch-energetisch ausgedrückt - nicht mehr über Athenas Panzer: Nicht mehr über den Helm in Form einer schnellen, verächtlichen Intellektualisierung und auch nicht mehr über die Brustwehr in Form eines verschlossenen Herzens. Der Stein war in voller Schwere und Schmerzhaftigkeit spürbar.

Oder auf der Ebene der Selbst-Psychologie formuliert: Das Wahre Selbst, noch zart und nicht ausreichend geschützt, fühlte sich verletzt, gekränkt und nicht gesehen. Und es wurde wieder zugeschüttet vom Abwehrmechanismus der Selbstentwertung. Oder noch anders - objektbeziehungstheoretisch - gesagt: Hier war wieder exakt der Punkt erreicht, an dem das hingebungsvolle Kind an verächtlich-konsumierende Eltern geriet und sich dadurch selber verlor. In der therapeutischen Situation ließ sich dann aber das Erlebte im Sinne des Wiederholungszwanges klären und einmal mehr die Notwendigkeit besprechen, eine weniger starre Abwehr als Schutz für das Wahre Selbst zu erarbeiten.

Ich möchte hier die Falldarstellung beenden. Die Therapie steht jetzt - ein Jahr nach der Abfassung des Berichts - vor dem Abschluß. Der „Stein auf der Brust" hat sich inzwischen weitgehend gelöst und die Körperarbeit verlagerte sich während des letzten Jahres mehr in die Beckenregion. Psychodynamisch ausgedrückt arbeiteten wir nach einer langen Episode im oralen und narzißtischen Bereich vermehrt wieder an ödipalen Themen und hier an der vorsichtigen Umstrukturierung des traumatisierten sexuellen Erlebens. Frau K. hat gelernt, ihre Ängste zu kontrollieren und hat, wie sie sagt und spürbar macht, Vertrauen in sich und andere Menschen gewonnen. Sie sieht ihren weiteren beruflichen und privaten Weg klar vor sich.

Frauen und Männer

Bislang wurde hier die Seite der Frau und damit nur *eine* der beiden Hälften einer Kollusion betrachtet, die ein essentieller Faktor unseres langlebigen patriarchalischen Gesellschaftssystems ist. Betrachtet man beide Hälften gleichermaßen, dann zeigt sich der Identitästverlust hier wie dort. Zwar dominieren die Männer die Frauen und spannen sie zur Abdeckung ihrer narzißtischen Bedürfnisse ein, und die Frauen lassen sich zu diesem Zweck benutzen. Aber - und das ist nichts Neues[5] - auch die Männer haben ihre Mißbrauchsgeschichte, auch sie tragen ihren „Stein auf der Brust". Sie waren - in der Regel bei real oder emotional abwesendem Vater - die herrlichen, manchen Ehefrust kompensierenden Kronprinzen ihrer Mütter. Kronprinzen, die der Glanz im Auge der Mutter dazu brachte, für sie den Drachen zu töten oder - wie Ödipus - die Sphinx zu besiegen.

Die allerdings auch sehen und spüren mußten, wie dieser Glanz dem Ausdruck von Ärger, Depression oder Verachtung wich, wenn sie nicht mehr die lieben Jungen waren, wenn sie sich der Obhut der Mutter entzogen und ihre eigenen Experimente machten. Denen kein Vater half, die eigene Linie *trotzdem* zu verfolgen, und die also lernten, daß es Liebe sei, wenn sie sich anstrengten, Mutters Augen wieder zum Glänzen zu bringen. Die später - in Anwendung dieser Lektion - alles daran setzten, ihren Partnerinnen ein Königreich zu erschaffen. Die dann aber erleben mußten, daß die Freundin oder Frau nach einer Phase von Stolz und Glück anfing, an ihnen herumzumäkeln und mangelnde Innerlichkeit und Zuwendung zu beklagen.

Und die sich schließlich, verletzt und resigniert darüber, daß ihre Liebeserklärung nicht als solche erkannt und gewürdigt wurde, entweder vermehrt auf das besannen, was sie gelernt hatten - Leistungen zu erbringen - und sich dementsprechend noch tiefer in die Arbeit vergruben oder sich ein Doppelleben organisierten, sich eine Freundin suchten und sich mit ihr zusammen erneut auf die Suche nach dem verlorenen Glück machten.

Die Durchmischung von aktuellen Beziehungkonstellationen mit starken, aber unbewußten regressiven Elementen hat die bekannten verheerenden Auswirkungen: Die Frauen delegieren ihren Narzißmus an den Mann und seine Interessen. Als Kompensation für die Wut und Enttäuschung, die mit dieser Selbstaufgabe einhergeht, wächst ihnen die Macht zu, die Männer ihrerseits zu beherrschen und sie zum Objekt

[5] Vgl. u.a. Olivier: a.a.O., 54 ff.; Rohde-Dachser: a.a.O., 79 ff.; Sigrid Damm: "Der mißbrauchte Mann", in diesem Band.

ihrer Be- und Verurteilungen zu machen. Während also einerseits die Männer die Frauen dominieren und kontrollieren, versetzen sie sich damit andererseits in die Lage der Abhängigkeit von der Beurteilung derer, von denen sie Hingabe an sich und Aufgabe der eigenen Identität verlangen. Das alles läuft in der Regel auf eine gegenseitige Ausbeutung hinaus, und am Schluß stehen beide Teile nicht selten vor einem Trümmerfeld beidseitiger Enttäuschung und Bitterkeit.

Und wieder waren es schon die Griechen, die über diese Mechanismen Bescheid wußten. Denn sie erfanden den Mythos vom Urteil des Paris und dessen Folgen: die Reduktion der Frau auf Schönheit und Hingabe (Aphrodite, Helena), die Lizenz, die Qualität der so geschrumpften Weiblichkeit dem Urteil des Mannes zu unterwerfen und schließlich die wütende Rache der Frauen (Hera und Athena) über diese Diskriminierung, die zur verheerenden männlichen Leistungsschau des Trojanischen Krieges führte.

Und doch war und ist das Verliebtsein, mit dem alles anfing und immer wieder anfängt, eine der schönsten und aufregendsten Qualitäten, die das Leben uns zu bieten hat. Wo wir uns im Gegenüber wiedererkennen, spiegeln und die intensiv vermittelte Botschaft erhalten, für unseren Partner oder unsere Partnerin der liebevollste, beste, wichtigste und wertvollste Mensch zu sein. Verschmolzen in dieser Glückseligkeit wünschten wir, daß alle Lust - um es mit Nietzsche zu sagen - tiefe, tiefe Ewigkeit wäre.

Aber bekanntlich ist das Verliebtsein - wie die Musik - eine Zeitkunst. Wir können ein paar Ritardandi einfügen und es so etwas in die Länge ziehen, aber irgendwann wird es unwiderruflich vorüber sein. „Jenseits des Lustprinzips“ sind wir dazu aufgefordert, uns mit unserem Schatten, unseren Abgrenzungsbedürfnissen auseinanderzusetzen, unsere eigene Identität zum Gradmesser unserer Kontaktfähigkeit zu machen und daraus neue Qualitäten für die Tragfähigkeit und Lebendigkeit unserer Beziehungen zu entwickeln.

Das ist offenkundig so schwierig und so wenig lustvoll, daß wir es seit den Zeiten Homers vorgezogen haben, einander lieber auszubeuten, süchtig nach der verlorenen narzißtischen Zufuhr. Und was die Zukunft betrifft, so stimmt die Tatsache, daß wir heute trotz Therapiebooms und Unmengen von partnerschaftsorientierter Erbauungsliteratur hier kaum weitergekommen sind, auch nicht eben hoffnungsfroh. Die zur Liebessucht deformierte Liebessehnsucht scheint ein kulturell tief verwurzeltes, machtvolles und ziemlich therapieresistentes Phänomen zu sein.

TherapeutInnen und KlientInnen

Wir Psychotherapeutinnen und -therapeuten sehen, geschult durch unsere Erfahrungen in der therapeutischen Dyade - als Ausweg aus diesem Dilemma die mühselige Kleinarbeit der Bewußtmachung, wie sie beispielsweise - mit endenwollendem Optimismus - Christiane Olivier beschreibt.[6] Wir erhoffen die Lösung aus der immer wieder neu zu erarbeitenden Bereitschaft, unsere Bedürfnisse innerhalb einer Beziehung vermehrt mit doppelter Optik sehen zu lernen und so die starken, regressiven Verschmelzungs- und Geborgenheitswünsche zu sondieren und abgrenzend von dem zu trennen, was in der Alltags-Partnerschaft zwischen zwei Erwachsenen nach der Vertreibung aus dem Paradies lebbar ist. Daß wir dabei Gefahr laufen, in dieselbe Falle von Idealisierung und Entwertung zu geraten wie Väter und Töchter, Mütter und Söhne, Frauen und Männer, liegt auf der Hand.

Denn wohin mit dem regressiven Überhang narzißtisch geprägter Menschen, dem - an sich positiven - narzißtischen Überschwang? Wohin mit dem Selbstwert-Defizit, dem Hunger nach Spiegelung und Beachtung, den in der Regel weder die Partnerschaft, noch die Trauer über das verlorene Paradies beseitigen kann? In der körper- wie in der gesprächsorientierten Psychotherapie lassen wir uns leicht durch ein Ideal verführen, das uns unser berufliches Tun nahelegt: daß die therapeutische Beziehung - unbestreitbar die via regia, wenn es um die Heilung des Selbst geht - der *einzige* Weg sei, auf dem diese Heilung geschehen kann. Und dies angesichts von Menschen, die mit in der Regel schweren Beziehungs-Vergiftungen zu uns kommen und von denen viele nicht so sehr Nähe- wie Abgrenzungs- und Eigenständigkeits-Bedürfnisse anmelden. Und doch suggeriert uns unser therapeutischer Narzißmus - der idealisierte Vateraspekt unseres seelsorgerischen Tuns -, daß es einzig die Beziehung zu *uns* sein kann, die unsere KlientInnen zu zufriedeneren, ausgefüllteren, offeneren Menschen machen wird; und daß es *unsere* Interventionen sind, durch die sie ihre narzißtischen Bedürfnisse bewältigen und zu genitalen, neurosefreien Charakteren heranreifen werden.

In manchen Aspekten spiegelt die Psychotherapie unsere gesellschaftliche Situation, in der dem Privatleben und der Freizeitgestaltung viel Wert beigemessen wird und in der der Beziehungsrahmen von Partnerschaft, Ehe und Kleinfamilie dementsprechend durch einen enormen Erwartungsdruck belastet - und damit nicht selten überstrapaziert - wird. Ähnlichen Gefahren ist das Modell, das psychi-

[6] A. a.O., 124 ff.

sche Heilung verspricht, die exklusive Dyade zwischen TherapeutIn und PatientIn oder der vertraute Kreis der Therapiegruppe ausgesetzt. Angesichts des hohen beziehungsorientierten Erwartungsdrucks, der ohnehin auf uns Therapeutinnen und Therapeuten lastet, vermögen wir uns leicht dazu verführen zu lassen, regressive Beziehungselemente aus unserer Laborsituation dem beizumischen, was wir als Modell einer realen Beziehung implizit oder explizit an unsere Klientinnen und Klienten weitervermitteln. Und leicht können wir dabei der Versuchung erliegen, unsere solcherart idealisierten therapeutischen Beziehungsmuster zum Maßstab eines Lebensstils zu machen, den wir zwar von unseren Klientinnen und Klienten erwarten, den aber weder wir selbst noch unsere von uns mitgestaltete Umgebung zu erfüllen vermag. Was einmal mehr auf einen Mißbrauch der Patienten im Dienste der Abwehr eigener narzißtischer Defizite hinausläuft.

Und so scheint es mir kein schlechter Schutz gegen die Destruktivität unserer narzistischen Ideale oder Defizite zu sein, wenn wir unsere KlientInnen dabei unterstützen, neben dem therapeutischen Beziehungsangebot gezielt auch die Angebote unserer Umwelt zu nutzen.[7] Im Schutze der Therapie sollten sie sich ganz bewußt darin üben können, sich „draußen“ in sublimierter Form etwas von dem zu holen, wonach sie sich seit ihrer frühen Kindheit sehnen und was ihnen kein Partner, keine Partnerin und letztlich auch keine Psychotherapie in ausreichendem Maße geben kann. Angesichts dessen, daß die Männer in ihrer Kindheit meist eher haben lernen dürfen, ihren Narzißmus auch außerhalb von nahen Beziehungen zu leben, denke ich hierbei in besonderem Maße an die Frauen in ihrer über Jahrtausende erlernten symbioseorientierten Vergiftungsbereitschaft. Dabei ginge es von Seiten der Therapeutinnen und Therapeuten darum, das Erproben von Spiel- und Lebensräumen nicht unbedingt als Widerstand unserer Klientinnen gegen die Therapie oder als „Ausagieren“ zu deuten, sondern es mittels sorgfältiger und liebevoller Spiegelung bewußt und dezidiert in den therapeutischen Rahmen einzubeziehen im Sinne eines potentiellen Nährbodens für ein autonomes Selbst. Ich denke bei diesem Nährboden an eine erfüllende Arbeit, an die Spiritualität, an die Natur, an die Kultur: an darstellende Kunst, an Literatur, an Musik.

Im Orchester-Konzert eines mit wachen Interessen und lebendiger Emotionalität gestalteten Lebens, bei dem die narzißtischen Energien durch verschiedene Kanäle an unterschiedliche Orte fließen können,

[7] Dies neben dem, was Heidi Haug und Roger Dreyfus, "Zum narzißtischen Mißbrauch in der Therapie“ in diesem Band als den therapeutischen Narzißmus limitierende und kontrollierende Maßnahmen vorschlagen.

ist die Gefahr, entweder der Liebessucht zu verfallen oder diese zwanghaft zu blockieren, naturgemäß geringer als in einem kammermusikalischen Duett, bei dem die Beziehung als mehr oder weniger einziger Lebensinhalt vorgesehen ist. So bietet beispielsweise - um dem Bild ein wenig Realitätsgehalt folgen zu lassen - die Musik exzellente Bedingungen für eine narzißtische Spiegelfunktion: Denn ebenso wie das Verliebtsein vermag sie zwar zum berührenden Träger zarter und beglückender Stimmungen zu werden, aber ebenso unweigerlich wie die Verliebtheit ist sie irgendwann vorbei. Dennoch oder gerade darum schenkt sie uns eine kostbare Möglichkeit: Dadurch, daß sie reproduzierbar ist, erlaubt sie uns eine musikalische Spiegelung dieser so kostbaren und potentiell doch so destruktiven Gefühle in einem Setting, das uns erstens narzißtisch zu beglücken und zu bereichern vermag, wann immer wir das brauchen oder wünschen. Das uns zweitens immer wieder geduldig zu verstehen gibt, daß dies Glück von nur kurzer Dauer sein kann und das drittens keinen anderen Menschen unter unserem Bedürfnis nach dieser Gefühlsebene leiden läßt. Vielleicht meint Yehudi Menuhin etwas dergleichen, wenn er sagt, Musik sei eine gesundheitserhaltende Nahrung für die ganze Gesellschaft.[8]

Athena, die Göttliche, war in sich perfekt - sie konnte es sich leisten, die Musik zu verwerfen: Der Mythos erzählt, daß sie den Aulos erfand. Als sie ihn aber ausprobieren wollte und hineinblies, sah sie ihr Spiegelbild mit den aufgeblasenen Wangen - und warf das Instrument, unzufrieden über ihr entstelltes Gesicht, enerviert weg.[9] Ihren irdischen Schwestern (und Brüdern) aber mag es eine Hilfe sein, neben anderem auch durch die Musik, durch Klänge, die ihr Inneres erreichen und widerspiegeln, immer wieder - und immer wieder neu - zu gewahren, daß sie ein lebendiges Selbst, eine lebendige Seele haben.

[8] „Music is an essential food". Zit. nach S. Schibli, „Der gute Mensch von London", in: *Basler Zeitung* vom 27.4.91.
[9] Rose, a.a.O., 108.

Die Politik des Körpers - zwei klinische Skizzen*

Scott Baum

Dieser Aufsatz entstand aus meinem Interesse an zwei Aspekten derselben Frage. Der eine heißt: Welche Rolle spielt der Therapeut im Leben seiner Klienten außerhalb der therapeutischen Situation?, der andere: Welche Verantwortung hat der Therapeut als Therapeut in der Welt außerhalb der Therapie? Meine Ausführungen sollen diese Fragen, vor allem die erste, zuerst einmal beleuchten und noch keine Antworten liefern. Ich hoffe, danach auch die zweite Frage, besonders bezüglich ihrer Wichtigkeit gerade für Therapeuten mit bioenergetischer Orientierung, einkreisen zu können.

In der Praxis bin ich hinsichtlich meiner Beteiligung am Leben meiner Patienten außerhalb des therapeutischen Raumes sehr konservativ eingestellt. Ich habe schon genug damit zu tun, was im Patienten geschieht und denke, daß ich die Sache nicht noch komplizierter machen muß, als sie ohnehin schon ist. Wenn ich nun auch noch meine Ansichten oder Vorschläge über Dinge machen wollte, die über die direkte Beziehung hinausgehen, würde ich Risiken erzeugen, die ich lieber vermeiden möchte. Z.B. könnten sich meine Patienten gefühlsmäßig verpflichtet fühlen, mir zu Gefallen so und so zu leben; oder sie würden den Druck spüren, einem Bild entsprechen zu müssen, das ich von ihnen haben soll, oder umgekehrt würde ich eventuell versuchen, einem Ideal-Bild gerecht zu werden, das sie von mir haben - ein mit Problemen überladener Prozeß. Es ist schon genug, wenn meine Patienten meinen Werten und Glaubenssätzen ausgesetzt sind, die ich ohnehin verkörpere. Ich bin deshalb dieser Meinung, weil mir die Autonomie meiner Patienten wichtiger ist als das, was mich an diesem Themen noch interessiert. Ich weiß, daß ich diesen Standpunkt auch aus Fragen der Gegenübertragung einnehme. Von der Voraussetzung ausgehend, dies sei in jeder klinischen Situation so, muß ich mich mit den Motiven für meine Position auseinandersetzen.

Dennoch gibt es Situationen, die eine ausdrücklich artikulierte Meinung zu sozialen Prozessen nötig machen, die außerhalb der therapeutischen Beziehung ablaufen. Ich möchte nun die Skizzen zweier laufender Therapien aufzeichnen, bei denen ich mich entschied, in der Therapie deutlich Stellung gegenüber Vorkommnissen zu beziehen, die sich fast gänzlich außerhalb der therapeutischen

* Dieser Aufsatz ist die erweiterte Fassung meines am 4.Okt.1988 vor der New Yorker Gesellschaft für Bioenergetische Analyse gehaltenen Referats.

Beziehung ereigneten. Meine Meinungen ergeben sich dabei aus dem, was ich fühle und glaube und nicht primär aus den Auswirkungen, die diese Dinge auf den Patienten und sein Leben haben. Dieses Einbringen meiner eigenen Wert- und Glaubensvorstellungen wirft sehr wichtige klinische, ethische und vielleicht sogar rechtliche Fragen auf.

Im ersten der beiden Fälle entschied ich mich aus rein klinischen Gründen dafür, meine persönlichen Einstellungen preiszugeben. Daher ist er wahrscheinlich der weniger kontroverse. Auch im zweiten Fall waren klinische Gründe wichtig und primär, aber es spielten auch andere Motive mit, einige bewußte und wahrscheinlich auch einige unbewußte.

K. ist lesbisch und Mitte 30. Ein Kollege, den sie aufgesucht hatte, um einen männlichen Therapeuten mit feministischer Einstellung zu finden, überwies sie an mich. Beim Schreiben dieser Sätze kommt mir gerade jetzt in den Sinn, daß schon die Eigenart dieses Überweisungswunsches und -prozesses wahrscheinlich genau die Themen, die ich hier diskutieren möchte, vorbestimmte.

K.s äußere Erscheinung deutet darauf hin, daß starke masochistische Dynamiken zentral für ihre charakterliche Organisation sind. Allerdings dauerte es nicht lange, bis ich sah, daß unter dieser oberflächlichen Kompensation starke psychopathische und schizoide Neigungen lagen. Trotz ihrer offensichtlichen Schwere, ihrer rechtwinkligen Schultern und abgewinkelten Armen waren Kopf und Augen sehr energetisiert; die Augen auf verwirrende Weise äußerst kommunikativ, ständig herumwandernd, dunkel und auf innere Störungen, Mißtrauen und Negativität hinweisend. Wenn sich ihr defensiv reibendes und herausforderndes Benehmen aufweicht, kann es sein, daß sie in einen Zustand grundlegender Ich-Kontraktion, tiefer Desorganisation oder in eine Verlassenheits-Depression gerät. Etwa nach einem Jahr unserer Therapie (sie war vorher schon lange anderswo in Behandlung gewesen) wurde ganz klar, daß sie von ihrem Vater (den sie wegen einer Vereinbarung zwischen ihren geschiedenen Eltern besuchen mußte) regelmäßig als Sex-Objekt mißbraucht worden war. Sie erinnerte sich nun auch an weiteren körperlichen Mißbrauch durch ihren älteren Bruder und an tiefe Verlassenheitsgefühle bezüglich ihrer Mutter und auch emotionale Mißhandlungen durch sie. Trotzdem ging es bei einem zentralen Thema der Therapie um ihre große Loyalität gegenüber der Mutter und ihre beständige Forderung, daß diese und niemand anders kommen und sich um sie kümmern müsse.

K.s erste defensive Haltung mir gegenüber gruppierte sich um Abwertung und Verachtung für mich. Sie gründete sich auf ihrer Wahrnehmung von mir als jemandem, dessen Leben und Lebenseinstellung ihn unfähig und unwillig machte, sich in *eine wie sie* und in ihre Notlage einzufühlen. Das verschob sich dann zu den alternierenden Wünschen, mit mir zu schlafen oder mich umzubringen. Ich konfrontierte diese abwehrenden Reaktionen auf vielen Arten. Ich interpretierte ihre Bedürfnisse, mich fernzuhalten und sich überlegen zu fühlen. Ich nahm ihre auf mich gerichtete Negativität an und schlug ihr vor, sie aktiv durch Schlagen, Treten u.ä. auszudrücken. Einmal wies ich sogar ihre Wahrnehmungen von mir zurück und sagte ihr geradeheraus, daß ich aus Erfahrung mehr über das wisse, was sie mir erzählte, als sie sich wahrscheinlich vorstelle. Diese Ansätze funktionierten mehr oder weniger alle. Sie versuchte immer mit dem zu arbeiten, was ich ihr anbot. Der ständige Prozeß, sich zu verhärten und dann wieder mit einer neuen Erkenntnis aufzuweichen, führte uns tiefer und tiefer in unsere Beziehung.

Ich möchte jetzt einen Teil der Therapie herausstellen, der sich direkt auf das Thema dieses Aufsatzes bezieht. Ich nahm eine sehr offene Haltung zu K.s Homosexualität ein. D.h., ich erklärte ihr meine ganz persönliche politische Einstellung zum Umgang mit Homosexuellen in unserer Gesellschaft und machte das ganz persönlich. Ich zog eine direkte Analogie zwischen dem alltäglichen Terror der Einstellungen, Vorurteile und Verhaltensweisen der Menschen, mit denen sie zu tun hatte und meinen Gefühlen als Jude. Dort, wo wir jetzt lebten, war unser Leben nur selten wegen dieser Identitäten bedroht und, solange wir vorsichtig waren, auch nicht unsere Lebensgrundlagen. Aber in uns floß dennoch ein unterschwelliger Strom der Angst. Als weißer Mann, obwohl Jude, war meiner nicht so stark und direkt wie ihrer.

Aber die Mitteilung dieses Teils von mir befähigte mich, ihre Ängste wertzuschätzen und machte ganz deutlich, auf welcher Seite ich stand.

Ich entschied mich direkt aus klinischen Gründen dazu. K.s paranoide Haltung diente u.a. zwei wichtigen Absichten.

1. Sie sollte sie auf die sehr realen Gefahren aufmerksam machen, die es für sie seit ihrer frühen Kindheit in ihrer Umgebung gab.
2. Sie sollte die Homöostase in ihrem Beziehungsleben aufrecht erhalten.

Ihre Paranoia war ein Regulationsmechanismus, der sie nicht allzu nah an Menschen herankommen ließ. Wenn sie ihnen zu große Nähe erlaubte, wurde sie mit dem Verlust der eigenen Identität bedroht. Sie mußte dann alles, was in ihr war, an den Menschen abgeben, mit dem sie sich verband. Der Verlust ihrer Integrität geht mit Überwältigung einher. Zweitens bedrohte die Entwicklung einer positiven Übertragung die Stabilität des Familiensystems. Sie sehnt sich nach der Mutter, die kommen und sich um sie kümmern soll. Gleichzeitig haßt sie sie, bleibt aber loyal und schließt alle anderen Menschen aus.

Indem ich meine eigenen Gefühle und Einstellungen mit ihr offen diskutierte, sprach ich ihr organisierendes Ich an. Das schließt ihre Fähigkeit ein, die tatsächliche Bedrohung aus ihrer Umgebung einzuschätzen. Vielleicht besitzt sie sogar die nötigen Strukturen, um zu erkennen, wenn jemand über diese Themen nur quasselt und dadurch zumindest seine fehlende Überzeugung andeutet. Hätte ich zu jenem Zeitpunkt meine Haltung gegenüber ihren Erfahrungen mit Gewalt unausgesprochen gelassen, wären wir wahrscheinlich, so scheint mir, in einer möglicherweise unlösbaren Übertragungs-Sackgasse steckengeblieben.

Die Gefahr, die es mit sich brachte, offen mit meinem politischen Standort zu arbeiten, zeigte sich, wenn auch nur indirekt, in den letzten Sitzungen vor den Sommerferien. Da sie einige Monate lang keine regelmäßige Arbeit hatte, ging K. das Geld aus. Weil ich fühlte, daß wir hier nicht aufhören sollten, bot ich ihr die noch verbleibenden Sitzungen zu einem minimalen Preis an. Sie zitterte bei diesem großzügigen Angebot, aber sie stimmte zu und war bereit, sich ihren Reaktionen auf meine Geste zu stellen. Wir machten bis zur letzten Stunde gute Vorschritte. Auch diese war eine „gute" Sitzung. Nicht lange danach rief sie mich an und bat um ein weiteres Treffen. Sie kam sehr verängstigt und desorganisiert zu mir.

Meine Freundlichkeit und offensichtliche Sorge um sie und unsere Arbeit hatten ihre defensive Organisation aus den Angeln gehoben und sie konnte sie nicht wieder herstellen. Ich interpretierte (und danke hier Lawrence Epstein für seinen Artikel von 1979), daß meine Fürsorge und Großzügigkeit ihrer Selbsterfahrung als schlecht, böse und nicht umsorgenswert erschüttert hatte. Um sich selbst zu reorganisieren, mußte sie ihre negativen Gefühle über mich, den „Yuppie, der in einer komischen Eigentumswohnung lebt, Materialist ist, und schon immer alles hatte, was er wollte und brauchte", einschließlich einer wundervollen, guten Familie, zurückholen. Nachdem wir dieses Gleichgewicht zwischen uns wiederhergestellt hatten, ließen wir es so und sie konnte ohne Zwischenfall die Ferien überstehen.

Der Lohn unserer Arbeit stellte sich kurz vor Abfassung dieses Aufsatzes ein. K. kam zur Sitzung und berichtete von tollen Ferien, die teilweise von ihrer Partnerin bezahlt worden waren. Außerdem war ihr gerade ein guter Job angeboten worden. Wegen dieser positiven Erfahrungen fühlte sie sich allerdings unwohl. Das Unwohlsein wurde zu einem Brennen in Bauch und Brust. Ich schlug ihr vor, sich über die Rolle zu legen. Ihre Atmung dehnte sich daraufhin aus, sie ließ los und weinte tief. Dies führte uns letztlich zu einer Diskussion über ihre Erfahrung: wenn ich mit jemandem verbunden bin, muß ich für ihn ganz offen sein und darf keine Grenze zwischen uns errichten.

Diese Entwicklung zeigte mir, daß es richtig gewesen war, etwas von mir unzweideutig zu offenbaren. Auf diese Weise gab ich ihr ein Gefühl für meine Grenzen und für meine Fähigkeit, Verantwortung für meine eigenen Gefühle in einem Bereich zu übernehmen, in dem ich glaubte, daß ihre Paranoia nur durch direkte Offenheit meinerseits abgeschwächt werden könnte.

In diesem Falle spielte ein soziales und politisches Thema eine wesentliche Rolle im Leben meiner Patientin. Die Entscheidung, offen mit meinen Gefühlen zu arbeiten, entstand aus klinischen Erwägungen. Ich denke, daß sie von der charakterlichen Organisation meiner Patientin und ihren Psychodynamiken her gesehen, eine vertretbare ist. Im nächsten Fall scheint mir das viel weniger so zu sein und die Verwicklungen und Folgen meiner Handlung sind beunruhigender.

C. ist eine Frau Mitte Dreißig. Sie kam vor drei Jahren. Ein Kollege überwies sie, der mit ihr einige Jahre gearbeitet hatte, dann aber die Stadt verließ. C. wartete eine zeitlang, bevor sie mich konsultierte. Sie befand sich in einer Krise und einem extrem kontrahierten Zustand. Sie und ihr Mann wollten ein Kind haben. Ihr Mann hatte sich aus vielen Gründen jahrelang dagegen gewehrt, aber nun seine Meinung geändert. C. wurde jedoch nicht schwanger und als sie das erste Mal zu mir kam, ließ das Ehepaar gerade einen Fruchtbarkeitstest bei einem bekannten Spezialisten ausführen.

Ich hatte von diesem Spezialisten gehört, und es war nichts Gutes gewesen. Aber konservativ, wie ich nun einmal bin, brachte ich dies nicht in die Therapie ein. Außerdem machte er offensichtlich nichts Unangemessenes. Als er dann doch damit anfing, überlegte sich meine Patientin ohnehin gerade, ihn zu verlassen.

Zu Beginn der Therapie entwickelte ich einige Annahmen über C., die sich später als unrichtig erwiesen. Ich schrieb ihr, von ihrer Therapiegeschichte und ihrem Benehmen ausgehend, mehr Wissen über sich und mehr Wahrnehmungsfähigkeit ihrer Gefühle zu, als sie tatsächlich hatte. Das ist ein bedeutsamer Faktor. Ihre Erscheinung und ihre körperliche Organisation ließen sie sehr solide und gut organisiert ausschauen, wenn auch momentan deprimiert. Dennoch gab es in ihren Reaktionen auf meine Interventionen oft Verwirrung oder Leere oder sie endeten in Trance-Zuständen. Mehr als einmal baute ich auf ihrem angeblichen Wissen eine umfangreiche Kommunikation auf, nur um dann wieder einen Schritt zurückgehen und eine schmerzvolle und erschütternde Übertragungsreaktion von ihr erleben zu müssen.

Langsam wurde mir klar, daß C. trotz ihrer beträchtlichen Leistungen immer noch „Vaters Kind“ war. Ihr Mißtrauen gegen mich schien keiner Interpretation weichen zu wollen. Alles, was zu irgendeiner negativen Haltung ihrem Vater gegenüber führen konnte, war besonders bedrohlich. Er war in demselben Bereich, in dem auch sie arbeitete, ein sehr charismatischer und bekannter Mann. Viele Leute sagten ihr, daß „seine Bücher ihr Leben verändert“ hätten. Auch jetzt ist sie noch fast unentwirrbar an ihn gebunden. Und doch war es eines meiner größten Mißverständnisse, ihre Bindung an mich und ihre Abhängigkeit von mir zu unterschätzen. Ihre innere Kontraktion und ihr Schmerz wurde durch Erinnerungen, die auf ein- oder mehrmaligen sexuellen Mißbrauch während ihrer Kindheit hinwiesen, nur noch größer. (Dieser Fall mag eines Tages für eine Studie über die psychodynamische Ähnlichkeit von sexueller und emotionaler Ausbeutung von Kindern dienen. Ich behaupte, daß beide sehr eng beieinander liegen.)

Vor etwa eineinhalb Jahren wechselten C. und ihr Ehemann zu einem neuen Spezialisten. Sie machten dort bessere, obwohl auch hier kaum schmerzfreie Erfahrungen. Vor zehneinhalb Monaten wurde sie schwanger. Damit begann mein Dilemma. Ich wußte aus erster Hand, wie tief die Kontraktion dieser Frau war. Ich wußte auch, daß das Trauma ihrer „Fruchtbarkeits-Behandlung“ mit ihrem frühkindlichen Trauma zusammenhing. Schließlich war mir auch bekannt, daß ihre charakterliche Organisation über keine effektiven Abwehrmechanismen gegen zudringliche und invasive Manipulationen verfügte. Das verwirrte sie. Sie war fast immer eine sehr selbstbewußte Frau gewesen. Sie hatte sich laut und öffentlich gegen soziale Ungerechtigkeiten gewehrt. Sie hatte sich buchstäblich mit ihrem Körper für das eingesetzt, woran sie glaubte. Sie war immer aufgestanden, hatte mit den Autoritäten gekämpft und auch ihre Schläge eingesteckt. Aber nun befand sie sich in einem starren, fast katatonen Zustand. Die Ärzte taten ihr weh, und sie war unfähig, etwas dagegen zu sagen. Sie war tief erschreckt und genau das kam durch unsere direkte Arbeit mit ihrer affektiven Erfahrung mehr und mehr heraus.

Es sollte beachtet werden, daß ihr Mann bei ihren Arztbesuchen dabei war. Er beschäftigte sich selbst gerade sehr mit seiner eingeschüchterten Haltung und seiner Unfähigkeit, für seine Frau einzutreten. Er tat das in seiner eigenen Therapie und beide kamen zusätzlich vierzehntägig zur Paartherapie zu mir. In seinem Beruf hatte er keine Schwierigkeiten, die eigene Stellung zu behaupten.

Nun, was würde mit C. während ihrer Schwangerschaft, der Geburt und danach geschehen? Sie und ihr Ehemann überlegten sich, ob sie bei dem Spezialisten bleiben sollten, der ihnen die Zeugung ermöglicht hatte und der auch Geburtshelfer war. Obwohl er etwas formell und zurückhalten schien, war er doch, nach ihrer Beschreibung, „nett". Und er schien bemüht, seine Haltung ihrem Wunsch nach mehr Kommunikation und Offenheit anzupassen. Das hatten sie ganz offen ihm und auch mir gegenüber ausgedrückt.

Und genau hier fingen meine Probleme wirklich an. Aufgrund meiner Erfahrung und derjenigen anderer wußte ich schon lange, daß die übliche Praxis der Geburtshilfe ein Alptraum war und ist. Sie ist nicht für die Mutter da und noch nicht einmal für das Kind. Tatsächlich geht es dabei um den Arzt oder die Hebamme und nicht um den Prozeß der Geburt. Es geht dabei nicht um die Geburt eines besonderen Kindes in einer besonderen Familie, sondern vielmehr um die Kontrolle des Geburtsprozesses. Diese Kontrolle wird von Männern ausgeübt oder gelegentlich auch von Frauen; aber von Frauen, die in einer „Männerwelt" mit den entsprechenden Werten und Einstellungen ausgebildet wurden, dort praktizieren und erfolgreich sind. Auch wenn zur Schwangerschaftsbetreuung manchmal ein bißchen Kommunikation und gemeinsame Verantwortung für den Geburtsprozeß gehört, sieht die tatsächliche Geburt ganz anders aus. Das Krankenhaus nimmt gewöhnlich die Autonomie weg und traumatisiert. Jenen Frauen, die gut damit zurechtkommen, gelingt dies wegen der Härte ihrer Abwehrmechanismen, auch wenn sie leichte Geburten haben. Und jenen Kinder, die gut damit zurechtkommen, gelingt dies aufgrund ihrer starken Konstitution und der Bereitschaft ihrer Eltern, sofort und eindringlich auf ihrem Recht zu bestehen, für ihr Neugeborenes sorgen und mit ihm zusammensein zu dürfen.

Als ich über die Auswirkungen nachdachte, die dieser ganze Prozeß auf C. haben würde, wurde ich sehr besorgt. Ihr depressiver und tief kontrahierter Zustand hatte sich nach ihrer Empfängnis nicht grundlegend verbessert. Sie war immer noch nahezu unfähig, die Wurzeln ihrer Schwierigkeiten zu verstehen, noch nicht einmal kognitiv. Ich befürchtete, daß eine schwierige Geburt, also eine, bei der sie sich überwältigt, manipuliert und brutal behandelt fühlte, eine nach-geburtliche Depression auslösen würde. Vielleicht könnte sie dann noch nicht einmal für ihr Kind sorgen.

In Anbetracht meiner Gefühle zu den gängigen Geburtspraktiken, mußte ich vorsichtig zwischen meiner diesbezüglich extremen Position und meiner Sorge für das Wohlbefinden meiner Patientin abwägen. Obwohl ich keinen Geburtshelfer kannte, dem ich voll vertraute, konnte ich doch einen empfehlen. Allerdings nicht ohne großes Zögern, denn solche Empfehlungen schlagen nach meiner Erfahrung auf die Therapie zurück. Und hier waren meine Gefühle ja eben auch stark, obwohl meine Patientin das nicht wußte. Was würde geschehen, wenn ich sie in Form dieser Empfehlung einbrächte? C. und ihr Ehemann gingen schließlich zu ihm. Ich versuchte wirklich, sie nicht zu drängen und wollte dem Geburtshelfer auch keine Vorschußlorbeeren umhängen. Ich wußte ganz genau, daß auch mit ihm das Desaster möglich war.

Einmal ließ ich durchblicken, daß ich ihn gerne bei einer Sitzung dabei hätte. Das war zu dem Zeitpunkt, als C. während einer Amnionpunktion (zur Fruchtwasserdiagnose) eine Erfahrung völliger Erstarrung machte. Sie konnte überhaupt nicht sagen, warum dies geschehen war. Die gemeinsame Sitzung war tatsächlich produktiv, weil sie die zwischen den dreien bestehende Dynamik aufdeckte. C. fühlte sich folgendermaßen: Wenn ich eine Frage gestellt oder mich über etwas beklagt habe, muß ich für alles, was der Arzt mir sagt, dauernd offenbleiben. Der Arzt selbst hatte ein großes Bedürfnis nach C.s Zustimmung und Wertschätzung. So war sie bald völlig damit beschäftigt, seine oralen und narzißtischen Bedürfnisse auf ihre Kosten zu befriedigen. Indem wir darüber sprachen, konnten sie und ihr Mann Wege finden, sich wieder auf C.s Bedürfnisse zu konzentrieren, ohne den Arzt zurückzustoßen.

Aber schließlich wurde ein neun Pfund und einige Gramm schwerer Junge normal und zur rechten Zeit geboren. Die Geburt dauerte glücklicherweise nicht lange und der Arzt ging auf viele von C.s Bitten ein, auch darauf, keine intravenöse Nadel zu setzen. Außerdem erlaubte er ihr, das Kind auf einem extra dafür hergerichteten Bett zur Welt zu bringen und nicht im normalen Entbindungsraum. Mutter und Kind waren wohlauf. C.s Ehemann verhielt sich, wie sie sagte, „wunderbar". Es gelang ihm, die ganze Zeit emotional präsent zu sein. Sie blieben alle zusammen im Krankenhaus und verließen es zwei Tage später.

Nun, die Geschichte ist erzählt. Was will ich damit sagen? Zuerst einmal, daß der Balanceakt zwischen der Aufrechterhaltung des therapeutischen Schutzraums und den Anforderungen der Alltagsrealität eines Menschen ein heikles und schwieriges Geschäft ist. Manchmal gibt es eindeutige Überlappungen. C.s Reaktionen auf ihren Arzt erinnerten mich sehr an ihre Reaktionen auf ihren Vater. Tatsächlich formulierte ich kurz vor der Geburt meine Wahrnehmung, daß C. wieder ihre Trance- und Verwirrungszustände bekommen würde, weil sie buchstäblich auf ein Tabu zuging und Angst bekam. Bei dem Tabu ging es darum, ihrem Vater, der ihr seine oralen und narzißtischen Bedürfnisse auferlegen konnte, Grenzen zu setzen. Solange ich bezüglich ihrer Reaktionen auf den Arzt neutral blieb, konnte ich das Wesen dieser Reaktionen herausstellen und ihr helfen, damit umzugehen oder sie zu verändern. Sobald ich meine eigene „politische" Haltung in diese beiden Fälle einbrachte, nahm ich einen Standpunkt ein. Einen Standpunkt einnehmen löst immer Reaktionen im Patienten aus. Außerdem deutet es immer den Weg an, auf dem die Dinge ablaufen oder sogar, wie sie gehandhabt werden sollten. Ich weiß, daß für viele Leute das, was ich in diesen beiden Fällen tat, ein kaum wahrnehmbares Eindringen in die Privatsphäre des Patienten darstellt.

Aber vom Standpunkt eines Bioenergetischen Therapeuten aus gesehen weiß ich auch, daß dem nicht so ist. Der energetische Aspekt eines Standpunktes oder einer Haltung und alle seine Konsequenzen sind tiefgreifend. Sie werden schon bemerkt haben, daß ich nicht dagegen bin, wenn Therapeuten Standpunkte einnehmen. Aber es ist eine delikate Angelegenheit. Was dabei herauskommt, hängt von sehr subtilen Wechselwirkungen zwischen den Persönlichkeiten von Patient und Therapeut ab.

Am Beispiel des zweiten Falles: C. reagiert in bestimmten Situationen extrem verletzlich auf Autorität, was sich in ihrer Schwangerschaft nur noch verstärkt, weil sie hier ja umso mehr von der Autorität abhängig ist. Aus der Übertragung heraus fühlt sie sich verpflichtet, die narzißtischen und oralen Bedürfnisse vieler in ihrem Leben auftauchender Autoritäten zu befriedigen. Bis zum Äußersten angestrengt, versuchte sie nun sowohl ihrem Geburtshelfer als auch mir, ihrem Therapeuten, gerecht zu werden. Das Risiko war nun: je stärker ich als reale, tatsächlich vorhandene Figur geworden wäre, desto größer wäre der Druck geworden, sich mir zu unterwerfen. Andererseits konnte ihr meine Präsenz auch als wirklicher Schutz und als Unterstützung in ihrem verletzlichen Zustand dienen. Das Problem ist: kann mein realer Schutz und meine Fürsorge von ihr als solche gesehen werden und nicht als väterliche Kontrolle, gegen die sie ja eine tiefe unbewußte Wut hegt? Natürlich mußte ich für meine eigenen unbewußten, möglicherweise in Erscheinung tretenden patriarchalisch-kontrollierenden Neigungen wachsam bleiben.

Die Kunst zu wissen, was geschieht, resultiert aus der ständigen Hinterfragung, der Hinterfragung von Ereignissen, Gesprächen, der eigenen Gefühle und der Auswirkungen von unbewußten Gegenübertragungs-Reaktionen. Es hilft wirklich sehr, wenn man Kollegen hat, denen man vertraut. Es ist eine Arbeit, die man normalerweise wohl nur wegen seiner Ehefrau oder den eigenen Kindern leistet. Mir ist in beiden Fällen noch nicht klar, ob ich, trotz der momentanen positiven Ergebnisse, wirklich den therapeutischen Raum gewährleisten konnte, so daß alles, was passieren mußte, auch passieren konnte. Wenn wir die Autonomie unseres Klienten respektieren und akzeptieren und gleichzeitig ausgewogen angemessene Unterstützung und Fürsorge geben wollen, müssen wir unsere therapeutischen Interaktionen ständig und vorsichtig anpassen.

Wie wir die dazu notwendigen Fähigkeiten entwickeln können, müßte in einem anderen Aufsatz erörtert werden. Diese Fähigkeiten müssen ständig geübt werden, weil jeder neue Fall und jede neue Situation neue Themen aufwirft. Das Umfeld dafür muß unterstützend und annehmend sein, damit der praktizierende Therapeut Risiken eingehen und verletzlich sein kann. Sonst gibt es keinen Raum, wo wir unsere Werte, Haltungen und ihre Auswirkungen auf die klinische Arbeit abklären können. Es muß einen freien und vollständigen Austausch der Ideen geben, damit alle Aspekte des Geschehens untersucht werden können.

Für mich bezieht sich dies auch auf das zweite Thema dieses Artikels - auf die Natur der Verantwortlichkeit des Therapeuten außerhalb der therapeutischen Begegnung. Ich glaube, daß diese Frage gerade für uns Bioenergetische Analytiker besonders wichtig ist. Wir haben aus dem von Wilhelm Reich übernommenen Vermächtnis vieles wieder weggelegt, was für ihn eine zentrale Aufgabe war - z.B. die Übertragung der aus unserer Arbeit abgeleiteten klinischen und theoretischen Einsichten und Überzeugungen in öffentliches Handeln. Das gilt allerdings nicht nur für die Bioenergetische Analyse. Russell Jacoby (1983) diskutiert in seinem Buch *The Repression of Psychoanalysis* ausführlich, wie sich die in der Vor-Nazi-Zeit in Europa sehr lebendigen politischen und sozialen Aktivitäten der psychoanalytischen Bewegung allmählich auflösten.

Die Idee, daß aus klinischer Praxis gewonnene Einsichten und Wahrnehmungen auch für Diskussionen öffentlicher Angelegenheiten genutzt werden sollten, wird im gegenwärtigen Denken nicht wirklich kontrovers behandelt. Die Durchdringung von politischen oder gesellschaftlichen Haltungen und Werten mit klinischer Praxis, wobei eines das andere ständig beeinflußt, wirft einige faszinierende und oft sehr schwierige Fragen auf, wie ich oben zu zeigen versucht habe. Andererseits stellt auch das Einbringen von Wissen, das aus klinischen Situationen abgeleitet ist, in die Öffentlichkeit auf persönlicher oder kollektiver Basis ein komplexes Thema dar.

Ich denke, daß sich genau hier die beiden Themen dieses Aufsatzes überschneiden. Aus welchen Gründen auch immer wir, die wir die Bioenergetische Analyse studieren und praktizieren, vermeiden, öffentliche und kollektive Positionen zu beziehen, bleibt doch für mich immer noch eine Frage offen. Haben wir den Kontext geschaffen, aus dem sich solches Verhalten organisch entfalten kann? Verfügen wir über die unterstützenden Kräfte, auf deren Basis Risiken eingegangen und alle Aspekte eines Problems erforscht werden können, damit sich einiges von dem, wofür wir arbeiten, entwickeln kann? Aus meiner Erfahrung gesehen haben wir es noch nicht geschafft, ein solches Umfeld zu erzeugen. Wir haben unsere Fähigkeit verloren, das, was wir wissen und gelernt haben, direkter der Welt, die uns umgibt, anzubieten. Oder zumindest geben wir uns keine Gelegenheit zu diskutieren und von jenen Themen zu lernen, die sich während des Prozesses ergeben, in dem wir herausfinden wollen, was, wenn überhaupt, wir außerhalb der therapeutischen Begegnung noch in die Welt bringen möchten.

Ohne einen freien und sicheren Austausch von Informationen können wir nicht herausfinden, was wir gemeinsam haben. Ohne zu wissen, was uns wirklich gemeinsam ist, können wir keinen gemeinschaftlichen Standpunkt einnehmen. Und ohne diesen Standpunkt können wir ihn der Welt auch nicht präsentieren. Damit verpassen wir aber auch die Chance, das mit unseren Patienten in der Therapie hart erarbeitete Wissen weiterzugeben.

(Übersetzung: Bernhard Maul)

Literatur:

Epstein, L.: *The therapeutic function of hate in the countertransference*, in: Epstein, L, und Feiner, A. (Hrsg.): *Countertransference.* New York 1979.

Jacoby, R: *The Repression of Psychoanalysis.* New York 1983.

Die Autoren

SCOTT BAUM, Ph. D., ist klinischer Psychologe und Bioenergetik-Therapeut (CBT). Er praktiziert in New York City und an der Faculty of the New York Society for Bioenergetic Analysis. Adresse: 275 West 96th Street, New York, N. Y. 10025, USA.

SIGRID DAMM, Pädagogin für Rhythmische Erziehung, Psychotherapeutin für Kinder und Jugendliche, ist seit 1965 freiberuflich tätig. Sie ist Begründerin der Mehrphasentherapie, bei der ambulant unterschiedliche Methoden kombiniert werden. Veröffentlichungen u.a.: *Wiederkehr perinataler Traumatisierung in Lebensgeschichte und Therapie einer Patientin mit psychosomatischer Erkrankung*. Heidelberg 1991; *Mehrphasen-Intensivtherapie mit einem Paar als Kriseninterpvation bei lebensbedrohlich-akutem Zustand mit Asthma bronchale*. Stuttgart 1991. Adresse: Nagoldweg 2, D - 7252 Weil der Stadt 2.

ROGER DREYFUS, Dr. med., Psychiater und Bioenergetischer Therapeut SGBAT. Interessengebiete: klassische Akupunktur, klassische Homöopathie, Yoga und Buddhistische Meditation. Adresse: Yehudastreet 30, Jerusalem 93467, Israel.

HEIDI HAUG, Dr. phil., arbeitet als Bioenergetische Therapeutin SGBAT in eigener Praxis. Daneben hat sie Lehraufträge für Psychologie und Pädagogik am Pädagogischen Institut Basel. Sie publizierte *Das überforderte Kind*. Bern 1970, und verschiedene Artikel zur Kinder- und Jugendpsychologie. Adresse: Schöllenenstr. 27, CH - 4054 Basel.

DAGMAR HOFFMANN-AXTHELM, Dr. phil., Bioenergetische Therapeutin SGBAT und Musikwissenschaftlerin, arbeitet als Körpertherapeutin in eigener Praxis und als Wissenschaftliche Mitarbeiterin an der Musik-Akademie Basel (Schola Cantorum Basiliensis). Interessenschwerpunkt: Zusammenhänge zwischen tiefenpsychologischen Prozessen und musikalischer Gestaltung; hierzu diverse Veröffentlichungen. Adresse: Birsigstr. 85, CH - 4054 Basel.

TILMANN MOSER, Dr. phil., wendete sich nach einer psychoanalytischen Ausbildung der Körpertherapie zu und arbeitet seit 1978 in privater Praxis. Sein Arbeitsschwerpunkt ist die Verbindung von Psychoanalyse und Körperarbeit. Publikationen hierzu: *Das erste Jahr*. Frankfurt 1986;

Der Psychoanalytiker als sprechende Atrappe. Frankfurt 1987; *Körpertherapeutische Phantasien.* Frankfurt 1989; *Stundenbuch.* Frankfurt 1992; *Vorsicht Berührung.* Frankfurt 1992. Adresse: Goethestr. 17, D - 7800 Freiburg.

EDWARD MULLER, Ph. D., lebt und arbeitet als Psychotherapeut in Tucson, Arizona. Er war 1977-1981 Trainer des International Institute for Bioenergetic Analysis. Seither lehrt er in den USA, in Canada und Europa. Interessenschwerpunkte: Verschiedene Aspekte der Ich-Psychologie, der Psychologie des Selbst sowie der Mythologie. Adresse: 8821 East Harborage Place, Tucson, Arizona 85710, USA.

ULRICH SOLLMANN, Dipl. rer. soc., Gestalttherapeut und Bioenergetischer Analytiker, arbeitet seit 1975 psychotherapeutisch in freier Praxis und durch Supervision / Organisationsberatung mit Kliniken und Organisationen. Zentrale Publikationen sind: *Bioenergetik in der Praxis.* rororo 8484; *Bioenergetische Analyse.* Essen 1984; *Wenn Du wüßtest... Szenen männlicher Intimität.* Rowohlt Januar 1993. Adresse: Höfestr. 87, D - 4630 Bochum.

VIRGINIA WINK, Ph. D., ist International Trainer des International Institute for Bioenergetic Analysis und Ausbildungsleiterin des Southern California Institute for Bioenergetic Analysis. Interessenschwerpunkt: Die Sexualität im Rahmen des therapeutischen Prozesses. Adresse: 150 Paularino Avenue, Suite 185, Costa Mesa, Ca. 92626, USA.

URSULA WIRTZ, Dr. phil., analytische Psychotherapeutin in freier Praxis in Zürich, Dozentin am C. G. Jung-Institut; Veröffentlichungen zum Thema Sexueller Mißbrauch, u. a.: *Seelenmord. Inzest und Therapie.* Stuttgart 1989. Arbeitsschwerpunkt: Die Sinnfrage in der Psychotherapie. Adresse: Belsitostr. 9, CH - 8044 Zürich.

GISELA WORM ist Psychoanalytikerin und arbeitet seit 1968 in eigener Praxis. Langjährige Erfahrungen mit Bioenergetik und Primärtherapie. Arbeitsschwerpunkt: Integration körpertherapeutischer Ansätze in ein psychoanalytisches Methodenverständnis.
Adresse: Parkstr. 28, D - 2110 Buchholz.

Schriftenreihe «Körper und Seele» der Schweizerischen Gesellschaft für Bioenergetische Analyse und Therapie (SGBAT):

Band 2
Der Körper in der Psychotherapie
ISBN 3-7965-1017-5

Band 3
Verführung in Kindheit und Psychotherapie
ISBN 3-7965-1018-3

Band 4
Schock und Berührung
ISBN 3-7965-1019-1

Band 5
Zwischen Himmel und Erde
Beiträge zum Grounding-Konzept
ISBN 3-7965-1020-5